U0090410

中國学術思想 研究輯刊

三二編
林慶彰 主編

第21冊

中國書院教育哲學之研究（上）

陳旻志 著

花木蘭文化事業有限公司

國家圖書館出版品預行編目資料

中國書院教育哲學之研究(上)／陳旻志 著 -- 初版 -- 新北市：
花木蘭文化事業有限公司，2020〔民 109〕
序 2+ 目 2+266 面；19×26 公分
（中國學術思想研究輯刊 三二編；第 21 冊）
ISBN 978-986-518-293-9（精裝）
1. 書院制度 2. 教育哲學 3. 中國
030.8   109011257

ISBN-978-986-518-293-9

9 789865 182939

中國學術思想研究輯刊
三二編　第二一冊　　　　　　ISBN：978-986-518-293-9

中國書院教育哲學之研究(上)

作　　者　陳旻志
主　　編　林慶彰
總 編 輯　杜潔祥
副總編輯　楊嘉樂
編　　輯　許郁翎、張雅淋　美術編輯　陳逸婷
出　　版　花木蘭文化事業有限公司
發 行 人　高小娟
聯絡地址　235 新北市中和區中安街七二號十三樓
　　　　　電話：02-2923-1455／傳真：02-2923-1452
網　　址　http://www.huamulan.tw 信箱 hml810518@gmail.com
印　　刷　普羅文化出版廣告事業
封面設計　劉開工作室
初　　版　2020 年 9 月
全書字數　354460 字
定　　價　三二編 24 冊（精裝）新台幣 60,000 元

版權所有・請勿翻印

中國書院教育哲學之研究（上）

陳旻志　著

作者簡介

陳旻志，筆名紀少陵，1970 年生，紫荊書院主持人，東海大學中國文學博士，南華大學文學系專任副教授、中華道教聯合總會【道教學院】特聘教授。曾任暨南大學中文系兼任副教授，四川大學訪問學者。獲選 2015 年南投縣文學家，2020 年埔里鎮立圖書館【第 13 屆駐館作家】，榮獲教育部文藝創作獎、華航旅行文學獎等多項文學獎。已出版《殘霞與心焚的夜燈如舊》、《儒道思想與巫文化》、《勞思光韋齋詩存述解新編》、《燒炭紀》等書。

提　要

　　中國的書院教育，乃以文化人物的培養為宗旨，不僅代表了宋元明清歷代學術思潮的重鎮，更奠定了長達千年的歷史積澱，儼然成為中國大學精神的典範。一方面因應時局與學術思潮，開展為理學、經術、經世、版本、考據、史學等眾多學術範疇，影響甚巨；再者更往下紮根，形成民間教育的啟蒙運動，塑造多元學風與舉足輕重的人文學區。

　　書院思想著重文化人格的健全視觀，本文乃由教育哲學的原理，通過「基源問題」研究法進行探勘，揭示書院教育的認知取向，以及價值判斷上的規準，分別就「人統」、「學統」與「事統」三大理念與系統，作為整體闡述與案斷。

　　本文採行【書院學案】的體例，疏通書院教育中兼具「傳習」與「傳播」的型態進行分析。特別是與宋代以後中國學術以及思想史的開展，以及影響書院制度面的設計與組織，包括經濟獨立以及社會傳播的網絡規劃。對於參照西方大學之理念，以及如何形塑文化人格的陶鑄與傳統，深信對於現今的教育改革與學風的啟示，應可無遠弗屆。

意象師的腳蹤──
【紫荊書院】三十週年誌

陳旻志

是誰傳下書院這行業，暮色蒼茫之際，點亮了彼此的心燈。大學時代歷經天安門的學運氛圍，以及緬懷母校豐原高中師長並肩論道的學風，一堂師友乃於 1990 青年節創立【紫荊書院】。並由張雨生學長的家人引介下，於淡水建立早期基地，同時於豐原、台中、台南共同開辦據點，並由豐中柴小陵、羅德、王祿堯老師固定講學。嗣後於遷往淡水【動物園茶坊】成立本院，並由李正治、陸雲逵、王鎮華三位教授，固定講學。園址前身為「校園民歌運動」歌手李雙澤舊居，嗣後並由謝信芳學長承接茶坊，成為當代書院運動濫觴之基地。

書院前後期成員百餘人，遍及國內各大專院校。先後與台大、政大儒學社建立友社，並與德簡、清香、益生書院彼此見習合作，厚增人文經世實力。紫荊書院樹立嶄新的學風，先後開辦過文化、教育、學術、文學、社會、生活等門類的課程，由師長及各門專精的書生主持開課及教學。院內書生每學期都有自己的選修計劃，並形成各類學習團體，每半年並有夏令生活營，以及冬令研討會之驗收及發表。當時院內的師友，跨越各類科系與院校，普遍都接觸了書院思想、文藝創作、美學理論、建築空間、古琴音樂、心靈禪修、女性主義、易經與雅樂、社造參與等相關的素養。大體上雖有基本的組織架構，卻更突顯成長團體的特質，每個人的主體意見都十分鮮明，衝擊面也高潮迭起。「動物園」恰好是一個兼容並蓄的空間，得以讓這些少長咸集的心靈，在此交會、增長。當時的台灣，教育改革的思潮也才剛剛起步，第一批由傳統轉型為現代的書院，紫荊與德簡、清香、益生四所現代書

院的崛起，都是當代書院運動重要的里程碑。

　　動物園與紫荊書院的學風，誠然是一場殊勝的交會，也奠定日後辦學建校的磐石。1996 年開始參與龔鵬程校長團隊，協助南華管理學院（南華大學前身）創校任務，開始見習建校歷程的試煉。如何在大學體制與書院傳習的模式中，探勘人文志業的縱深；期間紫荊書院的腳蹤並未中斷，師生二十餘年來，於國內建立近五十處「駐地傳習」現場，2012 年正式開辦【文化巫士】志工基地，包括文創、生態、人文社造、人文臨床縱隊之人才培訓。參與文化斷層診斷，在地意象探勘，神聖空間連結，以及文化國土紮根等志業。

　　文化巫士踏查期間，師生組成的工作縱隊，先後歷經 921 震災、川震、莫拉克風災的試煉。也在族群部落的駐地取材，以及沿海潮間帶，參與反國光石化運動，並持恆追躡群鯨重返「登陸」的神思與行動，開始進入【鯤島山海經】的嶄新紀元。

　　當國內的大學，已然因應市場的取向，並在教育部長期「評鑑」整型模塑之後，次第失去個性與人文傳統。大規模的 AI 人工智慧浪潮捲裹襲來，人本教育的型態倍顯摧枯拉朽之際，我輩仗劍四顧蒼茫，乃起興獨立學校的里程。2017 年開始以「意象師」的傳習模式，作為持續推動紫荊書院「獨立學校」之進程。三十年的潮差如斯壯闊，師友長期一脈相繫的腳蹤，猶如耳提面命，迄今未曾遠去。

　　在大學體制與書院傳習的模式中，持續探勘人文志業的縱深。嗣後並將書院院址，定居於南投埔里的愛蘭台地，在南港溪畔樹立文化人格的傳習會館，並於嘉義與高雄開辦書院教室，持續結合文化巫士駐地傳習陣地，逐步朝向獨立學校之進程。

　　「風物從君欣所遇，江山待我啟人文」的書院門聯，當年乃由李正治老師所題，並由王仁鈞老師在動物園現場的的快意揮寫，迄今依舊高懸在埔里院址傲岸風標。我們在書院人文的夢土上，深耕經世的輿圖；縱然江湖多舛，也不枉一番仗劍與任俠的少年行。

2020.5.31 記於埔里

目

次

第壹章　緒　論

　　中國的大學精神就在書院教育，一千多年以來，無論是學術上的沉潛醞釀，或是學風與社會運動的開展，歷代的書院教育家，都在這一文化人格的庭院裡，開展深邃與雋永的生命學問；盡萃為中國以人物養成為根本，以生命反思為核心的教育哲學。

　　透過書院教育哲學的研究，有助於開啟此一制度的歷史淵源與文化模式；中國自宋代以來，第一流的文化人物皆與書院教育的歷史密切關涉，朱熹、陸九淵、文天祥、王陽明、黃宗羲、王夫之、曾國藩、魏源、梁漱溟、馬一浮、錢穆、唐君毅等一長列的人物典範，前仆後繼地在這千年學府的系譜，完成了真理的探索、人格的型塑，學派的開展與文教的規模，更重要的是成就了一整個世代的精神風標。

　　本文的信念，即是出乎這份人文的關懷，試圖透過教育哲學的視野，還原中國書院的特質與理想。五四新文化運動以來，在一切以西學為思考及價值取向的文化氛圍裡，儼然像書院這樣孤標人格教育，並且以文化傳承為荷擔的理想，可謂聲光甚闇。與其悲夫中國人文花果飄零之幽嘆，何不靈根自植，以待貞下元啟元！君不見台灣近年來民間書院興起，乃至於私人講學之風氣，已有復甦之大勢，中國大陸固有之書院興復以及書院研究，已然大有可觀。書院教育哲學的研究，誠為文化人格的啟蒙運動，也是一分之於經史與經世理想的探尋。

第一節　題解與研究旨趣

　　中國的書院教育，乃為宋代以後民間講學與社會運動的表徵，同時具備思潮傳播與學術傳習的色彩，此一制度的形成與設計，即為「哲學」與「教

育」相輔相成的教學型態；整體評價而言，書院自身的內向傳習與外向傳播，皆已具備今曰「教育哲學」研究上的意涵。無論是針對教育者、學習者、教材設計、教學活動、教育宗旨，乃至於教學空間的設計，在一千多年書院發展的歷史經驗中，業已擁有相當豐饒的成果值得揭示。現行研究書院論題的成果而言，大體乃以書院的單一層面研究較為集中，例如書院制度、書院教育思想、書院建築、書院中的學派問題、書院史的斷代或通史性研究等為主〔註1〕；然而針對其思想型態而言，書院研究的範疇，顯然關涉於教育、哲學、國學、歷史、建築、社會學等多重層面的「複合」思想。亦即上述單一研究的進路，固然可以顯發其中的特色及論點，但是觸及了教育哲學，以及文化詮釋的複合性視野而言，特別是當今強調科際整合的學術理想之下，研究中國書院思想，勢必面臨兩大問題的獨立思考：

▲ 其一，如何再現此一思想與制度，進一步探勘書院文化史的圖像，以及現當代的定位，而不僅是偏於陳述的與歷史的研究。

▲ 其二，此一複合性思想的特質，仰賴於在層次上能夠相應的研究進路；亦即是一種分析與哲學的研究，並具備分析的論證，才能具有理論還原上的意義。

這兩大問題的自覺，誠為本文聚焦於「教育哲學」的向度，作為具體疏通書院思想與制度的進路；並且結合本人近二十年在台灣創辦【紫荊書院】，推動書院講學運動，具體「參與觀察」的實踐經驗，深信對於本論題之開展，將寓有永續更新的文化視野。再者，所謂的「教育」，本身即是一個高層次的「複合概念」，其中的外延及內涵，〔註2〕有助於探勘書院思想研究的層次與

〔註1〕 宏觀中國書院研究的相關成果，書院制度方面例如吳萬居《宋代書院與宋代學術之關係》，文史哲出版社，1991 年。盛朗西《中國書院制度》，上海中華書局，1933 年。張正藩《中國書院制度考略》，台北中華書局，1981 年。書院教育思想方面例如丁鋼、劉琪《書院與中國文化》，上海教育出版社，1992年。楊布生、彭定國《中國書院與傳統文化》，湖南教育出版社，1992 年。湖南大學嶽麓書院文化研究所編《嶽麓書院一千零一十週年紀念文集（第一集）》，湖南人民出版社，1986 年。朱漢民《中國的書院》，台灣商務印書館，1993 年。書院史的研究方面例如白新良《中國古代書院發展史》，天津大學，1995 年。李才棟《白鹿洞書院史略》，北京·教育科學出版社，1989 年。李國鈞主編《中國書院史》，湖南教育出版社，1994 年。樊克政《中國書院史》，台灣文津出版社，1995 年。書院建築方面例如王鎮華《書院教育與建築——台灣書院實例之研究》，故鄉出版社，1986 年。

〔註2〕 伍振鷟主編《教育哲學》，師大書苑出版，第 153 頁。

向度；同時接榫於「哲學」的思辨，以其學科自身的規範，將遞進釐清教育的思想、理念、以及具體實踐議題的層次，並予以充份的解析與衡定。

教育與文化問題的思考，也可以視為一系列「問題」的發展史，究其意蘊而言，則是針對人生價值問題的關切，勞思光指出：

> 我們通常思慮所及的問題，大致上不外三種：其一是所謂事實問題：亦即是「有」或「無」的問題。其二是規律問題，亦即是條件與後果的關係問題。其三是價值問題，即是善惡或好壞的問題。事實問題可稱為涉及「實然」的問題；規律問題可稱為涉及「必然」與「概然」的問題，價值問題則是涉及「應然」的問題，與前兩類問題不同。〔註3〕

實然問題與必然、概然的問題，都是經驗科學所處理的問題，價值問題則是哲學的問題。勞思光認為哲學史上的道德哲學、藝術哲學、宗教哲學以及文化哲學等等，都可以看作處理價值問題的學問。就這一部份而論，哲學的功能之一，即是對價值問題的處理，亦可以說哲學本身即是「價值之學」。

這一著重價值思辨的學問向度，對於普遍性的原則、認知的原理、判斷的依據、以及問題的批導上，有助於教育理念的衡定；在這個意義上，「教育」與「哲學」二者之間，實為相輔相成的關係。伍振鷟在界定「教育哲學」的義界時，即言明二者依存上的關係，認為教育是哲學的實驗室，哲學則是教育的普遍原理：

1. 教育目的需要哲學的指引
2. 課程與教材的價值需要哲學的批判
3. 教學方法需要哲學的指導
4. 訓導方法需要哲學的根據〔註4〕

回顧中西教育史的發展情形，即可理解二者互為關涉的歷程，大凡重要的思潮、主義、運動、改革或革命，莫不關乎哲學認知上的啟蒙，以及教育（體制內外）的推波助瀾，方能扭轉人類的認知，進而創造理想制度，解決既存的問題。甚且許多洞燭機先的思潮，其影響甚至於曠觀今古，猶為人類心靈座標的明燈。再者，許多大環境的積弊與矛盾，在論及根本解決之道的提案，

〔註3〕 勞思光〈哲學思想與教育〉一文，收錄於杜祖貽主編《哲學・文化與教育》，香港中文大學出版，第41～42頁。
〔註4〕 伍振鷟主編《教育哲學》，師大書苑出版《教育哲學》第一章。

也不外乎尋求教育制度與哲學思辨上的源頭。另一方面，這裡也存在著哲學與教育上既存的糾葛，亦即凡是強調絕對規範的哲學思想，理應能夠排拒虛無的思潮傾向，但未必能容納發展。強調開放性和發展的教育觀念，又每每顯得缺乏規範。如何能夠二者兼顧，才算是提出較為合理的教育原則。〔註5〕此一兩難困境的揭示，恰好反映了「教育哲學」的存在意義，亦即在文教的「現實」與「理想」之間，提出一思想啟蒙，並能充分結合教育制度的實現，進而對人類社會的價值取向，有所裨益以及長遠建樹。

有了這一層的理解，我們可以為「教育哲學」作一基本的界說，趙一葦即主張：「哲學是教育的原理，教育則可視為哲學的實踐，兩者的關聯奠基在整個教育歷程之中，也在教育者和受教育者之間，進而表現其預期目標以及理想。」此一界說，乃認為教育歷程展開時，教學如何進行？教材如何選擇？行為如何輔導？這些都關係著知識之起源與構成，以及價值之產生與判斷等問題之解答，實仰賴於知識哲學與價值哲學的探討：〔註6〕

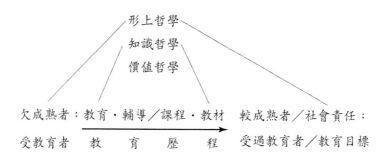

透過此一教育歷程的開展，我們可以說教育哲學是教育的根本理論，可藉以評騭、判斷，進而具體實踐教育的底蘊。根據此一認知，我們才得以進行相關議題的判斷：

　　▲ 分析教育上的觀念與假設，譬如：何謂「成熟」，何謂「創造」，何謂「適應」，何謂「生長」，何謂「經驗」，以至何謂「教學」，何謂「學習」，何謂「自我實現」等等，將類比各種重要詞語經過分析清釐，自可增進我們對於教育的瞭解，進而影響教育底實施。

　　▲ 批判教育上的理論和學說，人類教育發端既早，牽涉又廣，學說

〔註5〕杜祖貽《哲學・文化與教育》，香港中文大學出版，第61、62頁。
〔註6〕趙一葦《現代教育哲學大綱》，世界書局，第12頁。

眾多，理論龐雜。諸如一般教育之應注意文化傳遞抑或重視個性發展？大學教育之應注意通才培育抑或應注意專業訓練？眾說紛紜，必須有所批判抉擇。經過教育哲學之研究，便可免於墮入五里霧中。

▲ 解決教育實施上的問題，對於教育設施，社會人士、學生家長，甚至學生團體均可發表意見。例如賞罰之措施、活動之舉辦，人人得而置喙；至如校外考試問題，教育法令修訂問題，雖關教育行政，莫不皆然：凡此種種，最後終必牽涉教育哲學之考量，不難明瞭。〔註7〕

顯見教育哲學與教育歷程的關涉程度，不僅探討諸端如實可行的論述，也具備著價值與理念的假設與案斷，方能作為教育目標、方法，以及計畫的基礎，並且批導出應用與實踐的層次。在這樣的認知之下，進一步參照杜祖貽的分析模式，將有助於更完備的說明：〔註8〕

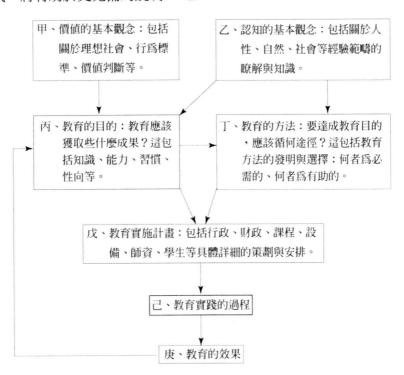

甲、價值的基本觀念：包括關於理想社會、行為標準、價值判斷等。

乙、認知的基本觀念：包括關於人性、自然、社會等經驗範疇的瞭解與知識。

丙、教育的目的：教育應該獲取些什麼成果？這包括知識、能力、習慣、性向等。

丁、教育的方法：要達成教育目的，應該循何途徑？這包括教育方法的發明與選擇：何者為必需的、何者為有助的。

戊、教育實施計畫：包括行政、財政、課程、設備、師資、學生等具體詳細的策劃與安排。

己、教育實踐的過程

庚、教育的效果

〔註7〕趙一葦《現代教育哲學大綱》，世界書局，第23頁。

〔註8〕杜祖貽主編《哲學‧文化與教育》，香港中文大學出版《哲學‧文化與教育》，第33頁。

　　杜祖貽並且以孔子的教育哲學，作為一具體示例，將有助於學人的參照：〔註9〕

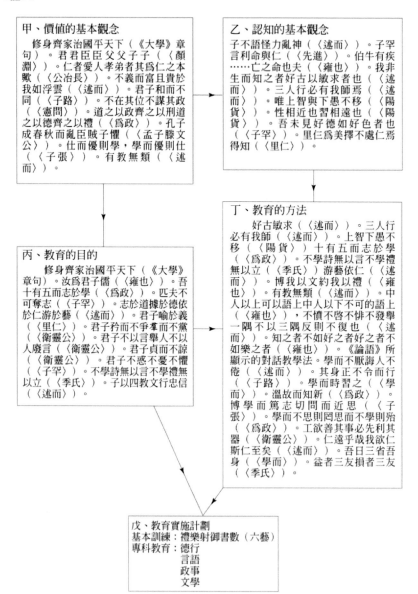

甲、價值的基本觀念
　　修身齊家治國平天下（《大學》章句）。君君臣臣父父子子（〈顏淵〉）。仁者愛人孝弟者其爲仁之本歟（〈公冶長〉）。不義而富且貴於我如浮雲（〈述而〉）。君子和而不同（〈子路〉）。不在其位不謀其政（〈憲問〉）。道之以政齊之以刑道之以德齊之以禮（〈爲政〉）。孔子成春秋而亂臣賊子懼（《孟子滕文公》）。仕而優則學，學而優則仕（〈子張〉）。有教無類（〈述而〉）。

乙、認知的基本觀念
　　子不語怪力亂神（〈述而〉）。子罕言利命與仁（〈先進〉）。伯牛有疾……亡之命也夫（〈雍也〉）。我非生而知之者好古以敏求者也（〈述而〉）。三人行必有我師焉（〈述而〉）。唯上智與下愚不移（〈陽貨〉）。性相近也習相遠也（〈陽貨〉）。吾未見好德如好色者也（〈子罕〉）。里仁爲美擇不處仁焉得知（〈里仁〉）。

丙、教育的目的
　　修身齊家治國平天下（《大學》章句）。汝爲君子儒（〈雍也〉）。吾十有五而志於學（〈爲政〉）。匹夫不可奪志（〈子罕〉）。志於道據於德依於仁游於藝（〈述而〉）。君子喻於義（〈里仁〉）。君子矜而不爭羣而不黨（〈衛靈公〉）。君子不以言舉人不以人廢言（〈衛靈公〉）。君子貞而不諒（〈衛靈公〉）。君子不惑不憂不懼（〈子罕〉）。不學詩無以言不學禮無以立（〈季氏〉）。子以四教文行忠信（〈述而〉）。

丁、教育的方法
　　好古敏求（〈述而〉）。三人行必有我師（〈述而〉）。上智下愚不移（〈陽貨〉）十有五而志於學（〈爲政〉）。不學詩無以言不學禮無以立（〈季氏〉）游藝依仁（〈述而〉）博我以文約我以禮（〈雍也〉）。有教無類（〈述而〉）。中人以上可以語上中人以下不可以語上（〈雍也〉），不憤不啓不悱不發舉一隅不以三隅反則不復也（〈述而〉）。知之者不如好之者好之者不如樂之者（〈雍也〉）。《論語》所顯示的對話教學法。學而不厭誨人不倦（〈述而〉）。其身正不令而行（〈子路〉）。學而時習之（〈學而〉）。溫故而知新（〈爲政〉）。博學而篤志切問而近思（〈子張〉）。學而不思則罔思而不學則殆（〈爲政〉）。工欲善其事必先利其器（〈衛靈公〉）。仁遠乎哉我欲仁斯仁至矣（〈述而〉）。吾日三省吾身（〈學而〉）。益者三友損者三友（〈季氏〉）。

戊、教育實施計劃
基本訓練：禮樂射御書數（六藝）
專科教育：德行
　　　　　言語
　　　　　政事
　　　　　文學

透過這一番闡釋，觸及了教育實踐上最重要的價值觀與認知取向，教育者如何兼備健全的理念，以及落實可以驗證的教學，恐怕不是每一個教育環境所

〔註9〕　杜祖貽主編《哲學・文化與教育》，香港中文大學出版《哲學・文化與教育》，第28頁。

能全面具足。甚至於過度理想的教育目標，也往往與世俗的制約彼此扞格。如此一來，盱衡整體教育歷程中，「人師」與「經師」的判別，「哲學家」與「教育家」之間的互為影響，以及教育體制的常與變，都是此一體系重要的課題。同時也將是本文考察中國教育史上「科舉」、「官學」與「私學」三者之間，彼此分合，或者互為依存的基本處境。再者，對於教育哲學我們固然可以採行較寬泛的定義，但在深入掘發學科的自律特質時，我們必須與教育學、教育思想、教育思潮作一有效地區別：

> 教育學或教育學體系不是教育哲學：教育學是教育歷程各方面之述說，限於歷程本身；教育哲學牽涉影響整個教育歷程的因素如社會、人生等之探究：後者較之前者大為深刻而普泛。
>
> 教育原理亦非教育哲學：教育原理是根據科學如心理學、社會學、人類學等之知識，以敷陳教育實施的理則或解釋其方法；教育哲學乃就全部人類經驗之立場批判教育的理論與實施：二者在依據上與層次上的不同，至為明顯。
>
> 教育思想非是教育哲學：普通的思想只是意見，有些教育思想僅是個人的直覺，或僅將某種學術浮泛地連結於教育，而未經分析與批判的，都不能列為教育哲學。能及於教育哲學地步的教育思想，必須是有廣大的關聯、而經深徹的思索之成果。〔註10〕

這一層次井然的規範，正是希望確立教育哲學此一學科，作為人文思考與實踐上的指導性原則，因此一方面具備著兼容並蓄的科際整合的原理，卻又必需有其自律性原則，否則容易落入威權式或封閉式的規範，甚而淪為僵化的象徵。這一批導的過程，可以藉此釐清教育哲學的體質及性格，伍振鷟進一步推論「教育思潮」與「教育哲學」的義理關係：

> 教育思潮或思想，並不是一種教育哲學；但是一種教育哲學；很可能匯入教育史的潮流中而成為一教育思想。從方法論上來說，教育思潮是較偏於「陳述的與歷史的研究」；而教育哲學是一種「分析的或是哲學的研究」。前者可能只是一種「思辨的設證或臆測」；而後者則必須是一種「分析的論證」。質言之，前者的立論，不管是思辨的或形而上的，如不經過分析批判，其可能只是一種「假設」，無法

〔註10〕趙一葦《現代教育哲學大綱》，世界書局，第22頁。

成為一種妥妥貼貼的「論證」。教育哲學的任務也就在澄清教育思想

上的「設證」與「論證」，賦予適當的地位與適用的範圍。〔註11〕

由此可見，各種教育思想很可能是教育思想家的一種構想，或一種「教育智慧」雖然具有參考價值，但畢竟還需通過具體分析的論証，才有可能成為教育上普遍的原理原則。是以，評判教育思想與哲學的具體規準，伍振鷟舉其犖犖大端者，乃提出三大規準：

　　（一）邏輯的一貫性

　　（二）經驗的檢證性

　　（三）道德的可欲性

總之一種教育思想或學說，必須繩諸上列三個規準，合者則為「可論證的」；反之則為「不可論證的」，亦即可能只是一種設證或臆測。上列的第一規準，論及教育學說的體系要有真理的一貫性，不能自相矛盾，這才具有邏輯的認知意義；其第二規準，論及教育學說須符應經驗科學的真理事實，否則易流為形而上的「假科學」，或假學說，缺乏經驗實證的認知意義；至於第三規準，論及教育思想的「合價值性」，乃應具有道德規範的意義，亦即合乎道德的欲求，並能開啟吾人價值自覺的向度，並且避免衍為悖反道德的學說思想。

　　透過三大規準的揭示，本書試圖探討教育哲學的界說，大體已可以俱足哲學論證上的充分性以及必然性的理據。由此反溯中國傳統教育理念中，格外強調人師的意義在於「傳道、授業、解惑」的基本命題，置諸此一教育哲學的規準之下，則寓有健全的啟發性：

　　　　所謂「傳道」，已不再限於宣傳某一個固定的道德學說、宗教教條或政治主張，也不再是單獨傳揚某一個聖人或政治家的嘉言懿行，而是以長遠的人類文化為背景，以深邃的哲學思維為方法，去進行教育的任務。所以它所傳的道，應是多元的、反省的和批判的。

　　　　所謂「授業」，再不能是由上而下的單線傳遞，而所授的「業」，也

────────────

〔註11〕也就是說批判一種教育思想的流派，不能單分析其學說本身的「認知意義」；同時也要檢視其所推薦的價值體系，是否合乎「道德理性」。假使其「價值取向」的特性是「他律的、外在的、或特殊的」，而非「自律的、內在的、或普遍的」，則純就「教育倫理學」的觀點來說，這種教育思想在此做的「規範的論證」，只能算是一種「設證」而已，沒有普遍採行之價值。詳見伍振鷟主編《教育哲學》，師大書苑出版，第 153～158 頁。

> 不能只限於固定的和形式的書本知識，而是施教者與受教者雙方面
> 同時積極參與，具有連續性和選擇性的學習活動。
>
> 至於所謂「解惑」，再不能限於權威性的解釋或標準化的答案，而是
> 在於培育在學者，使他們獲得充分的知識，與辨析因果的能力。學
> 習的目的，不單是疑惑的消除，更重要的是認識和解決問題能力的
> 養成。〔註12〕

也就是說，每一個試圖為「教育哲學」下定義的學人，必須經歷一次認知與
教育（以及受教育）上的獨立思考。在此意義檢視下的教育哲學問題，誠如
賈馥茗的歸納，不外乎如下的四項問題：〔註13〕

　　▲為什麼要教？

　　▲教什麼？

　　▲誰來教？

　　▲怎樣教？

我們可以依據此一理解，加上前述具體分析的論証要求，本試圖擬議一「教
學理念循環」的圖示，作為本節探勘教育哲學的芻議：

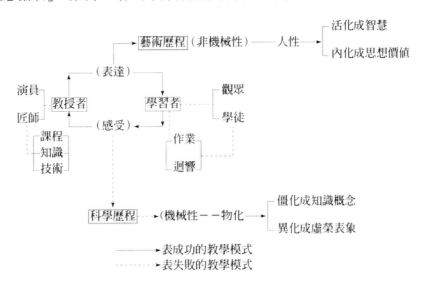

此一圖示的開展下，成功的教學模式，表現在教授者和學習者之間是互動的
關係，看重「表達與感受」的互動環節，而且是所謂的「教學相長」、「啟發

〔註12〕杜祖貽主編《哲學‧文化與教育》，香港中文大學出版，第298～299頁。

〔註13〕賈馥茗《教育哲學》，三民書局，第15頁。

式」教學的特質；因此人師與學者在人格感化上，是可以進行分析與論證的
「循環」，並近乎一藝術性轉化的歷程，寓有雋永的人文底蘊。由此對照失敗
的教學模式而言，表現在教授和學習者之間，僅存「單向」的技藝傳授，只
是刻板地偏重課程或技術的傳授，同樣的，學者也只是一味的吸收或墨守，
不能有別開生面的創發與人格上的轉化。由此可見「教育哲學」對於文化在
精神層面的養成，以及心靈的提撕作用，成果往往不是立竿見影，反而是抱
持著厚積而薄發、盈科而後進的理念，循循善誘；方能在師生之間產生互動、
交流，進而充分的吸收轉化。因此所謂的「傳道、授業、解惑」的理念，也
形成教育傳統上，寓意豐饒的課題。〈禮記‧學記〉中，即揭示著此一「教育
歷程」的人文圖象：

> 大學之教也，時教必有正業，退息必有居學。不學操縵，不能安弦；
> 不學博依，不能安詩；不學雜服，不能安禮；不興其藝，不能樂學。
> 是故君子之於學也，藏焉，脩焉，息焉，游焉。

這段引文中關涉的問題，並不局限於傳統教育中所修習之課程（如詩、禮），
而是鮮明地標示著「教授─學習」過程中，如何在傳授者以及學習者之間，
形成良好的溝通與交流管道，避免淪為機械性的傳達，或是單方向之授受過
程；「學習」固然不能忽略默讀記憶之深刻專一，以及行動上的純熟；然而教
師另一方面，也深知如何以若干「隱藏式」的課程，鼓勵參與其他生活上的
經驗，期使課堂上的思想獲得驗證，增進師生間交感的氛圍與興味。「藏焉，
脩焉，息焉，游焉。」正是一份活潑、從容的學習情境，關鍵著這整個教學
歷程，是否得以昇華為一「教育的藝術」，而不是淪為「機械式的循環」。在
此一理解下，教育哲學的可貴，不僅是學科本身的自律性意涵，更進而以教
育的藝術，作為文化人格的深厚積澱。

　　本文的研究旨趣以及研究動機，正是通過前述教育哲學的學科配景，分
析與論證書院教育興起的獨特意向，如何在學理上體現為民間講學的「教育」
意義，並且透過書院傳授的宋明理學，同時具備的「哲學」向度，將以上述
教育哲學的規準（邏輯的一貫性、經驗的檢證性、道德的可欲性），進行其體
系、經驗、以及規範上的整體批判。

　　再者，透過書院教育哲學的詮釋，可以提供現今思想史、學術史一個比
較寬廣的認識角度；例如探討宋明理學或清代考證學的相關論題時，多半偏
重於學術的成果及定位（如分派、分期、學說本身以及定位問題），若論及歷

史的追溯，往往也忽略了宋代以降學風的形成，乃與歷代書院教育的興廢，存在著互為表裡的關係。例如論及朱熹、陸象山之學說、理學及心學的分合、王陽明學派的流衍、東林學派的興起、乃至於明末清初經世之學以及清代學術等議題，本文認為實有必要還原這些學說思想，重新置諸前述「教育歷程」以及「教育哲學」的義理架局；如此反溯學術或思想問題的潛在意向，當能提供更具啟發性與突破性的觀點。尤其宋明以來書院教育的師生傳習，以及學風思潮的挺立，本身即是中國文化人格的積澱與啟蒙，乃以天下民生為己任，並在經世實踐的理念下，提出具體而可經驗證的主張。誠如書院作為中國「大學」精神的原型，乃俱足了「哲學的背景」，以及「教育的前景」之文化縱深，方能在一千多年的文教傳習歷史中，儼然成為學術思潮的重鎮，蔚然大觀。

第二節　研究對象以及範圍

　　本書開展的論述，乃以書院教育史上主要的人物學說，以及教學制度為核心，聚焦於教育哲學問題的兩大向度：

　　　　（一）問題的史觀／書院教育開展過程中，重大的學術思想論爭、學派的形成、教育制度變革的原理等方面，對於書院整體研究上的意向及定位。

　　　　（二）問題的啟示／奠基於前述問題的獨立思考，探討其中具備的教育哲學論題以及現當代的詮釋。

　　整體宏觀而言，書院教育哲學的理念，特別是針對認知與價值取向上的鋪陳，有助於基源問題的批導；因此本書乃以前述「教育歷程」的探勘為重心，將書院中內向「傳習」的輔導與教材，以及外向「傳播」的體制與文化模式等量齊觀。此一環節的獨立思考，乃有別於一般哲學史、思想史對於學派、學說之判準，而是盱衡於受教育者著重的需求與意向所在；是以元代、清代書院教育的貢獻，就不能過度抱持傳統思想史的成見，而需重建此一階段書院教育家，因時與因地制宜的具體提案能力。

　　復次，將系統性的將書院發展中的教育文獻，如學案、語錄、講義、院志等作為直接研究對象，並輔以歷來針對書院研究的論著，作為間接研究對象；后者雖屬二手資料，但就詮釋意義上，也算是廣義的教育哲學，許多爭

議性的學術思想論點，皆能進一步作為教育上獨立思考的現成教材。例如宋明理學的分系問題、鵝湖之會的評價、王學朱流的批判問題、清代考據學的體檢及重估、書院與官學、科舉之間互為表裡的問題、以及書院是否只能視為儒家的文化產物等等。這些討論的觀點，不僅需要納入教育哲學的體系與規準，方能進行充分而有效的論證；再者也有助於建構「中國書院學」，此一新興學科的挖深織廣，企圖在書院研究的旨趣上，兼重「實然」與「應然」問題的迴應。

礙於大量書院原始文獻以及現場探勘之取得不易，必須仰賴中國大陸方面的研究成果，因此在援用時必於註解中加以說明，以備日後進一步修正及擴充；再者，近年來中國方面在書院研究與建設上，亦有蓬勃之發展，一方面擴建既有的傳統書院硬體規模與相關活動，以發揮其文化遺產以及文教的功效；再者，並於書院學術研究上，進行大規模的「書院熱」以及「書院學」的風潮；無論是個人專著或集體分工合作的成果，大有可觀，〔註 14〕這些客觀面的事實，有助於本書進行系統性詮釋的基礎，也是作為台灣當代書院文化運動的契機。

第三節　研究方法

現當代教育哲學之研究概況，誠如前述，多仰賴於國外之研究模式以及研究方法，其中固然有許多學理啟發上的優點，然而面對書院教育的特殊性，以及中國學術研究的義理向度，是否能夠建立一彼此相涵統攝的基點，作為具體可行的研究方法。本文認為當以宋明兩代書院傳習模式中，獨特的「學案體」思維，得以與教育哲學的向度彼此符應。〔註 15〕亦可滿足前文強

〔註 14〕中國大陸方面近來研究書院專題的成果，詳見參考書目中，「書院專題研究」類中國專書研究部分。

〔註 15〕學案體史籍，是我國古代記載學術發展歷史的一種特殊編纂形式，其雛型肇始於南宋初葉，而完善和定型則是數百年後的清朝康熙中葉。它源於傳統的紀傳體史籍，係變通《儒林傳》(《儒學傳》)、《藝文志》(《經籍誌》)，兼取佛家《燈錄》體史籍之所長，經過長期醞釀演化而成。所謂學案，就其字義而言，意即學術公案。「公案」本佛門禪宗語，前哲釋作「檔案」、「資料」，至為允當。顧名思義，學案體史籍以學者論學資料的輯錄為主體，合其生平傳略及學術總論為一堂，據以反映一個學者、一個學派乃至一個時代的學術風貌，從而具備了晚近所謂學術史的意義。此說詳見陳祖武《中國學案史》，文津出版社，第 156 頁。

調教育哲學的體例與規準，並兼顧書院教育的人文底蘊：

一、**學案之產生，乃奠基於學術統緒的整理、疏辨和判斷，可詳究學者、學派、學風，乃至學統的問題與意義，兼具歷時性與共時性的探討座標。**

二、**學案之體例多由「三段式」結構為基礎（總論、傳略、學術資料選編），體質上已具備了教育哲學上對於價值、認知、目的、方法以及實踐、批判上的內涵，不僅有助於學術史的研究，進一步奠定教育哲學論證上的具體依據。**

三、**學案體之發展及完成，乃與宋明書院教育的規制相輔相成，可謂是書院教育開展之下的具體建樹**（詳論見本文「學統」一章），其中涵蓋的文獻，俱屬歷代書院家講學的教材、語錄、生平及論斷；學案的編者，亦多親身參與書院講學，可如實作為教育哲學之印證。

四、**學案中特重學問「宗旨」的揭示，並作為學理與工夫實踐的判準，可作為教育哲學關於教育理想、教學方法、教學歷程甚而教學藝術之深究；**特別是對於不同意見或論點之批判，皆有其一套規準，不失為教育精神的表徵。再者，學案體例的設定，也展現對於教育以及學術自主性的史觀，而非史纂，乃彰顯學科自律以及理想的一貫傳統；誠如朱子之於《伊洛淵源錄》、劉蕺山之於《道統錄》、黃宗羲之於《明儒學案》與《宋元學案》，俱為學術史與教育哲學，相涵與統攝的宗旨表現。

通過「學案」的體例與思維模式，誠是反映出一個學者、一個學派，乃至於一個時代的學術風貌，從而具備了晚近所謂「學術史」的意義。例如梁啟超與錢穆兩人，皆著有近三百年學術史之鉅構，同時兩人亦參贊了清代與民國時期的書院教育，顯見「學案體」獨特的思維與體例，實為探勘書院教育哲學的最佳進路。

關於書院教育「宗旨」的揭示，大體而觀，錢穆在其《中國學術通義》一書中，曾就中國傳統學問的特質，分列為三大系統：

▲ **其一是「人統」，其系統中心是「人」，認為一切學問的主要用意，**在於如何作一有理想、有價值的人。

▲ **其二是「事統」，乃以「事業」為學問之中心，即學以致用。**

▲ 其三是「**學統**」，亦即「為學問而學問」的系統。

本書之義理架局，乃以此說所謂的「人統」、「學統」、「事統」為主幹，揭示「三統」之學所提供的判準，實為此一「書院教育哲學學案」的依據；是以歷代書院家之思想與個別宗旨，亦從屬於此一「三統」架局，並予以相應的定位；目的在於達到統之有宗，以見其教育目標的關係，而不全然以學派之門戶為考量，此誠教育哲學的可貴之處。復次，各統所屬的書院與教育家的引介與批導，亦把握前述「三段式」的論證結構作為原則：

（1）代表性的書院或書院家，作為各統的總論及傳主。

（2）考察書院史上該統教育哲學，如何在教育歷程中達到預期的目標，並結合相關教材文獻與事例，作為論証的展開。

（3）該統教育哲學的評價及定位，包括認知與價值取向的鑑別，以及內在傳習與外部傳播型態的檢討。

例如「人統」教育哲學，乃以朱熹與王陽明為代表，「學統」教育哲學乃以劉蕺山與黃宗羲為代表，「事統」教育哲學則以東林和嶽麓兩書院為印證。在學術史觀的衡定上，「人統」乃著重宋明兩期的義理向度，「學統」乃尊重元代和清代書院在學術上的貢獻，而「事統」則補充清代以及臺灣本地書院發展的具體成果。

關於重要書院家之介紹，本書將納入在各節「附注」中加以論列，一如學案體例中「傳主」的生平及志業。客觀陳述上乃採行樊克政《中國書院史》之歸納成果，以彰明書院家的地位與成果，作為本書學案體例運用上之補充。並將書院教育的人文性格作一「統緒式」的導向及開展；同時在論證還原的工作上，採行勞思光之「基源問題研究法」，以究元決疑的理論反溯精神，有助於後文批導書院發展的系列論題。

綜合前言，本論文在研究範疇上的整體架構，即以書院教育宗旨為核心，概括在整體教育歷程中，主要牽涉的環節、步驟以及成果：

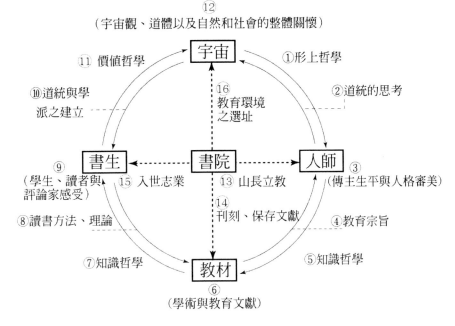

※此一圖解牽涉的環節與相關議題，本書所涵蓋的架構如下：

▲人統教育哲學範疇：1. 2. 3. 8. 9. 11. 12. 13

▲學統教育哲學範疇：4. 5. 6. 7. 8. 9. 10. 12. 14

▲事統教育哲學範疇：11. 12. 14. 15. 16.

第四節　研究目的

本書寫作與研究的理想，正是立足於教育哲學的反省，試圖通過書院的人文傳統，進一步重建學術與教育史觀，重新審度中國教育的本質與深層結構；提供日後「中國書院史」、「中國書院學」寫作與批判上的嶄新規準。再者，此一探勘的向度，可具體提供教育工作者，如何以史為借鑑，重新衡量教育學習的範疇、教育思想與問題的演變史、以及教學方法與讀書方法、教育行政以及教育空間的具體經驗與提案。

中國傳統書院的歷史，雖然伴隨著清末廢除科舉，引進現代西學及學堂的風潮，而暫告終止。縱使千年聲光一夕闇然，然而在面對現代教育日益浮現的盲點與困境下，有識之士依舊選擇荷擔書院精神的千年志業。馬一浮、馮友蘭、錢穆、唐君毅等大哲，先后踵繼倡導的書院教育與學術宏規，並未因此而中輟，洙泗講學的遺鐸，復振於當代。台灣方面也在近二十年來，興

起現代書院講學，以及民間教育復甦之大勢，不同傳習宗旨的民間書院講學，蔚為大觀。此一文教精神的顯豁，也在國際高等教育的交流與衝擊之下，形成體制教育變革的意向，清華、東海、政大與中正等大學，亦在日前陸續於校內成立書院，特別著重導生制度以及人物的養成範疇，作為博雅與菁英教育之指標。此一消長的歷程，正是傳統書院「貞下啟元」的轉型階段；一方面可視為中國大學精神的深層原型，再者書院教育關注於「希聖希賢」的陶塑，在意蘊上已不只是儒門教法的傳習與承遞，而是足以提供文化人格的研究與實踐上，深刻的遇合。對於體制內、或體制外教育改革的契機，也將寓有重大的啟蒙。

第貳章　中國書院教育之基源問題

　　無論是內聖的逆覺體證，或是外王的具體實踐，書院教育確乎是儒家歷史績業中永不褪色的豐碑；在其橫亙一千多年來，洙泗餘韻的弦誦不輟，孔顏樂處的傳唱與雋永，無一不是宋明以來，儒者們深信不疑的共法。在此一既定的前提之下，「書院」的論題，如何通過教育哲學的視野，重新確立為一獨立思考的意涵，而非歷史陳跡的複述？

　　本書的研究旨趣，正試圖還原此一教育哲學的根本意向，也就是何以在中國宋明以降，眾多的學者選擇以「書院」教育，作為他們經世致用的起點，甚至於成為畢生的終極關懷？再者書院的存在，誠是中國歷來私人講學傳統中，唯一顯著的制度，也是教育史上最具人本理念的教育型態；因此在其千年開展的歷史積澱之下，勢必有其一定的內在理路，方能在教育型態上，持恆的永續更新，這一特點，仰賴於結合跨領域的向度，方能充分揭示其中的義理型態。

　　「書院」教育的崛起，上承先秦以降的私人設帳講學遺風，乃於唐末五代開始具體成型（學館型態），並於宋明兩代達於全盛。開啟了思潮，教育、學術、制度，社會傳播等眾多層面的影響。書院研究在此一認知之下，遂有進一步探討科際整合，以及獨立學門建構上的可塑性。綜觀民國以來中國書院研究與實踐的風氣，實屬彌足珍貴；一方面受限於五四新文化運動「橫的移植」意識型態的制約，不僅全面地否定了文學與思想的傳統，甚且連教育哲學以及教學型態、教學體制，也全盤代之以西方的「模本」與「膺本」，遑論獨立思考的意義。因此書院教育不僅受到必然廢除的命運，更是全盤西化論者大加批判的對象。再者，誠如前述西方教育理論的體系不僅完備，更具足了一貫的規準與理性精神；加上教育思潮大量湧進中國的同時，書院強調

「希聖希賢」的大學精神，已然不合時宜，自是聲光闇然，文化人格的花果飄零之感，莫甚於此。如何因應特殊的時代需求，重新闡釋書院思想的永續意涵；在時局憂患與學術慧命的交光疊影下，也唯有透過教育與思想改造一途，才能有效地進行意識型態的批判與建構，將諸多非關教育的盲點，疏通去礙。本文認為應反溯書院思想興起的「基源問題」，才能在理論層次上，相應地詮表書院教育哲學，如何在中國文化史上，開展多元向度的格局。

第一節　運用「基源問題研究法」的意義

　　一如前文所揭示，本文通過「學案體」的意涵及向度，闡釋本書的研究旨趣；更遞進一層的具體方法與程序，則借重勞思光的「基源問題研究法」，就方法學的底蘊而言，此一研究法，正呼應於前文提出的「問題的史觀與問題的啟發」雙重意義，並且相較於一般思想性的研究方法而言，實為一透過「重建問題以了解思想」的進路。〔註1〕同時也兼顧著「方法意識」（即方法設計的來源、適用範疇、效力問題），以及「問題意識」（即問題的掘發、分判、與獨立思考）兩大面向。

　　本文依據此一方法的界說，歸納為如下圖式，以說明進行的步驟及程序：〔註2〕

〔註1〕　勞思光吸收「問答邏輯」，提出「基源問題研究法」研究中國哲學，基本上是認為：個人或一學派的思想理論，乃是對某一問題的答覆。這種「重建問題以了解思想」的方式，當代歷史學家柯靈烏（R. G. Collingwood）早為我們提出。他曾提出「問答邏輯」以取代舊有的「命題邏輯」，重新解釋思想的存在實況。他認為：知識體系不是由「命題」、「敘述」、「判斷」或邏輯學家為了指涉下斷言的思想行為而使用的任何名謂所構成，而是由「命題」、「判斷」等等，再加上它們原本要回答的問題而構成的。而且就一套邏輯而言，如果它只考慮答案而忽略了問題，將是依「問答邏輯」的原則，每套思想中的命題都是某一問題的答案，不能孤立的加以了解，而必須放在問題和答案的復合體中考察。因此「重建問題」是思想了解的重要環節，柯氏說：「不要認為你了解哲學家所作的任何敘述，除非你已確定（盡一切可能地準確）敘述背後的問題是什麼（敘述乃是哲學家給它的答案）。」這種看法同樣可用來照明禮樂思索的存在實況，使我們不致忽略先秦禮樂思索曾經質問過的問題。詳見李正治〈先秦諸子禮樂思索的正反諸型研究〉，台大中研所博士論文，第13、14頁。

〔註2〕　以一界說，勞思光個人的定義參見勞思光《新編中國哲學史》第一冊序言，三民出版。筆者曾就他的「基源法」作一評述，以及歸納此一圖式，參見陳旻志〈勞思光基源問題研究所之省察〉，《鵝湖月刊》第二二七期，第40頁。

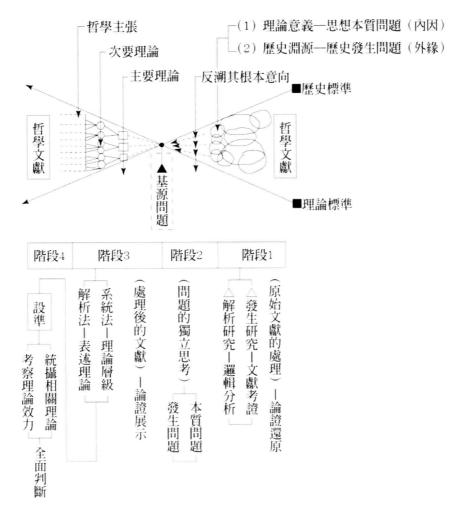

關於此一圖式的說明，筆者的補充如下：

（一）方法的程序歸納為「三步驟四階段」

　　勞氏在陳述其基源問題研究法時，依其施用的程序，分為三個步驟，亦即在第一步中透過邏輯意義的理論還原工夫，以反溯其根本意向所在，而找出所謂的「基源問題」；其后即直接進入第二步驟，就是涉及了基源問題的相關理論展示工作，然而筆者認為由第一步銜接到第二步的程序上，尚可有一「過渡階段」（即本文所謂「問題的獨立思考階段」，參見圖解），此一過渡階段（即筆者界定的第二階段）的提出，是針對勞氏「問題意識」反省上的特點而言。勞氏在程序中雖逕就方法操作上，以貞定基源問題為目的，繼而加以系統開展相關的理論，卻並未對此加以深入說明，筆者頗引以為憾。但這

並不是勞氏的盲點，祇是說明未竟，由其他引文中，仍能看出「基源問題」的根源性、統攝性、以及有別於其他問題的特殊性，因此特別提出「第二階段」做為補充，有助於整體方法在操作程序上，益臻完整。

（二）「二重思維」的強調，更能體現「基源問題」的特性

勞氏構作基源法的進路，乃化約為「理論標準」（關涉思想本質，以及哲學理論的根源問題與理論關連的內因）與「歷史標準」（關涉思想發生的外緣事件和歷史起源問題），面對這兩個相對的問題的剖辨，在前提上是必須截然分劃，方能有利於面對雜亂的哲學文獻材料時，做進一步系統性的分析、界說。但是在實際推論過程中，二者之間也常有相互影響的現象，此為筆者補充勞氏潛在「二重思維」的所在；這組二重思維的相互運用，在勞氏個人具體剖析哲學史問題時，也往往適時提出與提醒讀者：

> 就中國哲學興起以前的古代思想而論，我們應該注意的範圍即是以下兩類觀念：第一：與后世哲學理論有內在意義的關係之觀念，例如詩經、書經中某些觀點。第二：與後世哲學思想之演變有發生意義的關係之各種觀念，為早期信仰及風俗中所含有的觀點。

此處勞氏即強調「理論意義」和「歷史淵源」，這二組不同的思考面向的差異。再如論漢代思想之淵源：

> 就漢代而論，漢代政治制度之設計，最合先秦儒家之思想；而漢代之思想則適表現儒道二家之沒落。

而此一歧異衝突的理據所在：

> 一時代之思想，可影響后一時代之制度，但多不能影響當時之制度；反言之，一時代之制度特色，亦大抵皆來自前一時之思想，而不必關涉同時之思想。此理至為淺顯，蓋思想影響制度，例必經一醞釀過程；當某種思想表現為一新制度時，后起之思想可能另有新轉向。因此，一時代之思想與制度間，儘可呈現種種歧異衝突，並非必然互相配合。此點亦治哲學史及治思想史者所宜留意。

藉由「二重思維」的剖析，不僅思潮的內在外緣皆能予以有效的區別，進而置於「史學」的宏觀視域中，二重思維的存在，更能判定一種思潮，之於整體哲學義理間架中的位址；進而以區別哲學問題的「相干」部分（即上圖中二重標準的兩線之內），以及「不相干」部分（即兩線之外），有助於基源問題的貞定，以及論證展示中「有效範圍」的確定。

　　再者，二重思維的施用，並非片面地以為「歷史決定論」或「思想可以主導一切」的兩極色彩；而是透過二重問題的向度，還原思想的意向所趨，繼而進一步確立思想的根源所在。例如探討董仲舒思想之定位，即以「德性根源」的安立問題，作為二重思維探討的聚焦：

> 此不僅是儒學之大問題，亦一切哲學系統涉及德性價值時所必須注
> 意之問題……凡「根源」不明時，談「完成」之過程即全無意義……
> 荀卿不解「德性根源」之義，故有「師法」之說。而董氏所謂「故
> 訓」，即荀卿所謂「師法」也……董氏則取陰陽五行之幼稚思想為基
> 礎，遂有「天人」關係之謬說，而將價值及德性根源歸於一宇宙論
> 意義之「天」矣。〔註3〕

> 此一哲學問題的反溯，也一如前述教育哲學的探討，在價值取向與
> 認知取向上的剖析，以及教育歷程的反思；皆寓有獨立思考的意
> 義，不容忽視，或妄加調和與折衷。

（三）「基源問題」的區分，以及和「根本理念」的關係：

　　基源問題的理解及認知，勞思光指出：「我們所發現的最根本問題，即是在理論意義上最能統攝其他問題的『基源問題』了。」一個理論的基源問題可能不止一個，但只要我們找到一個基源問題，具有統攝大部或全部問題的理論功能，我們就不必多列基源問題；這是所謂『精簡原則』自然，如果一個理論實在內容雜亂，含有好幾個基源問題，各不相關，我們也祇好多列幾個基源問題，作為我們『理論還原』的結果。」〔註4〕

　　依此界說探勘基源問題的屬性，可進一步區分為「共同的基源問題」及「個人的基源問題」。前者是整個時代的思想理論所共同質問的問題，後者則是因個人的特殊關懷傾向，在共同的基源問題之下，更進一步質問的思想問題。如以哲學史上關於禮樂思索的要件而言，李正治認為正觸及這兩方面的基源問題。而各家的「根本理念」，實針對個人基源問題的解答而來。順是我們可以先秦諸子的「禮樂思想」為例，擬一表解：〔註5〕

〔註3〕　參見勞思光《新編中國哲學史》第一冊序言，三民出版。陳旻志：〈勞思光基
　　　　源問題研究所之省察，《鵝湖月刊》第二二七期，第40頁。

〔註4〕　參見勞思光《新編中國哲學史》第一冊序言，三民出版。陳旻志〈勞思光基
　　　　源問題研究所之省察，《鵝湖月刊》第二二七期，第40頁。

〔註5〕　李正治〈先秦諸子禮樂思索的正反諸型研究〉，台大中研所博士論文，第14、
　　　　15、16頁。

◎ **共同基源問題**——禮樂是否還有繼續存在的價值？
　　　　　　　　如何建立「禮壞樂崩」後社會的新秩序？

◎ **個別基源問題與根本理念：**

先秦諸子	基源問題	根本理念
孔　子	如何建立正當的生活秩序？	仁
孟　子	如何充分實現人的善端？	性善、仁義之心
荀　子	如何建立一成就禮義的客觀軌道？	禮義之統
墨　子	如何改善社會生活？	義
老　子	如何復歸生命的純樸狀態？	道（自然之道）
莊　子	人如何得以逍遙？	道（逍遙之道）
韓非子	如何建立一有利的統治？	法

第二節　中國書院教育的基源問題

　　書院教育的發軔與勃興，自然也相應於歷史上思潮的繼起與消長的過程，當然可以視為一組「根本理念」與「基源問題」的關係。中國書院教育的基源問題探勘，其實也正是闡釋書院教育哲學的根本理念及其意涵；一如黃宗羲之編訂《明儒學案》特重「宗旨」，以為一切學術批判及詮釋上的發凡起例：

> 大凡學有宗旨，是其人之得力處，亦是學者之入門處。天下之義理無窮，苟非定以一二字，如何約之，使其在我。故講學而無宗旨，即有嘉言，是無頭緒之亂絲也。

> 學者而不能得其宗旨，即讀其書，亦猶張騫初至大夏，不能得月氏要領也。是編分別宗旨，如燈取影，杜牧之曰：「丸之走盤，橫斜圓直，不可盡知。其必可知者，知是丸不能出於盤也。」夫宗旨亦如是而已矣！（《明儒學案》發凡）

宗旨既明，綱目已具，則許多一偏之見，相反之論，才有「萬殊而一本」的了然胸次；否則如何在龐雜的文獻與前人見解之中，釐析其「所以然之理」？關於書院教育的基源問題，筆者試圖歸納其梗概如下：

書院教育文獻的形成類型，以及牽涉問題					
發生動機	教育型態	代表書院	教材表現（主／次要）	影響問題	文獻評價
士子讀書	自學式	石鼓書院		▲習業山林之風	
私人講學理想	講學式 會講式 精舍式	朱子、象山系列（白鹿洞，象山精舍）	語錄、講義、經書、學規、學則、文鈔、全集、書信	▲針對官學、科舉之批判 ▲學派宗旨、教法之反映 ▲官學、科舉之採行對象	▲官學、科舉、書院消長之反映 ▲思想史、學術史之研究基礎 ▲教育史之考察脈絡、文獻之間的互動關係
民間教育推廣	講會式	王陽明學派	講義、會語會約、會規	▲學案語錄之編輯體例 ▲民間結社傳播網路之形成	▲新儒家客觀化的問題 ▲教育哲學的反省
補助官學不足，形成官學與科舉的附庸	官學式 考課式	元代、清代書院	經書、讀分年日程、課藝文集、經史考證	▲科舉、官學之介入書院 ▲圖書文獻保存及刊印	▲官學、科舉、書院消長之反映 ▲藏書、版本學上的意義
學術研究中心	研究式	學海堂、詁經精舍	同上	同上	同上
《綜合性材料》東林、學海堂院記、院誌			▲書院建置、歷史、傳播和文教背景之綜合性材料		

　　此一概況，旨在說明自唐代始有「書院」之名以來，[註6]書院自身的發

──────────

[註6] 書院之名起源於唐代，有「官方」和「私人」兩種型態，據樊克政《中國書院史》第一章之歸納，有一簡述：唐玄宗開元五年(717年)駕在東都洛陽時，曾命人於乾元殿教理內庫所藏圖書，稱為乾元書院或乾元院。開元六年（718年），乾元書院改稱為麗正修書院，又名麗正書院。開元十三年（725年），麗正修書院改稱為集賢殿書院，又名集賢書院（或集賢院）。由上述可見，集賢書院是一個兼具政治職能的圖書搜集、整理與收藏機構。這些書院，與作為學校性質的書院，尚且是名同而實異的。再者關於唐朝私人所建的書院，從《全唐詩》中可以查到以下一些有關的詩作：盧綸的《同耿拾遺春中題第四郎新修書院》與《宴趙氏昆季書院因與會文並率爾投贈》、王建的《杜中丞書院新移小竹》、楊巨源的《題五老峰下費君書院》等，這些書院之名，只是作為學人讀書之處，尚不具有教育性質。值得注意的是，在這些私人所建的書

展型態，即有不同階段的意義及訴求；進一步探勘書院之基源問題，在論證還原過程中，必須說明書院興起的「歷史淵源」（或起源）與「思想本質」的根源意義的差別。〔註7〕才能反溯此一思想型態的根本意向所在。若就歷史的發生意義而言，書院教育制度興起的原因，大致歸結如下：

（一）官學的僵化，淪為政治及科舉的附庸。

（二）科舉取士的流弊，造成士風與社會價值規範的迷失。

（三）佛、道二家的衝擊，以及儒家正統地位的闇然不彰。

除了分析此一外緣因素之下，針對思想本質內因的意義而言，則可歸結為以下兩項訴求：

（一）教育思想，學術建構上的自覺與獨立。

（二）私人講學系統的具體成型，以及傳播教化的問題。

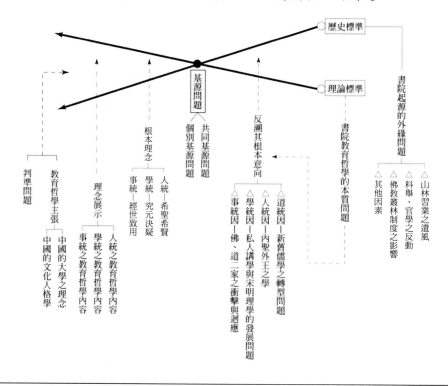

院中，有的已經有了講學活動或具備學校性質。如據載：皇寮書院、松州書院、鼇峰書院等都已具備了學館初型。這就表明，具有教育功能的書院，在唐朝開元以前就已產生了。不過同時也應看到，這種具有教育功能的書院，在唐代還祇是鳳毛鱗角，為數極少，尚處於萌芽狀態。樊克政《中國書院史》，文津出版社，第1、2、7、8頁。

〔註7〕勞思光《新編中國哲學史》第一冊，第75頁。

然而這樣看似客觀的說明，尚且不能滿足「基源問題」與教育哲學思索的規準，必須遞進一層地，剋就其理論還原，以及整體關聯上，找出根本意向所在。筆者認為必須側重書院教育哲學中，反映的兩大意向，較能有效聚焦：

　　▲其一，對應於中國教育史的視野下，呈現的「教育歷程」意義。

　　▲其二，針對宋明理學與清代文史之學（考証、古文、史學等）的
　　　　特質及影響而言，呈現的「教育實踐」意義。

「教育歷程」所關切的，即是教育哲學中，「受教育者」和「教育者」透過教學、輔導、課程、教材之傳習與互動中，所達成的認知、反省與價值判斷的歷程。在這一點上，錢穆夫人胡美琦歸納中國書院教育史的特色，有如下三點：〔註8〕

　　▲中國傳統教育內容包含社會、家庭、學校三方面，相互配合而成
　　　一教育整體，缺一不可。而此三者中最重要的應屬家庭，並次為
　　　社會，最后始是學校。此因教育精神重在教人做人。

　　▲中國教育史之演變，私家教育的影響亦遠在國家公立教育之上。

　　▲中國歷史看重人物，而中國教育則以培養人物為中心，此因中國
　　　文化傳統以分別人品為其主要之概念。

此一揭示，即表現於其撰述《中國教育史》一書中的分期：〔註9〕

　　（1）貴族教育時期——西周至孔子。

　　（2）私家自由講學期——孔子至秦。

　　（3）國家教育時期——秦及兩漢。

　　（4）門第與寺院教育上期——晉南北朝。

　　（5）門第與寺院教育下期——隋唐五代。

　　（6）書院講學上期——兩宋。

　　（7）書院講學下期——元明。

　　（8）教育的衰落時期——清及民國。

其中特重私人講學的傳統，尤其是「寺院」與「書院」之地位與影響，也彰明了書院教育的性格，實輻輳於一個微妙而繁複的文教網路之中：

〔註8〕　胡美琦《中國教育史》，三民書局，第12、13、14頁。
〔註9〕　胡美琦《中國教育史》，三民書局，第14、15頁。

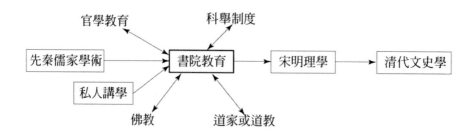

在這組網路中，官學與科舉的消長，決定了書院的興衰，而佛、道這二家的敵對關係，卻也刺激了書院在學理、宗旨、教材、以及制度上的設計，可以說是相互競爭與吸收，此即宋明理學十分看重的異端與異教之辨。此一歷程一方面完成了學術傳承上的意義（由先秦儒學以迄清代學術），卻又與官學與科舉之間的分合、互動，造成自身型態的轉變。此一繁複的關係，固然是書院史的一大關目，但側就教育歷程而言，卻有兩大啟發：

▲其一是豐富了書院講學的多元型態，誠如書院教育文獻的多種類型。

▲其二為書院教育哲學在基源問題貞定上，對於「人統」、「學統」和「事統」意涵上，形成有意義的關連。

復次，再談到「教育實踐」的意涵而言，例如和書院發展互為表裡的「理學」思想，或稱之為「新儒學運動」，兩者之間有著莫大的關連；在還原書院基源問題時，不能不加以探究，張君勱屆此有一闡明：

新哲學的創立者必須建立一套包含宇宙論，倫理學和知識論的體系，以宇宙論解釋宇宙的創生，以倫理學討論整個人類問題以及確立人生行事的價值，以知識論確定實然和應然知識的基礎。如果沒有這種包羅萬象的哲學思想，新運動的領導者就不能提出一套抵制佛教的適當理論。這個新哲學叫做「理學」或「性理學」，因為「理是知識的共同基礎，而自然和倫理知識的普遍性也只有藉人性中的理來建立。」基於這種對理和人性的基本研究，新哲學的倡導者更進一步創出一種新的教育方法，即重新復甦的社會責任感，「鄉社」（一種地方自治形式）以及改進的政事。我們可以說，近千年以來中國思想中的主要勢力就是這新儒學問題、新儒學運動。〔註10〕

再者，由理學產生及確立的政治與文化制度，則體現了此一教育哲學在教學

〔註10〕張君勱《新儒家思想史》，弘文館，第20頁～26頁。

實踐上的成果，張氏歸納認為有五大制度：〔註11〕

（1）道統

（2）聖學

（3）經典

（4）書院

（5）為政（政府功能，以及地方鄉約制度）

此一展示，不僅可以明瞭書院與理學教育之間的關係，也說明書院教育置身於官學、科舉、佛家、道家之間，有著舉足輕重的關係。為了避免輕率地將書院教育定義為「反科舉、反官學」，或只是視為「宋明以來學術傳授的基地」，進而嚴格排斥佛、道二家在書院發展上的意義。凡此諸種論點都易於掛一漏萬，不能如實呈現書院教育通盤的底蘊，也無法解釋書院發展中變化或歧出的問題，例如「官學化」、「科舉化」的書院，朱子、陸九淵「鵝湖」論爭的教育哲學意義、東林書院的定位、元代與清代書院教育如何定位等問題。

這幾個異質與異端層面的強調，自然有助於書院教育根本意向的展示：

（1）如何確立儒學的道統地位？

（2）如何有效開展儒家「內聖外王」之學？

（3）如何完成理想的文化人格教育與學術傳承？

第一點關乎了新舊儒學的傳承，以及儒、釋、道三教的定位。第二點關乎了儒家入世志業的推廓與影響。第三點則牽涉了私人講學傳統的逐步改良，以及階段性嘗試，企圖有效解決官學、科舉之積弊與困境。

根源意向的反溯過程，是作為貞定「基源問題」的必經途逕，如此一來，哲學原始文獻的解讀、抽繹，才有一定旨趣（如語言的脈絡意義區別，意義和不同情境的相應關係，問題的層次疏理），因此筆者認為「基源問題」的界定，必須有一「獨立思考階段」，即本文所謂的第二階段。哲學史和思想史的分際所在，正是此一問題意識的「獨立思考」，我們固然都知道任何一種思潮，學派的產生，勢必有其興起的外緣背景，以及其所針對問題的解答，但對於「問題」的質性，意義的解析，卻不見得能予以嚴密的界定；因此就思想史的範疇而言，大體祇要能夠如實地說明思想本身的歷史發展，或是思想的現象及影響研究（如外延的政治、文藝、社會環境等等），在問題意識的

〔註11〕張君勱《新儒家思想史》，弘文館，第51頁。

界說上比較寬泛。但相對的，哲學史之於問題的疏理，不僅如前述的嚴分「本質問題」和「發生問題」，尤為重要的，是思想概念本身意義的研究，此間則涉及了哲學問題的反省。「基源問題」即是揭示了這個內在義理層次的思考，亦即此一基源問題究竟在整個哲學體系（教育哲學）中，主要針對的環節所在（形上學、本體論、抑或宇宙論、知識論、倫理學等等）；復次，本質問題和發生問題原本是兩組問題的脈絡，兩者自成規律。順此而言，貿然地用歷史決定論來處理哲學思想問題，實是一大悖反，此處不言自明。再者每一階段的基源問題必有所前承（比如和前一階段思潮、學派之理論關聯），因之在整個哲學史的義理間架中，即為一系列基源問題遞嬗的歷程。於是每一階段的基源問題，既有其根本意向可尋，且涉及了理論的效力問題，此一效力問題的判準，后文將進一步申述，必須仰賴此一問題在后設理論眼光下，探勘此一基源問題的貞定與整體間架。

　　本文所以不直接援用前人對於書院起源或發生的看法，而採行較為繁瑣的義理解釋的向度，正是希望此一探勘歷程本身就是教育哲學的反省；如此一來，重新針對書院文獻、通過前賢研究的成果中，希冀深入地還原出一原理性、本質性、統緒性的基源問題，以貞定中國書院教育發展的「基源問題」：

　　　　如何成就「三統之學」的文化人格理想與整體的教育實踐？
此一含括「人統」、「學統」、「事統」的「三統之學」，正是書院教育的根本理念：（三統之學的細說，詳見下節）

　　　　▲人統──「希聖希賢」

　　　　▲學統──「究元決疑」

　　　　▲事統──「經世致用」
依此次第開展出「人統教育哲學」、「學統教育哲學」以及「事統教育哲學」的義理架局，作為統攝不同類型書院的講學旨趣與建制，可視為教育的實施計畫與教育的實踐過程。

　　再者，就教育的效果而言，此一教育哲學的主張，可歸結為兩大訴求：

　　　　▲其一為中國的大學理念

　　　　▲其二為中國的文化人格學
最後在論及教育的效果與目的（即根本理念），也就是衡量和檢討教育的成績時，「設準」的提出，就有其重要的意義。進一步提供整體書院教育哲學作一全面判斷的工作，並且也相應於前文提及，教育哲學上「批判規準」的建立

問題。基源問題的貞定上，我們必須再做一個區別，就是「共同基源問題」
與「個別基源問題」的說明，因為書院發展綿亙千載，不同階段的書院家，
自有不同的時代特殊性問題，俱可視為教育哲學的表現、補充與對照：

共同基源問題		如何成就「三統之學」的文化人格理想與整體的教育實踐？
個別基源問題	宋代	▲如何確立儒家的道統地位？
	元代	▲中原文獻與教化如何傳承與續絕問題？
	明代	▲如何完成書院教育徹底民間化的問題？
	清代	▲如何在體制內力求轉化的問題？
	民國	▲如何在現代化的處境中轉型與傳承中國文化？

這樣的整體參照，是本文針對書院整體發展進程中的初步看法，做為日
後討論及修正的參考。進而論及設準的提出與意義，即為通過基源問題的揭
示，以統攝相關理論（如同一問題在過去思潮、學派中的定位或爭議關聯），
繼而考察其理論的效力。設準的運用，才能將共同的與個別的基源問題，在
整個書院史中分判階段及位址，進行全面判斷的工作，才能如斯圓滿具足。
（例如書院發展在分期上的嘗試）

本文在此一原則下，認為評價書院教育哲學的設準（或批判規準）如下：

（一）是否能有效完成原儒與道統的傳承使命？

（二）是否能有效設計出一套價值自覺的文化人格學問？

（三）是否能真切地提供儒家入世的實踐典範？

藉由基源法的步步要求及解釋，書院教育哲學的意涵及性格，也有了比較鮮
明的骨幹。細論「三統之學」的實指，則為本論文最為重要的單元，也是作
為抉發書院教育家們，何以前仆後繼地為此奉獻畢生的心血，並體現出入世
不悔的志業——

第三節　「三統之學」的義界及其教育哲學內涵

錢穆依其探勘中國學術通義的向度，將中國傳統學問，分列為人統—學
統—事統三大系統，已見前述；本書更進一步將此三統之學的格局，納入書
院教育哲學的義理架構，並界定為「共同基源問題」。〔註12〕

〔註12〕錢穆《中國學術通義》，學生書局，第 261 頁。

這三大系統的展開，乃取決於創造意志的差別，

▲ 人統——乃以「成為一有理想、有價值的人」為學問之中心，本書則歸納為「希聖希賢」的教育哲學

▲ 學統——亦即「為學問而學問」的系統，本書則歸納為「究元決疑」的教育哲學

▲ 事統——乃以「事業」為學問之中心，本書則歸納為「經世致用」的教育哲學

其下形成的治學與教育計畫、目的、結果亦迥然相異，大體取義於儒家「立德、立功、主言」的三種精神向度。中國的儒門之教，乃致歷史上影響極大的私人講學之風，大體上皆以自承第一系之「人統」為宗旨，亦即「成聖之教」的理想，亦即學問、知識的目的不在於獲致實用價值（如事統），也不囿於認知、思辨架構之建立（如學統），而是在於積極地闡揚「人之何以為人」，由「小我之自覺體證進致大我之實踐」的終極關懷；中國儒家的「內聖」教義，無論在於「心性主體」的豁顯（如孟子、告子之辯，仁義之旨，乃至宋明理學的心性論），或者「功夫」的涵養調適（如孟子的存養充擴，或理學諸子之復性、格、致、誠、正的工夫），其思想的結晶，皆俱存在人的自覺以及價值的實踐；而不致淪於物欲、器用的爭遂，或者成為知識「異化」的附庸，進而論及「天人合一」之聖賢理想層境，這些特質，確乎是中國儒家，乃致於私人講學學風歷來傳習的宗旨。

錢穆認為中國的學術傳統，始終不離「人統」與「事統」的淵源，相對於此一主流而觀，類似西方純為「為學問而學問」的「學統」一脈，在中國並不顯著：

> 這因中國人做學問，主要在求如何做人、做事，即在現實人事中來尋求其合理改進之可能；不像西方般先在人事之外來尋求一項終極最高真理，再把這一項真理來衡量一切人事。如是，則只有革命一途。革命則是根據真理來改造事實；而真理則是超越於事實而外在者。此一觀念，在中國學術史上很少發揮。〔註13〕

再者「三統」之說，在錢氏的探討下，並非各成系統，三統之間其實可以互相「轉入」或「兼攝」：

> 至如宋儒講理學，其實受禪宗影響很大。禪宗與理學皆應歸入第一

〔註13〕錢穆《中國學術通義》，學生書局，第276頁。

　　系統。惟宋儒除理學家外，第二第三系統之學問亦甚發達。元、明

　　人治學，亦以第二第三系統者為多；惟陳白沙、王陽明一般理學家，

　　仍屬第一系統。〔註14〕

此一界說，針對中國書院教育哲學而言，有著莫大的啟發。書院中所傳習與認知的教育內容，事實上也相應著此一「三統之學」的基礎；此一模式置諸書院教育哲學的探勘，可以圖示表之：

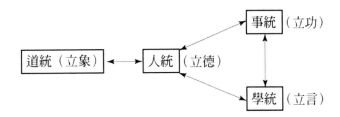

所謂的「道統」之確立，乃針對宋明儒者的革新運動而言，有鑑於先秦以降儒學僵化問題的沉痾，遂提出嚴判儒門「道統」以及佛老「異端」的前提，儼然為宋明理學的一大關目。然而就教育哲學的意義而言，道統的提出，可作為書院教育問題導出的因素，尤其是如何將道統的抽象意涵客觀化，才能在整體的教育歷程中加以有效的傳承？則有賴於「三統」之間的關涉及互動。這一點也是本文在深究書院教育的基源問題時，何以將「人統」、「事統」、「學統」等「三統之學」，作為根本理念，而不直接採行宋明理學的「道統」觀為核心價值，乃因後者僅能解釋為發生條件，而非本質因素；並且「道統」一義，在文化史及學術史上爭議甚大，已然成為意識型態的範疇，對於教育哲學的啟發與教學而言，本文採取存而不論的立場。〔註15〕即便是書院發展的歷史，亦有內部自身的批判與質疑；可以說「道統」之確立，只能作為書院理學教育之「立象」以「盡意」，可視為一精神趨向的鼓舞與象徵，卻無法提供具體而客觀的內容。此一現象的存在，僅可作為書院發軔之充分條件，而

〔註14〕錢穆《中國學術通義》，學生書局，第271～272頁。

〔註15〕「道統」之見，爭訟久已，不僅宋明的來與佛老二家勢如水火，在學術史上也有不同的意見，同屬理學內部也往往同室操戈，孰為道統正宗，如何判定？誰又是佛老異端的同路人？這一糾葛方東美對於道統的特持異議，乃認為「道統」之舉，實為新儒學最大的盲點，認為道統觀念若無歷史之明證，徒成武斷之信仰，而不如推本「學統」，以顯儒學可貴的永恆價值，在他的《新儒家哲學十八講》，特立前四講以駁斥道統觀之問題，可視為較周全的理解。參見方東美：《新儒家哲學十八講》，第一至第四講，黎明文化事業。

非必然條件，因此本文乃代之以「三統」之學，作為書院基源問題之根本理念，原因在此。〔註16〕

　　源頭既清，波瀾自闊，「三統之學」的旨趣，即為符應著教育哲學在教育目的、認知，以及價值取向上的理論，此一意涵即為：

（1）由「人統」以言理學教育的特質，乃致於生命的神聖境界，以及道德實踐的完成。

（2）由「學統」以言認知方式的提出與開展，有助於真理的探求，乃至於學術傳習系統的確立。

（3）由「事統」以言價值取向的實現，可視為義理的客觀化、形象化、以及經世致用的志業。

宋儒張載〈西銘〉中的名言「為天地立心，為生民立命，為往聖繼絕學，為萬世開太平」，此一宏闊的人文格局，正為三統之學的健全視觀。盱衡整個書院發展史而言，書院家們立身治學的風範，誠如程兆熊的贊語：「大地人物」。〔註17〕無論是壁立千仞，抑或是截斷眾流，書院家的生活與生命，在在俱為文化人格精神的顯發。就學理而言，書院家的教育哲學，與理學自身的特點是同質同構的，牽涉的廣度與深度，黃公偉認為實為一種「綜合性的精神科學」，〔註18〕更據此歸納理學思想的特色，有如下六點：

（1）物理世界的起源觀與太極論

（2）精神世界的造端與本體論

（3）心性生理的論究與學派

（4）實現倫理價值的教育觀念

（5）體用觀念的把握

（6）心性體用與倫理價值〔註19〕

〔註16〕杜松柏《國學治學方法》一書在其概論中，亦援引錢氏的「三統」說，作為「治學當明學術範圍」的方法，參見第杜松柏《國學治學方法》，洙泗出版社，15、16頁。另一方面，「三統」說運用於教育層面之研究，當以金耀基在其《大學之理念》一書中的序文與〈學術自由、學術獨立與學術倫理〉一章中，作為中西大學學理比較之觀點，參見金耀基《大學之理念》序文，以及第188頁，時報出版社。牟宗三另有一「三統」觀，可備參考，詳見蔡仁厚《中國哲學史大綱》，學生書局，第293頁。

〔註17〕「大地人物」一義，乃為程兆熊評價宋明理學家的人格風範時的總目，詳見氏著《完人的生活與風姿》一書第二部分，水牛出版社。

〔註18〕黃公偉《宋明清理學及其體系》一書，黎明出版事業，第26頁。

〔註19〕黃公偉《宋明清理學及其體系》第三章，黎明出版事業。

這一獨特的意涵，不僅牽涉了「學統」教育哲學的範疇，亦是書院教育中共同關切的問題；側就「人統」的精神向度而言，自宋儒以來開顯的人格典範，允為書院教育的最佳代言，方東美即指出，宋儒立身治學，不循功名利祿之途；大部分都是所謂「在野」的哲學家。但是他們的學說思想一經提出之後，立刻可以產生一種道德上的精神力量，發揮極大的澄清天下的效果。唐末五代以後的中國社會，之所以能由剝而復，再造生機，即可見宋儒的夐絕之處，亦可見宋代哲學的夐絕之處。〔註20〕

再者，就「學統」的向度而言，則有兩大層面的問題足以體現教育哲學上的旨趣，其一為學術的傳承，其二則為認知方式的提出及開展，同時包括學術與教學意涵。就前者而言，實與「道統」觀有所關涉，亦即剋就先秦兩漢以來，儒家地位的興衰問題，以及因應佛、老的挑戰，有所積極的轉化。道統觀的表現其弊既如前述，尚且在教育哲學的規準之下，方東美即斥其「若無歷史之明證，徒成武斷之信仰」，反而積極主張強調「學統」，以顯示永恆價值的探求〔註21〕。也就是說，與其侈言儒家之神話地位，不如深究「新儒學」內部義理的問題；一者可鑑明其學術傳承的事實，二者可鏡考其認知方式的差異及影響，「學統」意義的強調，恰好可以平衡「道統」問題的虛歉之處。

探討書院「學統」的具體內容，應該如何定位？蔡仁厚依據牟宗三《心體與性體》一書中的義理衡定，在「新儒學」與先秦儒家的異同問題上，有深刻的剖析。認為宋明「新儒學」之新，還須從內容方面加以考察。內容之新可有二義：（一）順孔孟傳統而引申發展，這是「調適上遂」之新。（二）對孔孟傳統的基本義理，有相當的轉向（不是徹底轉向），這是「歧出轉向」之新。〔註22〕然而最主要的分野，乃在於詮釋《大學》等經書義理型態的差異，形成理學內部的不同流派：

> （1）若以論孟中庸易傳為主，則前一種「調適上遂」之新，本是可以允許的引申發展，和先秦儒家之間並沒有本質上的差異，實在算不得是新。（2）後一種以大學為定本，而又對仁體、心體、性體、道體的理解有偏差，對先秦儒家的本質有影響，和先秦儒家之間也

〔註20〕方東美《新儒家哲學十八講》，黎明文化事業，第100頁。

〔註21〕方東美《新儒家哲學十八講》，黎明文化事業，第44頁。

〔註22〕蔡仁厚《宋明理學‧北宋篇》緒論，學生書局，第13～15頁。

> 有距離，因而就有了新的意義，所以宋明「新儒學」的新，應落在
> 伊川朱子的系統上說。〔註23〕

透過經典詮釋上的認知，開啟「學統」上的嶄新向度，相較於先秦儒學的系統而言，乃有「舊學商量加邃密」的意義。不僅對於「內聖外王」的界說上，有了長足的發展，同時也在一系列哲學命題、範疇、修養法則、傳習形態上，有著宏觀的創造。嗣後蔚然成風的學派之盛，學風之廣，可謂與先秦諸子百家爭鳴的時代，前後呼應；書院制度的蓬勃發展，乃與學統精神的貫徹，互為表裡。

最後側就「事統」意義而言，書院教育所致力及成就的事業，當定義為文教「志業」，亦即以入世之志為初衷，進而圓成具體實踐之事業。此一界說，乃純就儒家在「內聖外王」與「經世濟民」的宏旨而言，並非世俗所謂功利之心所成就的事業。

書院教育哲學的可貴之處，正在於他自身即為一實踐型態的學術領域，不僅縮結著理學教育中「體用」、「知行」、「為政」幾大關目的落實，剋就書院自身發展出來的事業，亦有足堪評價的成果，例如：

▲ 講學

▲ 祭祀

▲ 藏書

▲ 刻書

▲ 講會規約

▲ 山長與行政組織

▲ 鄉約

▲ 書院建築的規制

▲ 學田

這些眾多的項目，一來作為書院教育自身學理上的驗證與推廣，二來亦可作為教學計畫的實施，以及永續經營的評估。因此奠定了書院千年歷史中，可以在「經濟自主，學術獨立」的經驗上，完整而紮實地傳承了文化的志業。

「三統之學」的意蘊，將是本書整體詮釋的義理架構，在三統理念的揭示之下，中國的書院教育也各具多元的類型及派別，在不同階段與處境下，同樣有著「兼攝」或「轉入」的問題；也關連著前文所區別的「共同基源問

〔註23〕蔡仁厚《宋明理學・北宋篇》緒論，學生書局，第13～15頁。

題」以及「個別基源問題」。此一轉變的歷程及評價，將在如下各章中作一完整的陳述。本書所主張的「三統」之論，乃試圖闡釋書院教育的根本理念，所進行的整體歸納；「三統」之別，只是試圖彰顯「理一分殊」的精神，如何在不同階段與學派之下，所側重的宗旨向度問題。透過教育哲學的視野，期許能在既定的學術史、思想史的焦距之中，開啟更大的論述視野，將有助於中國書院學的學科挺立與影響。

第參章　中國書院之「人統」教育哲學

第一節　人統教育哲學之理念:「希聖希賢」

　　中國書院的教育哲學,乃以文化人格的陶鑄與發皇為目標,誠如周敦頤在《通書·志學》所言:「聖希天,賢希聖,士希賢,伊尹、顏淵,大賢也。伊尹恥其君不為堯舜,不夫不得其所,若撻於市,顏淵不遷怒,不貳過,三月不違仁。志伊尹之所志,學顏子之所學,過則聖,及則賢,不及則亦不失於令名」。剋就「人統」教育哲學的理念而言,格外強調此一「希聖希賢」的內聖成德之學的宗旨,涵蘊聖人人格與修養境界的本質、目的、價值,以及啟發;而在教學方法,教學原理上的闡釋,也著重於「希聖希賢」的文化傳統與教學成效上的關係。再者,既言儒家的成聖教育,就必須在「教育者」以及「受教育者」之間,充分闡述聖人崇拜、聖人原型、天人合一等自覺與覺他關係,方可解釋教學歷程中觸及的核心價值,才能疏辨「道統」與「人統」的複合型態,避免門戶之爭,以收觀瀾索源之功。

　　自宋代的理學思潮以降,尤以南宋朱熹在書院教育哲學上的貢獻,足堪與其學術上「集大成」的地位,相得益彰。程朱學派固然在學術史上,存在著新儒家義理「判教」之下,定位為思想史上「繼別為宗」的爭議。〔註1〕然

〔註1〕　此說乃當代新儒家的觀點,依據「宋代新儒學」與「先秦儒學」的比較時,批判程伊川和朱子在「學統」上,表現為心性義理的歧出轉向,亦即將儒家內聖成德之學的道體與性體之縱貫系統,體悟為一「只存有而不活動」的橫攝系統、他律道德,已非先秦儒家的本義原型;牟宗三故謂朱熹乃學人之學的正宗,而非內聖之學的正宗。詳見牟宗三:《從陸象山到劉蕺山》,學生書局,第41頁,以及蔡仁厚《儒家心性之學論要》,文津出版社,第130頁。

而在教育哲學的觀照之下，朱熹本人難能可貴的特質，乃在於殷切地作為一位偉大的教育工作者。

一、朱熹與白鹿洞書院在人統教育上的立意

在中國書院史上，朱熹與王陽明，可視為前後兩大作育英才無數的書院家，也是書院「人統」教育哲學在原理以及實踐上的重大啟蒙人物。純就朱熹個人直接或間接影響的書院講學活動，更是燦然大觀的文教版圖，理其端緒，大體可分為兩大脈絡及成果：

▲ 純就朱子讀書講學、創建重修或題額作記者系列，可視為直接關係者。〔註2〕

▲ 朱子門人或歷代從祠朱熹學派所立者系列，可視為間接關係。〔註3〕

前者相應於朱子一生仕宦與教學的歷程，後者則展現了朱子學在學派和教化上的成果。風行所致，「理學」與「書院」相輔相成的事功，已經為書院強調過化存神的成聖教育，奠立紮實的基礎；甚且南宋以來，開展出書院「三大事業」傳統，可以說是成熟於朱熹的教育理想，此三大事業分別為：〔註4〕

（1）講學——確立宗旨，學風以及教學內容。

〔註2〕 朱熹，字元晦，一字仲晦，號晦菴，又號晦翁、雲谷老人、遯翁等，徽州婺源人。出生於南劍州的尤溪縣，曾先後僑居於崇安武夷山與建陽考亭。由他所創立的學派被稱為「閩學」或「考亭學派」，並於由二程所創立的「洛學」合稱程朱學派。其著作有《四書章句集註》、《周易本義》、《詩集傳》、《伊洛淵源錄》、《資治通鑑綱目》、《參同契考異》、《韓文考異》以及後人編纂的《朱文公文集》、《朱子語類》等。朱熹一生曾在多所書院從事過教育活動，例如乾道三年（1167年），他在出遊長沙，拜訪張南軒時，就曾講學於城南書院與嶽麓書院，「每與學者觀《孟子》道性善及求放心兩章，務收斂凝定，以致克己求仁之功」，淳熙七年，他在重建白鹿洞書院告竣後，「每休沐，輒一至。諸生質疑問難，誨誘不倦」；紹興五年，他在策劃修復嶽麓書院的同時，曾重到該書院講學；慶元黨禁期間，他在一度避地古田時，還曾講學於當地的溪山書院與螺峰書院。而在長期閑居於崇安與建陽兩地時，他則主要講學於由他一手創建的寒泉精舍、武夷精舍與竹林精舍。此外還曾講學、授徒於東陽縣的石洞書院，以及建陽縣的瑞樟書院等處。參見樊克政《中國書院史》，文津出版社，第62、65頁。

〔註3〕 朱子門人以及在各地興辦書院教育的情況，可參考吳萬居《宋代書院與宋代學術之關係》之整理，第247頁～250頁附表。

〔註4〕 樊克政《中國書院史》，文津出版社，第84頁。

（2）供祀——確立精神信仰，以道統與人統立其極。

（3）藏書——確立文獻保存，以及日後自力刊印教材的條件。

顯然朱熹的成就，並不祇是依賴其自身的才學，而是同時連繫著他長期從事教育工作的體認而來，由「教師」的職責中，洞悉了人性與文化問題的關鍵所在。在這樣的基礎上，以書院講學，進行一系列針對人生問題的認知、對話與提案，繼而開展學術的觀點，以及經世致用的傳播。余秋雨在〈千年庭院〉一文指出，朱熹正是一位畢生都想當「老師」的大學者：

> 他把教育看成是恢復人性、改變素質的根本途徑，認為離開了這一途逕，幾乎談不上社會和國家的安定和發展。「若不讀書，便不知如何而能修身，如何而能齊家、治國。」（《語類》）在這位文化大師眼中，天底下沒有任何一種事業比這更重要，因此他的目光一直注視著崇山間的座座書院，捕捉從那裡傳播出來的種種信息。〔註5〕

朱熹本人也親身參與「精舍」〔註6〕的建造與相關書院的修復，並於長期的教學實踐中，逐步形成了一套完備的教育哲學；考查與其直接參與的書院規劃，可以先後建造了三間精舍（寒泉、武夷、竹林），以及修復白鹿洞、嶽麓兩大史蹟書院作為代表。

　　朱熹所開創的學風之所以可貴，即是黽勉於「希聖希賢」的教育宗旨，將自己視為擺渡者，以書院講學作為文化人格陶冶與形塑的渡口，引領一個個殷切於儒門教化的心魂，使學人提撕與自悟。朱子和張栻兩大南宋書院

〔註5〕　余秋雨《山居筆記》〈千年庭院〉一文，爾雅出版社。

〔註6〕　「書院」與「精舍」之名，往往互為延用，衍為時風，若論其淵源，清代書院家黃以周〈儆季雜著史略〉卷四曰：「今之書院，在古為天子藏書之所，其士子所肄業者，在漢謂之講堂，亦謂之精舍，或謂之精廬。華陽國志：文翁立文學精舍講堂，為書院之權輿。而其名實始於唐開元之麗正。麗正本曰修書院，乃乾元之舊殿，後又改為集賢殿書院，其制與漢之東觀蘭臺等，初非士子肄業之處，此猶今之文淵諸閣也。至宋有白鹿、石鼓、嶽麓、應天府四書院，又別有嵩陽、茅山書陽，其地不在朝省，而天子之賜書，故額之曰書院。其書不能如今文匯、文宗、文瀾之富，而謂之院，亦猶今之稱閣也。沿及南宋講學之風聿盛，奉一人以為師，聚徒數百，其師既沒，諸弟子群居不散，討論餘緒習聞，白鹿、石鼓諸名不復加察，遂尊其學館曰書院。其他乃私居也，其書之有否，不可得而知也，其師開館授徒，不嘗漢之立精舍設教也。」是知早期精舍講堂，原與書院無異，而同具講習性質。其名稱常與書院並稱不廢，故石井書院又名鰲頭精舍，桂巖書院又名桂巖精舍，臨蒸書院有名臨蒸精舍。論規制則「書院」大於「精舍」，詳見吳萬居《宋代書院與宋代學術之關係》·自序，文史哲出版社。

家，即曾在嶽麓書院，以及一江之隔的城南書院舉辦「會講」，「朱張渡」的學風與盛況，傳為地方佳話：

> 前來聽講的人絡繹不絕，不僅講堂中人滿為患，甚至聽講者騎來的馬都把池水飲乾了，所謂「一時輿馬之眾，飲池水立涸」，朱熹除了在嶽麓書院講學外，又無法推卻一江之隔的城南書院的邀請，只得經常橫渡湘江，張栻愉快地陪著他來來去去，這個渡口，當地百姓後來就名之為「朱張渡」，以紀念這兩位大學者的教學熱忱。此後甚至還經常有人捐錢捐糧，作為朱張渡的修船費用。〔註7〕

這段擺渡與問津請益的經典畫面描述，也與禪門對於人格理想啟蒙的教旨相得益彰；《六祖壇經》中，載記了五祖弘忍與六祖惠能之間衣缽傳承的寫照，十分傳神：

> 五祖把艣自搖，惠能言：「請和尚坐，弟子合搖艣。」

> 祖云：「合是吾渡汝！」

> 惠能云：「迷時師度，悟了自度。度名雖一，用處不同。」

迷時師度，悟了自度，在歷史上，禪宗與理學固然是敵對的雙方，但在教育哲學的層次而言，兩者同樣以人格的自我完成作為宗旨，而非附庸於權威，以及任何他律的規範。書院的「人統」教育哲學精神，乃是體認到師生間的傳習與踐履，不外乎以「聖人之學」的本體與工夫，作為覺察與揀別的依據；是以在心性的義理以及道德的境界，開顯為中國哲學獨特的向度，具體表現為書院學規、情境教育，乃至於工夫進路與次第的歸納。

（一）〈白鹿洞書院學規〉的開宗明義及影響

書院「學規」的揭示，不僅作為人格教育宗旨的綱維，朱熹《白鹿洞書院揭示》的確立，不啻是書院史上重要的里程碑，其內容如下：

> 父子有親，君臣有義，夫婦有別，長幼有序，朋友有信。

> 右為五教之目。

> 博學之，審問之，慎思之，明辯之，篤行之。

> 右為學之序。

> 言忠信，行篤敬。懲忿窒慾，遷善改過。

〔註7〕余秋雨〈千年庭院〉，《山居筆記》，爾雅出版社。

右修身之要。

正其誼不謀其利，明其道不計其功。

右處事之要。

己所不欲，勿施於人。行有不得，反求諸己。

右接物之要。〔註8〕

此文所以言「揭示」而不逕標「學規」者，乃有其批判性的意味。朱子自云：
「近世於學有規，其待學者為已淺矣，而其為法又未必古人之意也。故今不
復以施於此堂，而特取凡聖賢所以教人為學之大端，條列如右，而揭之楣
間。」藉此針砭當時官學與士風「忘本逐末，懷利去義」。學校教化之名存實
亡，風俗曰敝，人材日衰。此文的「揭示」，就教育哲學的義理而言，整體關
係如下圖：

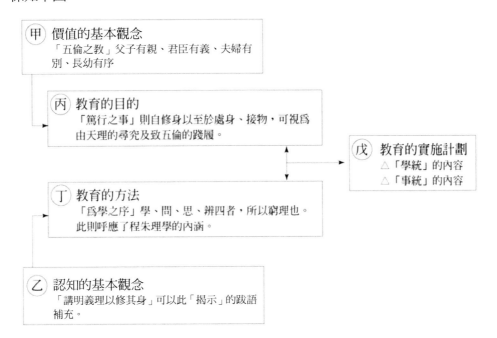

甲 價值的基本觀念
「五倫之教」父子有親、君臣有義、夫婦有別、長幼有序

丙 教育的目的
「篤行之事」則自修身以至於處身、接物，可視為由天理的尋究及致五倫的踐履。

戊 教育的實施計劃
△「學統」的內容
△「事統」的內容

丁 教育的方法
「為學之序」學、問、思、辨四者，所以窮理也。
此則呼應了程朱理學的內涵。

乙 認知的基本觀念
「講明義理以修其身」可以此「揭示」的跋語補充。

此一教育理想的揭示，基本上表現了書院家入世的認知與關懷的整體視野，
亦即建立一理想的文化人格——「希聖希賢」。朱子並在淳熙七年，白鹿洞書
院修復初成之時，特行釋菜禮，並開講《中庸首章》一事中，體會他在文化
的請纓續絕使命中，對於教育的看重及期待，觀其《中庸章句》序所言：

〔註8〕 陳榮捷《朱子新探索》，學生書局，第491頁。

> 中庸何為而作也？子思憂道學之失傳而作也。……

> 自是以來，聖聖相承，若成湯、文、武之為君，臬陶、伊、傳、周、
> 召之為臣，既皆以此而接夫道統之傳，若吾夫子，則雖不得其位，
> 而所以繼往聖、開來學，其功效反有賢於堯、舜者，然當是時，見
> 而知之者，惟顏氏、曾氏之傳得其宗，及曾氏之再傳，而復得夫子
> 之孫子思，則去聖遠而異端起矣。〔註9〕

新儒學所以特重「道統」問題的傳承，正是秉乎此一憂患意識的領悟，因此
於理不得不予以窮究，於事不得不真切履行。此一綱維的開示，亦見乎〈中
庸首章〉本文強調的「率性修道」宏旨：

> 天命之謂性，率性之謂道，修道之謂教。道也者，不可須臾離也；
> 可離，非道也。是故，君子戒慎乎其所不睹，恐懼乎其所不聞。莫
> 見乎隱，莫顯乎微，故君子慎其獨也。喜怒哀樂之未發，謂之中，
> 發而皆中節，謂之和。中也者，天下之大本也；和也者，天下之達
> 道也。致中和，天地位焉，萬物育焉。〔註10〕

開宗明義地即彰顯了《中庸》在學理上以「超越的道體」作為性的張本，以
相應於孟子剋就人的「內在道德性」為性的論點；是以中庸首章的開示與「白
鹿洞書院」中強調存理去欲，講明人倫的教育理想，是整體一貫的。〔註11〕

　　此一反求諸己的修養法則，同時也開展出理學史的主要論題，包括「道
體」、「未發」、「已發」、「中和」、「慎獨」、「誠體」等，這些論題的形成，其
實正是書院中，師生傳習模式以及修養體悟上的關目；積年累月下來「居敬
窮理」式的書院系統，遂成為朱子學派的教育理念。在其謹嚴的書院講學歷
程中，次第展開的觀點與文獻，都是學術與教育相輔相成最好的佐証。朱子
自二十七歲主尤溪縣學起，至六十八歲應江西東北部玉山學者之請止，期間
著述、講學所撰之《玉山講義》、《大學章句序》、《靜江府學記》、《衢州江山
縣學記》、《南劍州尤溪縣學說》、《建寧府建陽縣學藏書樓記》、《信州鉛山縣

〔註9〕　楊祖漢《中庸義理疏解》，鵝湖出版社，第256～259頁。
〔註10〕　楊祖漢《中庸義理疏解》，鵝湖出版社，第95頁。
〔註11〕　楊祖漢指出中庸首章之言天、道、性，是表示形而上之道體義；中庸後半部，
　　　　則以誠言天道，即天道是真實無妄的，不已不止的實體。亦即天道創生的內
　　　　容意義便是道德的創造，道德的創造即是宇宙的生化，故天命之性即是仁義
　　　　理智之性。所以孟子與中庸的說性，雖在立言的分際上有不同，內容則是一
　　　　樣的。參楊祖漢《中庸義理疏解》，鵝湖出版社，第103～104頁。

學記》、《漳州龍巖縣學說》、《鄂州州學稽古閣記》、《福州州學經史閣記》等，皆可參證此一貫之教育宗旨。〔註12〕

例如《靜江府學記》：

> 古者聖王設為學校，以教其民。由家及國，大小有序，使其民無不入乎其中，而受學焉。而其所以教之具，則皆因其天賦之秉彝而為之品節，以開導而勸勉之，使其明諸心，修諸身，行於父子、兄弟、夫婦之間，而施之以達乎君臣上下人民事物之際，必無不盡其份焉者。〔註13〕

此一信念誠如《瓊州學記》亦明言「白鹿洞學規」中的價值基本觀念，才能在教育目的中把握具體原則：

> 昔者聖王作民君師，設官分職，以長以治。而其教民之目，則曰：父子有親，君臣有義，夫婦有別，長幼有序，朋友有信，五者而已。蓋民有是身，則必有是五者，而不能以一日離；有是心，則必有是五者之理，而不可以一日離也。是以聖王之教，因其固有還以道之，使不忘乎其初。〔註14〕

「講明人倫」的特點，正為朱子等書院家在扶植綱常，希聖希賢之使命下，至為顯著的教育宗旨。因是朱子教法，實以「明人倫」為重，院中師友所念茲在茲者，也不外乎據此思辨與身體力行。人倫一義的揭示，在價值取向上，亦形成了「理／事」觀念的探討。「父子兄弟為天屬，而以人合者居其三焉。夫婦者，天屬之所以緒者也；君臣者，天屬之所賴以全者也；朋友者，天屬之所賴以正者也，是則所以綱紀人道，建立人極，不可一日而偏廢。」〔註15〕若就朱熹整體的學校教育觀念而言，其有意在體制外進行文教改革的動機，其實是極為顯著的。他的許多教育主張，「格物致知」、「居敬窮理」、「由博返約」等命題，其詮釋往往異於前賢，並具體賦與新義，可與他的教育宗旨，以及具體的教學計畫參照。他主張階段式的傳習，反映在私人講學上重視童蒙教育，乃致於接榫於成人教育的義理密切貫通。在講明人倫的宗旨下，針對「小學」和「大學」教育的訴求，而援之以不同程度的「事」和「理」，李才棟歸納其整體架構：

〔註12〕周杏芬《朱熹與書院之研究》，政大中研所碩士論文，第47頁。
〔註13〕《朱文公文集》卷七十八，四部叢刊初編縮本，第1435頁。
〔註14〕《朱文公文集》卷七十九，四部叢刊初編縮本，第1442頁。
〔註15〕《續近思錄》卷六，張伯行主編，世界書局，第115頁。

「小學者學其事；大學者學其小學所學之事所以。」或者說，「小學
是事，如事君，事父，事兄等事；大學是發如此事之理，就上面研
究所以事君，事父，事兄其如何？」朱熹曾輯有《小學》一書，他
在《小學序》中說：「古者小學教人以灑掃、應對、進退之節，愛親，
敬長，隆師，親友之道，皆所以修身，齊家，治國，平天下之本。」
對於大學就是在小學基礎上做格物致知的功夫，由所謂「居敬窮理」
而「修己治人」。他取《禮記》中《大學》、《中庸》二篇為窮理之術，
而興復白鹿洞書院則更是實踐其大學教育主張，身體力行的一次重
要試驗。〔註16〕

因此小學階段乃著重童蒙教習，而大學階段則開始啟發「格物窮理」的訓練，
並導以希聖希賢的志趣，使人格成長能一貫浹洽。朱子的《白鹿洞書院揭示》，
使得「學規」體例，得以在教育史上影響深遠，在官學和書院體系中，可見
其深遠的影響。據《宋元學案》所載，葉武子調任彬州官學教授，「一以白鹿
洞學規為諸生準繩。」；「劉爚遷國子司業，請刊行（朱熹）所著《學》、《庸》、
《論》、《孟》，以備勸講，及白鹿洞規示太學。」此外，各地書院之主持者或
根據當時之社會條件、學術宗旨即書院特色，補充和增訂了許多不同之學規、
學則。諸如朱子門人程瑞蒙與董銖，根據〈白鹿洞書院揭示〉，合撰〈學則〉
（〈程董二先生學則〉），特別講求衣冠必整，凡坐必直的道理。朱熹在跋其學
則中，有謂：「程端蒙與其友生董銖共為此書，將以教其鄉人子弟，而作新之，
蓋有古人小學之遺意。」復次，饒魯亦合輯〈白鹿洞書院學規〉與〈程董二
先生學則〉，並揭之而為之跋，曾言：一則舉其學問之宏綱大目，而使人知所
用力；一則定為群居日用之常儀，而使人有所持循，即大小學之遺法。自此
以後，「學規」、「學則」，二者相與並提。〔註17〕

〔註16〕 李才棟《白鹿洞書院史略》，教育科學出版社，第55～56頁。
〔註17〕 詳見清代書院家張伯行主編《讀書分年日程·學規類編》，世界書局，第6頁，
　　　　簡稱《學規類編》。另外在明代以後普遍採行學規的梗概有：胡居仁主持白鹿
　　　　洞書院，列舉六大〈規則〉：正趨向以立其志，主誠敬以存其心，博窮事理以
　　　　盡致知之方，審察幾微以為應事之要，克治力行以盡成己之道，推己及物以
　　　　廣成物之功。並於每條之下，引述理學家周、程、張、朱之語錄作注，以充
　　　　實其論點。(《白鹿洞書院志》卷六)。顧憲成於明萬曆時期創辦東林書院，參
　　　　照〈白鹿洞書院學規〉，制定一更為縝密之規約，名為〈東林會約〉。其於〈會
　　　　約〉前，先列朱子〈白鹿洞規〉，爾後提出「飭四要、破二惑、崇九益、屏九
　　　　損」周詳懇到。此外，尚有〈布衣章潢為學次第〉、〈參議葛寅亮課語〉、〈主

（二）人統教育哲學的表現層面

我們可以說，白鹿洞書院在朱熹的任內，完成了基本的教學規模，另一方面在親訂學規揭示，以及開講《中庸》首章的過程中，逐步形塑了中國書院「人統」教育哲學上的義理規模，此一「希聖希賢」的旨趣，體現出三大特點：

（1）書院家感時憂國的「憂患意識」，以及闡明正學的自覺精神。

（2）祭祀空間的「文化核象」意味，以及文化人格上的潛移默化。

（3）師道尊嚴與學貴自得的啟發式教學。

淳熙七年三月，白鹿洞書院在朱熹殷切關懷下初步修復，遂在此名山佳處舉行正式開學典禮，除了升堂講說之外，並與同道，學生們作詩唱和，其中一首〈次卜掌書落成白鹿佳句〉感言：

> 重營舊館喜初成，要共群賢聽鹿鳴；
> 三爵何妨奠蘋藻，一編詎敢議明誠。

> 深源定自閒中得，妙用元從樂處生；
> 莫問無窮庵外事，此心聊與此山盟。

此詩從容寫來，自有無上的理趣與傲岸風度，白鹿洞書院「其四面山水，清邃環合，無市井之喧，有泉石之勝，真群居講學遯跡著書之所」，在婆婆多麗的廬山五老峰下，立足於斯，書院家們並非只是在此借境調心，或是徒賞煙霞，箇中自有無比的存在感受；在山巔水涯間，入世的況味與憂道的喟嘆，於焉上湧，朱子也在其「白鹿洞講會次卜丈韻」詩中叮嚀：[註18]

> 宮牆蕪沒幾經年，祇有寒煙鎖澗泉；
> 結屋幸容追舊觀，題名未許續遺編。

> 青雲白石聊同趣，霽月光風更別傳；
> 珍重個中無限樂，諸君沒苦羨騰騫。

朱子當年目睹書院舊況「中興十五年，釋老之宮圮於寇者，斧斤之聲相聞，各復其初，獨此地委於榛莽，過者太息，庸非吾徒之恥哉！」與同為書院家

洞湯來賀學規〉、〈蔡宗袞洞規說〉、〈主洞李應升洞規〉以及〈督學王烱戒勉〉等一系列著名學規。詳參張伯行編：《正誼堂全書‧學規類編》卷一至卷三，世界書局。以及《白鹿洞書院志》卷六至卷八。

〔註18〕《朱文公文集》卷七，四部叢刊初編縮本，第133頁。

的呂祖謙，同樣有著儒教衰微的感慨。因此興復書院的舊觀，不僅是硬體上的功績，更直截地將書院家傳承儒家教化的憂患意識，體現無遺。

此一感受，乃源乎針對道統的式微，以及科舉士風、佛老異端的時風所及的價值迷失問題；書院家往往以「道統」的興繼，作為聖賢之學的綱領，一方面作為教育哲學上的超越意識，另一方面則下貫為實踐上的人倫之教與自我的完成；尤其重要者，針對教育上價值以及認知的基本觀念，進行源頭疏瀹的獨立思考，方能批判種種乖違教育本質的現象，這一層體會，北宋書院家楊時即有其深思：

> 然則聖之所以為聖，賢之所以為賢，其必有在矣。雖然，士之去聖遠矣，舍六經亦何以求聖人哉？要常精思之，力行之，超然默會於言意之表，則庶乎有得矣。若夫過其藩籬，望其門牆，足未踰閾，輒妄意其室中之藏，則幸其中也，難哉！〔註19〕

楊時沈痛地指陳為學的本質與任重道遠，最主要的，仍是鮮明地揭示著書院教育反對科舉與官學在教學上的積弊，朱熹的後學陳淳屆此也有沉痛的呼籲：

> 或曰：今世所謂科舉之學，與聖賢之學何如？曰：似學而非學也。同是經也，同是子史也，而為科舉者讀之，徒涉獵皮膚，以為綴及時文之用，而未嘗及其中之蘊。止求影像仿佛，略略通解可以達吾之邇則已，而未嘗求為真是真非之識。窮日夜旁搜博覽，吟哦記憶，惟鋪排駢儷無根之是習，而為嘗有一言及理義之實。自垂髫至白首，一惟虛名之是計，而為嘗有一念關身心之切。蓋其徒知舉子蹊逕之為美，而不知聖門堂宇高明廣大之為可樂；……及一旦躐高科、躡要津，當任天下國家之責，而其然無片字之可施，不過直行己億之私而已。若是者，雖萬卷填胸，錦心繡口，號曰富學，何足以為學？峨冠博帶，文雅蘊藉，號曰名儒，何足以為儒？

書院的勃興，根本上就是務求在文化人格養成上，以聖賢之學為己任，方能經世致用，不為人惑。此一導向，正以白鹿洞書院人文精神的復甦，作為人統教育哲學的指標。此一揭示，千古以降，仍不失為直指人心的慧炬，也在名山勝景的文教氛圍裡，弦誦不輟；下迄明代書院家胡居仁，主講白鹿洞時，猶以此勸勉學人：

〔註19〕楊時「與陳傳道序」收於《楊龜山集》卷四，正誼堂全書。

> 古之學者，必以修身為本，修身之道，必以窮理為先，理明先修，
> 則推之天下國家，無不順應，今諸君在洞者，務必用功於此。虛
> 心一意，絕去雜慮，而於聖賢之書熟讀，精思明辨，反之於身，而
> 力行之，又於日用之間，凡一事一物，必精察其理，一動一靜，必
> 實踐其跡，則所學在我，而於酬應之際，以天下之理，處天下之
> 事，必沛然矣。……諸君其勉之，務使今日白鹿洞，即昔日之白
> 鹿洞，今日之學，即文公昔日之學，今日之道，即文公昔日之道。
> 〔註20〕

希聖希賢的教育宗旨，除了表現在憂患感的興發之外，更以教育者以及受教育者之間「自覺」的傳習為特點。這一薪傳的火炬，也與當年朱熹的〈招舉人入書院狀〉的本懷，前呼後應：

> 國家以科舉取士，蓋修前代之舊規，書院非以經義、詩賦、論策之
> 區區者為足，然則士之所講學，修身，以待上之選擇者，豈當自謂
> 止於記誦、綴緝無根之語，足以應有司一旦之求而遂已乎？……國
> 家之所以取士，與士之所以為學待用之意，有如前所謂者，是以更
> 欲與諸君評之……可至書院與諸君評之，諸君肯來，當戒都養給館
> 致食以俟。〔註21〕

此一器識，正是書院家所以殷切於人格教育的理想所繫。書院的精神，可以說是一種「若夫豪傑之士，雖無文王猶興」的自力救濟。既不假手於體制的更張、抑或外界的奧援，也不徒然抱怨，無所作為。

　　希聖希賢的宗旨，如何表現在具體啟引學子的教學規劃上？書院「祭祀空間」的強調，即是做為人統教育哲學的客觀化、形象化的成果，此一空間的意涵，有三大特點：

　　其一為書院所尊崇的道統及人物，以明傳承及象徵。

　　其二為書院生活中的祭祀活動，以形成精神教育的內容。

　　其三為書院建築中的核心本位，以及人文意味的表現。

陳榮捷指出，祭孔之在書院中，也具有引人入勝的地位。紀念北宋新儒家，尤其是周敦頤，程顥，程頤以及朱子本人的特別祭壇與祠堂，都已建立。最後若干紀念朱子的祠，變為書院，而若干書院則又變成朱子的祠。許多書

〔註20〕《學規類編》胡居仁「白鹿洞講義」，世界書局，第19頁。
〔註21〕《朱文公文集》別集，卷九，四部叢刊初編縮本，第1939頁。

院，自然也有其鄉賢的祠或是屬於他新儒家自己學派的祠。〔註22〕以朱子為例，當年他在白鹿洞書院修復初成之日，即率諸生恭脩「釋菜」之禮，以見於先聖孔子，並配以顏子，孟子。祭祀隆禮的模式，成為書院中重要的學習課程以及傳統。據周杏芬的歸納而言：

> 白鹿洞書院之祠祀典禮，根據《禮記》分為「釋奠」與「釋菜」兩種。「釋奠」之禮產生於古代學校祭奠先聖先師的典禮，較為隆重，於每年春秋二季之仲月丁日舉行，故又稱為「丁祭」。行釋奠禮時，要求用犧牲、玉帛、酒食供祭。「釋菜」又稱作「祭菜」、「舍采」，原亦是古代學校祭奠先聖先師的禮儀，但比「釋奠禮」為輕，主要用棗栗、菁菹、蘋藻等蔬果供祭。

> 書院祭祀之禮儀十分繁瑣，包括設置香案、陳列祭品、擺放祭器、迎神、奏樂行三獻禮、焚燒告文以及送神等等，每一儀式均有嚴格而具體之規定。〔註23〕

祭祀的對象以及內容既具，那麼其中的教育哲學意義何在呢？明代彭時有言：〔註24〕

> 我朝推崇先生（胡安國），列諸從祀，誠萬世之公論。而崇安乃先生鄉邑，矧可無專祀以起後人之景仰也摘哉？此太宗所謂盡心於書院而不敢後也。繼今學者，仰而瞻其容，俯而讀其書，一惟其道德言論是式是循，庶幾進德修業，卓有成效，然後無負於太守表彰風勵之意。

清代戴鈞衡則進言：〔註25〕

> 古者使自立學，必釋奠於先聖先師，其餘各學，亦四時有釋奠先師之典，是非徒以尊德尚到也，其將使來學者景仰先型，欽慕凤徽，以砥礪觀摩而成德，而亦使教者有所矜式，而不敢苟且於期間。

因此由「仰而瞻其容，俯而讀其書」進而法式其人格的典型，皆能煥發學子的自覺與志向。陳道生認為書院的祀賢向度，其祭祀之禮固可獲大學「示之

〔註22〕陳榮捷《朱子新探索》，學生書局，第 495～496 頁。

〔註23〕周杏芬《朱熹與書院之研究》，政治大學中文所碩士論文，第 86～87 頁。

〔註24〕《明文在》卷五七，「重修胡文定公書院記」轉引自吳萬居《宋代書院與宋代學術關係》，文史哲出版社，頁 85、86。

〔註25〕《皇朝經世文編》續編卷六五，「桐鄉書院四議」，近代中國史料叢刊，文海出版社。

以尊敬道藝」「使觀摩而感於心」「不言以盡其禮」之用；尤其是平時常睹先賢遺容的潛移默化，蓋亦有「見賢思齊」之效，此即心理學上的「同化」之原則也，實為我國古代訓育之一大特色矣。〔註26〕

　　希聖希賢的精神氛圍，就書院建築在人文教育上的意涵而言，格外具足「潛移默化」的說服力；教育哲學在實質教學上，如何能夠成為一門美感的藝術，而非匠氣的傳習，在書院的建築格局中，意匠經營的手法，本身即有無比豐富的理趣，寓寄其中。就空間格局的配置而言，書院一般格局率以第一進為門廳，第二進講堂（教學用），第三進為后堂（祭祀之用），左右兩廂為齋舍。組成的機能空間可分為四類，亦隨格局之布列而配合之：

(1) 精神空間：以祭祀之祠堂為主，或為祭祀先師、文昌、鄉賢等。其他如惜字亭、碑、額聯、大門、楹柱等具有教化意味者輔之。

(2) 教學空間：以講堂為主，而精神空間、齋舍、庭院等輔之。

(3) 居住空間：山長（院長）、監院、生員宿舍。

(4) 藏書空間：即尊經閣或藏書樓，具備今日「藏書館」性質。

相對於嚴肅的祠堂性格，「庭院」所代表的空間核心，在行為機能以及人文意味上，寓藏了先民生活智慧的意匠與用心；基本上合院是四圍的封閉性空間，而空間中心的院落，一來可以作為內部「虛實交映」的流動感，也便於採光、行動，以及民俗節慶等生活上彈性的運用；此一片保留的「餘地」哲學，也便於日后合院住宅變遷（擴大、縮小）之調度，「因地制宜」、「因時宜制」，也更是「因人制宜」在這裡獲得了很好的說明。

　　另一方面，「庭」也是「堂」的配合，祠堂代表著「人」的居中位址，而「庭」居「堂」前，表「地」氣所出，且堂上有「天」；於焉天、地、人之溝通交流獲得了完整的循環。加以庭中天時、節氣與節慶的變化，課餘、間適時悠遊，蒔花、藏息的處所，皆在這裡獲得紓解，「人文」與「自然」的意涵相得益彰。再者「堂」與「庭」的建築元素，體現在文化行為、空間機能上的「實——虛」、「常、變」、「深度——層次」的對照；再加上中軸線所鋪成的人文秩序，也是呼應前述合院建築中，反映「德觀禮教」的人文意涵。

〔註26〕陳道生《中國教育新論》，國立台灣師範大學教育研究所集刊一期，轉引自吳萬居《宋代書院與宋代學術關係》，文史哲出版社。

　　王鎮華認為在建築的形式手法方面,「合院建築」在整體的形構上,表現著堂皇精湛的「華夏意象」,並以中國人文化成的精神為主軸,在許多構成單元中,展現著無比雋永的意味,譬諸「台基」代表著「積德」、復有「屋頂」象徵「成德」一「端莊穩重中兼有舒朗生動」,尤以「屋頂」在造型和人文意味上最為豐富。中國建築之固守斜式屋頂,並且朝向曲線發展,實有其一定人文的堅持,更可以作為「天人合一」的具體闡釋。屋頂的「燕尾曲線」扮演著「天井空間」與天空的溝通媒介,而這道曲線,也正貼切而自然地說明了如何「與天地參贊」的道理。這道手續可以側見中國人在天道觀上的微妙心緒,並非將天作為「人格天」(如上帝)的狂熱崇拜,亦非科學化地強調控制掌握天時;而是配合著「形上」的天理,進而溝通萬物之滋長,以及人事之代謝,「應天順時」「無為自化」也成為敬天順道的民間性格。〔註27〕

　　透過合院建築的形象思維,此一向度已然不是以「高度」去「模仿」天的偉大;而是採取中軸線的縱橫交織,搭配水平式的合院序列佈局,以體現累積深厚的文化基礎,鋪陳了先民在自然寰宇中,如何洞悉「天人之際」的會心與意匠。

　　書院人文空間的配置原型,也誠是合院建築的最佳代言;祭祀的位址,往往是地位最重要之「精神空間」,一如合院建築中祠堂的「文化核象」地位;〔註28〕近似「孔廟」之作為太學精神信仰的象徵,綜觀書院祭祀之對象,結合人統教育哲學的規準而觀,王鎮華歸納約有如下數類的系統,以為具體印證:

(1)祀先聖:乃上承學校之遺風,多祀孔子或孔門十哲,如嶽麓書院。

(2)祀先賢:多和書院創建有關之人物,如白鹿洞祀李渤,石鼓祀李寬,睢陽之祀戚同文,多為紀念性意義。

(3)祀學統:多為和各學派有關之重要大師,表彰學風及理念之承繼,如理學系書院之祀周張二程、朱子、象山。漢學系書院之祀鄭玄、許慎。

(4)祀本師:乃由朱子在竹林精舍祀其先師李延平開其端,又如杜洲書院祀楊簡,湛若水每立書院皆祀其師陳白沙。

〔註27〕王鎮華,「華夏意象」一文,收於氏著《中國建築備忘錄》一書,時報出版。
〔註28〕王鎮華,「華夏意象」一文,收於氏著《中國建築備忘錄》一書,時報出版。

（5）祀鄉賢名宦：多為影響地方之學風與教化之重要人物，如廣東
　　　端溪書院除祀理學大師外，還祀薛中離（王學粵派人物），即
　　　為一例。

（6）祀文昌帝君、或文昌宮：晉朝人張亞，道家奉為文昌帝君，
　　　掌人間祿籍，而文昌宮乃指北斗前六顆如半月之星座，周禮
　　　說其乃「司中司命」；另有祠魁星，即北斗四槽之四星，大意
　　　皆同。書院此祀法，則近染宗教氣息，但仍具相當之影響
　　　力。〔註29〕

對於這樣一個純然「人文化成」的教育空間而言，許多「無言」的教旨，在
或動或靜的體悟中，建築形象與意境的隱喻功效，對於人格的陶冶與養成，
確實有著會意盎然的況味。〔註30〕陳榮捷記述他親身造訪白鹿洞書院時，面
對這座「千年庭院」的精神感受：

　　禮聖門，上刻「白鹿洞書院」四大字。此門雙層屋頂，看來像一座
　　建築物，不像僅僅是一走道。右為御書閣，曾用作守藏宋代一皇帝
　　所頒贈的九經，但現在則用作其他用途。再往禮聖門前進，約四公
　　尺，可到達禮聖殿，一般稱為孔廟。在清代曾重建三次，而在一九
　　六〇年以來，全毀於文化大革命。在我往訪之前一年重建。殿中未
　　藏有聖像，但有吳道子所畫的石刻像。禮聖殿右側為明倫堂，一四
　　三六年建立。維護完好…更有意義的，是朱子的白鹿洞賦，陸象山
　　的「君子喻於義」講章，以及二賢的「書院學則」，程端蒙與董銖二
　　賢合撰的「學則」，很完整地刻在一個石碑上。公園中有紅褐色的丹
　　桂花，據說亦為朱子所種植。這是個疑問，但是可能的。「風泉雲壑」
　　四個大字的真跡，刻在懸崖上。還有二個一樣大小的兩個字（約十
　　八平方吋），「枕流」，在溪流中，吾人誠不可知，假若朱子有無真的
　　枕於崖石之上。但他一定會跟許多人共享此崖，此溪，與此許多亭
　　閣之樂。

在建築的情境中，潛移默化「希聖希賢」的理念，顯然充分詮釋了書院人統
教育哲學的本質，不僅表現在針對道統問題的憂心，以及如何在祭祀活動中，
傳遞德觀禮教的信念，以及見賢思齊的精神氛圍之外；卻就教育歷程的意義

〔註29〕王鎮華《書院教育與建築》，故鄉出版社，第37頁。
〔註30〕陳榮捷《朱子新探索》，台灣學生書局，第501～502頁。

而言，此一人統特質的落實，關乎了書院中師生傳習的具體內容問題。此一觀點，乃以「希聖希賢」的教育宗旨為中心，進而有三個層面的詮釋：

▲ **就教育者而言（人師）**：以「聖人」的本體、內涵、功夫修養為目的，以及建立價值的判準，作為學術傳授的內容及旨趣，進行啟發式的教學。

▲ **就受教育而言（學生）**：藉由前述人師的啟發，廓清為學的概念（認知的，價值的）、目的，以及入手的方法，進行反求諸己的覺察功夫。

▲ **就兩者的關係而言（師生）**：是互動的，而非單向灌輸的，因為書院教育即是以理想的文化人格的完成（即人統），作為根本理念；師生間的共同信念乃為成就聖人境域為依歸，所關切者在於情志、修身、以及思辨，而非純然專業化的知識與經驗。所以師生的關係為「聞道先後」之別，兩者為「見賢思齊」之心，而同以「下學上達」的成果，作為人格理想的精進功夫所在。

此番理解有助於說明何以在書院傳承中，特尊「師道」的地位，以及「學貴自得」的學風，大別於官學或科舉士風之下，師生關係隔膜，有如陌路，士子但慕功名，制舉純為私利，進入官場之後，遂不復論經世濟民的器識及期許。

在中國的人文傳統中，所謂的「聖人」觀，實為「理想文化人格」的代稱，此一理想的發皇與實現，俱為書院教育中孜孜矻矻的志業。順此在宋明理學一貫的教旨裡，「觀聖賢」，「辨異端」，「觀孔顏樂處」，「顏子所好何學」等系列論題，每每成為師生間共同切磋的幾大關目。明乎此，則進言心性認知，為學次第，以及事功裁量、經世濟民的議題，方有必然性的理據及判準。

就以南宋一期的書院教育而言，張栻講學於嶽麓，陸象山講於應天山，朱子立學滄州，呂祖謙講於麗澤書院，所重雖有不同，然而對於「希聖希賢」的共同宗旨，並無太大的差異。例如張栻的聖人觀：「後之學者，貪高慕遠，不循其本者終何所得乎？故予願與同志之士，以顏子為準的，致知力行、趨實務本、不忽於卑近、不遺於細微，持以縝密而養以悠久，庶乎有以自進於聖人之門牆。」〔註31〕陸象山則直截開示：「人惟患無志，有志無不成

〔註31〕張栻《張南軒先生文集》卷六，「跋希顏錄」，百部叢刊集成 26，正誼堂全書。

者，……若果有志，且須分別勢利道義兩途。」〔註32〕呂祖謙則剴切叮嚀：「見賢思齊，才有一分不如，便是不齊，見不賢內自省，如舜之聖，舜尚以丹朱戒之，此最學者日用工夫，然格其義，是聖賢地位。」〔註33〕

　　這些人師的學理之闡述，不僅是作為教育宗旨，就教育者而言，更是人師自身黽勉服膺的目標。知行合一，明體而達用，在這些書院家身上，則煥發為文化人格的典範；因此其人身後的書院與學派的開展上，不僅桃李滿天下，且書院中人物輩出，允為文教盛事。

　　另一方面，就受教育者而言，書院家除了「以身作則」之外，乃採行「啟發式」教學，學生則以自學領會為要；此一特質，實為私人講學傳統的一貫質。在論語中，孔子最早提出啟發式教學方法，主張「不憤、不啟、不悱、不發；舉一隅，不以三隅反，則不復也。」（《論語·述而》）朱熹繼承與發揚此一優良傳統，亦要求弟子以自學為主。對於啟發的原理乃云：「憤者，心求通而未得之意；悱者，口欲言而未能之貌。」並且更鮮活的解釋說：

> 此正所謂時雨之化。譬如種植之物，人力隨分已知。但正當那時
> 節，欲發生未發生之際，卻欠了些小雨，忽然得這些小雨來，生意
> 豈可御也。（《朱子大全·論語》）

顯見朱熹之於教學過程中，強調學生主動積極之學習態度，並為書院教育注重自學的模式，奠定了思想之基礎。周杏芬的研究即指出朱熹常與「諸生質疑問難，誨誘不倦。」十分重視啟發誘導、問難論辯。所謂「讀書始讀，未知有疑，其次則漸漸有疑，中則節節是疑。過了這一番後，疑漸漸解，以致融會貫通，都無所疑，方始是學。」（《宋元學案》·晦翁學案）治學之必經步驟，必須提出疑問，乃至於「群疑併興，寢食俱廢，乃能驟進。」若使無疑，則須啟發諸生發現疑難，達到「讀書無疑者，須教有疑，有疑者卻要無疑，到這裡方是長進。」經過疑難、思考與論辯之過程，才能有所創新發明。〔註34〕

　　朱子本人也常在教學中，不吝惜介紹他個人的為學心得，遂而有著稱的「朱子讀書法」流傳，詳見後文「學統」一章。由此可見啟發式教學法，實為人統教育哲學的特點，著重在當下立教，且因材施教，也可以訓練學者

〔註32〕陸九淵《象山先生全集》卷三十五語錄下，台灣商務。
〔註33〕黃宗羲等，《宋元學案·東萊學案》，論語說，世界書局。
〔註34〕周杏芬《朱熹與書院之研究》，政治大學中文所碩士論文，第58～59頁。

獨立思考的判斷能力，並貫注著為師者的身教、言教，才能真切地表現及遍潤其中，這也是為何在書院保留的教育文獻中，多以「語錄體」的型態作為大宗。我們必須在解讀的過程中，如實地還原師生在學思與問題上的「情境」，一來有助於問題意識的形成及導出，二來可以激發學貴自得的讀書功夫，師生在此一教育歷程中，皆有收穫及啟益，如朱子在「滄州精舍喻學者」言：

> 今人說要學道，乃是天下第一至大至難之事，卻全然不曾著力。蓋未有能用旬月功夫，熟讀一人書者，及至見人泛然發問，臨時湊合，不曾舉得一兩行經傳成文，不曾照得一兩處首尾相貫。其能言者不過以己私意，敷演立說，與聖賢本意，義理實處，了無干涉。何況望其更能反求諸己，真實見得，真實行得耶！如此求師，徒費腳力。不如歸家杜門，依老蘇法，以二三年為期，正襟危坐，將《大學》、《論語》、《中庸》、《孟子》及《詩》、《書》、《禮記》程、張諸書分明易曉處，反復讀之；更就自己身心上存養玩索，著實行履，有簡入處，方好求師，證其所得，而訂其謬誤。是乃所謂就有道而正焉者，而學之成也可冀矣。如其不然，未見其可。〔註35〕

對於朱子而言，事事都用須自去理會，自去體察，自去涵養。他只是作得個引路底人，做得個證明底人，有疑難處，同商量而已。反覆玩索其中師生相處的歷程，則可體認到人格的陶鑄與形塑，端賴於師生之間，理念上深刻的遇合。種種人生命題的涵詠及思考，性情的契屬與抒發，才能傳唱未央；由「學貴自得」，到「同志講會」，可說是為朱子在人統教育上一個延展上的影響。就在朱熹離去之後，南康郡廬阜仍不乏關於講會的記載。如嘉定九年（公元 1216 年）黃榦經過南康探訪同門諸友。他後來寫道：「先生歿，學徒解散，靳守舊聞，漫無講習，盍微言不絕如線。獨康廬間，李敬子燔，余國秀宋杰，蔡元思念成，胡伯量泳兄弟師其徒數十人，惟先生書是讀，季一集，迭主之。至期集主者之家，往復問難，相告以善，有過規勸之。歲月寖久，不少怠。嘉定丙子，榦自漢羊適過其里，集中來會者十七、八人，皆佳士也。何其盛也。」〔註36〕

〔註35〕「滄洲精舍喻學者」收於朱熹《朱文公文集》卷七十四，四部叢刊初編縮本，第 1375 頁。

〔註36〕李才棟《白鹿洞書院史略》，北京・教育科學出版社，第 68～69 頁。

　　現存的鄭廷鵠、田琯、毛德琦等三部白鹿洞志書和《同治南康府志》中尚有嘉定十一年（公元 1218 年）李燔、胡泳、繆帷一、姚鹿卿、潘炳、張紹燕、羅思、張琚與知軍陳宓會講洞學的記載。還有景定元年（公元 1260 年）知軍陳淳祖與洞正陶一桂等集諸生數百人會講白鹿洞的題志。看來這種「講會」和「會講」確曾延續過很長的時間，是一種長期的學術活動。這種活動大約以白鹿洞書院為中心基地，並由朱門後學為主要成員，持恆不懈的進行學風的開展。

　　白鹿洞書院與朱熹之學深厚的人文積殿，最重要的啟示，是師生在互動與感知的過程中，文化人格的提撕與警策，一如《六組壇經》中惠能的感言：「迷時師度，悟了自度」，此一自度的表現，也是人統教育哲學中可貴的底蘊；無論是立乎道統，講明正學，抑或是學規的揭示，都是契屬於人統教育哲學的自覺與完成。書院教育的殷憂啟聖，以及多難興邦的歷史，於焉揭開一番波瀾壯闊的序章。

二、王陽明與文化人格的挺立

　　如果說朱熹在書院教育史上，確立了人統教育的基本義理規模，亦即是希聖希賢的宗旨及規準（以白鹿洞書院學規為代表），那麼王陽明在人統精神上的貢獻，莫過於建構一「文化人格」理想的健全視觀，作為希聖希賢的具體內容與提案。此一義理即他最為著稱的「良知」心學，不僅直指人心，更可以經緯世俗：

> 僕之不肖，何敢以夫子之道為己任；顧其心已稍知疾痛之在身，是以徬徨四顧，將求其有助於我者，相與講去其病耳。今誠得豪傑同志之士，扶持匡翼，共明良知之學於天下，使天下之人皆知自致其良知，已相安相養，去其自私自利之蔽，一洗讒妒勝忿之習，已濟之於大同；則僕之狂病固將脫然以愈，而終免於喪心之患矣，豈不快哉？〔註37〕

王陽明深刻體會到人心的茫然失據，稟承書院家感時憂患的使命感，加上個人幾番出入於生死之際的大徹大悟，認為唯有良知良能的開顯，輔以對症下藥的工夫，否則無從開啟人心與時局的契機。此一道德心靈的揭示，誠為中

〔註37〕王陽明《傳習錄》，金楓出版社，頁 145。並見於《王陽明全書（一）》，正中書局。

國儒門之教的共法，其中貫注著由孔子以來，針對「仁」學的義蘊及闡釋，〔註38〕方能特出於佛、道二家的教義，奠定入世的人生智慧。宋明以來書院教育的實踐，即是據此而立教，誠如孟子所言，救天下不能僅「援之以手」，而必須「援之以道」，此道者何？即以希聖希賢之心，確立一理想的文化人格傳統，余秋雨認為書院教育的可貴，乃為健全的「文化人格」賦予義理的向度：

> 教學，說到底，是人類的精神和生命在一種文明層面上的代代遞交。這一點，歷代嶽麓書院的主持者們都是很清楚的。他們所制定的學規、學則、堂訓、規條等等幾乎都從道德修養出發對學生的行為規範提出要求，最終著眼於如何做一個品行端莊的文化人。事實上，他們所講授的經、史、文學也大多以文化人格的建設為歸結，尤其是後來成為嶽麓書院學術支柱的宋明理學，在很大程度上幾乎可以看作是中國古代的一門哲學——「文化人格學」。因此，山明水秀、書聲琅琅的書院，也就成了文化人格的冶煉所。……書院，把教學、學術研究、文化人格的建設和傳遞這三者，融合成了一體。〔註39〕

〔註38〕趙士林指出李澤厚先生曾從現代闡釋學的角度，分析過孔子的仁學結構，具有相當的啟發性。他指出孔子的人學實際上包含著四個層面，是即：A、血緣基礎；B、心理原則；C、人道主義；D、個體人格：這四個層之整合所形成的總體特徵則為一；E、實踐理性。所謂「血緣基礎」意指「仁」生發於父子、兄弟等血親倫常紐帶（如「孝悌也者，其為仁的本歟？」）。所謂「心理原則」意指「仁」的表現為人生日常心理情感（如孔子釋「三年之喪」曰：「……予之不仁也！子生三年，然後免於父母之懷。夫三年之喪，天下之通喪也。予也有三年之愛於其父母乎！」）。所謂「人道主義」意指「仁」充滿了對人類的愛（如樊遲問仁。子曰：「愛人」、「汎愛眾，而親仁」）。所謂「個體人格」意指「仁」體現了道德主觀的自覺與人格理想的標的（如「為仁由己，而由人乎哉」、「志士仁人，無求生以害仁，有殺身以成仁」）。作為總體特徵的「實踐理性」則意指整個仁學的建構貫徹著一種維繫於人世倫常、現實生活理性精神。仁學結構的闡釋實際上從知性角度揭示了孔子仁者襟懷的基本內涵。這仁者襟懷滋生於人類的倫理根性，關注著人類的現世處境，他從血親之情到人類之愛，從人格裡想到救世精神，推衍擴充為普泛深厚且無條件的愛心、同情心。這也就是我們所謂的道德心靈。孔子第一個顯發、高揚了這個仁者襟懷——道德心靈，遂成了中華民族傳統文化的最卓越的代表。詳見趙士林《心靈學問——陸王心學與生命抉擇》，風雲時代出版社，第6、7、8頁。

〔註39〕余秋雨〈千年庭院〉《山居筆記》，爾雅出版社，第129～130頁。

「文化人格學」的理念，恰可涵括了「道統」與「人統」教育哲學的精神，並導引出如何成就此一理想人格的學習範疇；余秋雨認為健全文化人格的塑造，基本上有如下三個層面的特點，才能滿足於「文化傳承能力，現實生存素質與未來宏觀視野」的文化人格層境：

（1）「**獨立而不羈，真誠透徹**」，具有強烈的個人本體意識、獨立清醒的思考與判斷力，以及艱辛的卓越的孤獨品格。強調「品性」，代表了自我價值的確認。

（2）「**剛健有為，百折不撓**」具有強健的意志力以回應現實壓力的挑戰，有所作為。強調「意志」，涵蓋了現實生存策略的層面。

（3）「**寬容浩瀚**」，表現為對於異質與新生文化的消融以及創造，強調「氣度」，代表了未來觀的長遠設計。〔註40〕

此三大要件揭示了文化人格的主幹間架：

傳統文化人格的精華積澱

現代生存壓力下的文化調節與變革

面向未來開啟的現代文化意識

他們的三足鼎立，才支撐得起一個「大寫」的人、健全的人、現代的人。余秋雨的感概是其來有自的，因此當他走進嶽麓書院，這座已度千年春秋的庭院時，不禁屆此有所讚嘆：

書院辦在山上，包含著學術文化的傳遞和研究所必需的某種獨立精神和超逸情懷；但又必須是名山，使這些書院顯示出自身的重要性，與風水相接，與名師相稱，在超逸之中追求著社會的知名度和號召力。立足於民辦，使書院的主體意志不是根據一時的政治需要而是根據文人學士的文化邏輯來建立，教育與學術能夠保持足夠的自由度；但又必須獲得官府援助，……最佳的情景是以書院的文化品格把各級官員身上存在的文化品格激發出來，讓他們以文化人的身分來參與書院的事業，又憑藉著權力給予實質性的幫助。這種情景，後來果然頻頻地出現了。〔註41〕

〔註40〕此三大特點，乃歸納自李任中，伍斌「塑造健全的文化人格──余秋雨散文一瞥」一文，《聯合文學》第135期，聯合文學出版社，第126頁。

〔註41〕余秋雨《山居筆記》，爾雅出版社，第124頁～125頁。

書院家的憂患感，如何能在教育哲學的向度上具體實踐？余秋雨認為「文化人格」的健全與提案，誠是將希聖希賢的理念，以文化品格的規準，具體落實於書院客觀的編制與營運。不僅師生傳習學有宗旨，也期許建立一套可長可久的文化傳承模式，方能在中國宋代以降，培養眾多劃時代的文化人物。王陽明一生致力於書院講學，所推崇者乃為師友間「同志之會」的意義，此一志趣正是文化人格的客觀體現，不僅在於師生之間以良知之教，如切如磨的提撕警覺；又關涉著如何有效地透過客觀制度，以書院講學的常設型態，作為培養聖賢人物的文化人格傳習所。有賴於教化原理與各方條件的結合，始能眾志成城，陽明學生黃綰在「天真書院」碑記中，記述著確立良知聖學，樹之風聲，講道以崇化的肇建梗概：

> 書院始於先生（陽明）門人行人薛侃，進士錢德洪、王畿，合同志
> 之姿為之繼，而門人僉事王臣，主事薛僑，有事於浙，又增治之，
> 始買田七十餘畝，蒸嘗輯理，歲病不給，待御章君按浙，迺躋書院
> 而歎曰：先生之學，論同心生善，先生之功，存於社稷，皆所宜祀，
> 矧覆澤茲土尤甚。惡可忽哉，乃屬提僉事徐君階，命紹興推官陳
> 讓，以會稽廢寺田八十餘畝為莊，屬之書院，又出法臺贖金三百兩，
> 命杭州推官羅大用及錢塘知縣王釴買宋人所為龜疇田九十餘畝以益
> 之，於是需足人聚，風聲益樹，而道化行矣。〔註42〕

其中牽涉了書院選址、建築規劃、學田捐設、人事管理等層面；若非是大家推崇聖學，並以陽明良知教旨，作為人格理想上的感召，此一民間文教興學的模式，體現眾志成城之理。若再側就文化人格自身的健全層面而言，王陽明本人雖因事功，見重於當代，對於書院講學一事，卻是格外看重並視為畢生的志業：

> 按，鄒東廓撰陽明文錄序，有云：「當時有稱先師者曰：古之名世，
> 或以文章，或以政事，或以氣節，或以勳烈，而公克兼之；獨除卻
> 講學一節，即全人矣。先師笑曰：某願從事講學一節，盡除卻四者，
> 亦無愧於全人。」〔註43〕

陽明是聖賢中的狂者，其胸次灑落，用世而不阿時，自持而不隱世，其人格的特出無他，即為「自尊自信其為人之價值而已」，無所依傍，故能截斷眾

〔註42〕《王陽明全書‧年譜》卷二，附錄，正中書局，第 170、171 頁。
〔註43〕鄒東廓《陽明文錄序》，轉引自蔡仁厚《王陽明哲學》，三民書局，第 222 頁。

流；視書院講學的教育歷程，遠大於個人的事功與文章。不自居於輿論的聲華，卻將心力挹注於文教事業。化力之深，對於學人人品之裁成，最有可觀，無怪乎黃宗羲在編定《明儒學案》時，肯定陽明學派的學人傳承，以及民間傳播之盛，影響力不僅度越前代，尤其可貴者，反映了其後學不墨守「師說」之囿限，多能自闢新局，開展良知心學的多元視野。當然就學術史的立場而言，王門後學與王學末流，或過於虛玄，或過於蕩越的流弊，有其可議之處，以及進行疏辨之必要，（如王龍溪、王艮之學與陽明學本質上的區別）。然而就教育哲學的立場而言，學術上所謂的「歧出」以及「轉向」的部份，仍有其獨特的討論價值，也能體現出陽明學派的多元及啟發性所在；究其脈絡而言，更不能忽略陽明其人「以講學從事思想運動」的本心及宏願，蔡仁厚認為：

> 陽明講學的用心，即是要團聚豪傑同志之士，共同講明良知之學，使天下人都能自致其良知，以去其自私自利之蔽與讒妒勝忿之習，以相安相養、成己成物，而進世界於大同。這樣講學，是講之以身心，是講的「生命的學問」。因為天下一切價值功業之成就，都必須從「端正心向」「清澈生命」開始。有真人，纔能有真事。陽明講的，正是這大人之學，大丈夫之學。〔註44〕

鼓勵吾人自致其良知的入世取向，在此疏解下，陽明所謂「生民之困苦荼毒，疾病之切於吾身者乎？」「顧其心以稍知疾痛之在身，是以徬徨四顧，將求其有助於我者，相與講去其病耳」的自白就不難於理解。「因病施方」，不僅在於崛發病源，開示處方，同時他更重視診斷和治療的過程，必須切乎人情，明乎事變：

> 學絕道喪，俗之陷溺，如人布大海波濤中，且須援之登岸，然後可授之衣而與之食。若以衣食投之波濤中，是適重其溺，彼將不以為德而反以為尤矣。故凡居今之時，且須隨機導引，因事啟沃，寬心平氣以薰陶之，俟其感發興起，而後開之以其說，是故為力易而收效薄。〔註45〕

陽明學之風行，在於深入人心，並有高度的同理心；良知之學，不僅是精微的學說，同時也是普及傳播的心法。深切著明的特點，是王陽明十分強調教

〔註44〕蔡仁厚《王陽明哲學》，三民書局，第220頁。
〔註45〕黃宗羲《明儒學案》卷十，里仁書局，第187頁。

育歷程中，教育者和受教育者之間，是「互為主體」的關係，以及「言教」和「身教」的知行合一，才能在內向傳習，與外向傳播的模式中，達到入木三分，刻骨銘心的感化力。

考察陽明一生書院教育的歷程，先后參與龍岡、貴陽、稽山、敷文、白鹿洞、濂溪、嶽麓等書院的講學，更在民間大開書院「講會」制度的學風，儼然成為中國書院史上蔚為巔峰階段。〔註46〕

援此我們可以就前述文化人格的啟發，對照王陽明在其書院教育哲學上的理念，作一歸納：

　　▲ 就心學的義理而言，強調人本的意識，進而開啟不為人惑的獨立
　　　品格。

　　▲ 就修養與實踐的意志而言，強調刊落聲華的功夫，以及深入民間
　　　的講會制度。

　　▲ 就教育理想的延展而言，強調教育的藝術以及文化傳承的原理。

（一）就心學的義理而言，強調人本的意識

王陽明在思想史上，以其獨標「良知」教旨的「心學」，而與程朱一派的「理學」分庭抗禮；此一心靈學問的開啟，不純然只是學理上的對立，乃觸及了認知與價值取向的差別。王陽明窮究希聖希賢的教旨，固然是儒門的通則，然而在經典傳習、學派分合的反省中，文化人格的挺立，如何無所依傍，而能真切地在當下完成作聖的工夫，成就一不為人惑的獨特人格？這一番深切著明的探索，更是伴隨他一生居夷處困、九死一生的內聖外王歷程。考其生平以觀，僅是在「希聖希賢」的體證上，無論是親為宋儒格物之學，乃致於格竹子得病，念聖賢有分；轉向隨世就辭章之學，與當時詩文之士李夢陽

〔註46〕王守仁，字伯安，學者稱陽明先生，餘姚人。弘治進士。授刑部主事，改兵部主事。卒後，隆慶初，諡「文成」。其學歷經三變，即初為文章之學，繼而潛心朱學並研討佛、老之說，後因「悟格物致知之旨，聖人之道，吾性自足，不假外求」，而轉向陸九淵心學。他認為「心外無物，心外無事，心外無理」。在知行關係上，反對朱熹的「知先行後」說，而提出「知行合一」說，曾說：「我今說個知行合一，正要人曉得，一念發動處，便及是行了」。又提出「致良知」說，認為「良知即是天理」，為「人人之所同具」，「致良知」即「致吾心良知之理於事事物物，則事事物物皆得其理矣」。後還曾提出為學的「四句宗旨」，即所謂「無善無惡是心之體，有善有惡是意之動，知善知惡是良知，為善去惡是格物」，世稱「王門四句教」。他曾講學於貴陽書院、稽山書院、敷文書院等處。著作被門人輯為《王文成公全書》。詳見樊克政《中國書院史》，文津出版社，第173頁。

等，以才名爭馳騁。又自念辭章藝能，不足通至道，乃循朱子之說循序由博反約，終覺物理與吾心判而為二。沉鬱既久，前疾又作。益覺聖賢有分。偶聞道士談養生，遂有遺世入山之意；都有幾度困蹇而逼仄的機遇：〔註47〕

　　截至三十四歲與理學家湛若水定交，共倡聖學以前，陽明個人無論是在身心的認知、存在意義的理解、以及學術文化的探索上，許多有莫名的衝突以及憂患感受，都親身參與體證。不僅氾濫辭章、出入佛老，對於當時學統上獨大的程朱「格物」之學，也身體力學，窮理不懈。但一切努力，終究不能有效暢通其生命的根源，以及懸解困惑的盲點；陽明律己自較一般人期許為高，此一階段尚未形成學說宗旨，真切地參與書院教育。但是對於文化人格的塑造，此一階段的歷鍊，有助於擺脫過去希聖希賢的模式，從而確立一健全的文化視觀，方能在日後書院講學中，善於辯證論治，因才施教的體悟。

　　就教育哲學的立場而言，此一階段可視為價值與認知基本觀念的探索期，對於人性的看法、認知方式的理解，以及價值判準的建立，不免存在著矛盾與偏執。即便是個人的獨立人格，也在面對科舉、官場、倫裡的文化積澱下，難以卓然挺立。此一困窘，是中國傳統士人的共同處境，王陽明的探索與啟發，可定位為「王學的前三變──異質的轉變」階段：

　　　　先生之學，始泛濫於詞章，繼而遍讀考亭（朱子）之書，循序格物。
　　　　顧物理吾心，終判為二，無所得入。於是出入佛老者久之。及至居
　　　　夷處困，動心忍性，因念聖人處此，更有何道？忽悟格物致知之旨，
　　　　聖人之道，吾性自足，不假外求。其學凡三變而始得其門。〔註48〕

此期雖然尚屬外緣問題的衝擊階段，重要性不只是關乎其後本質問題的導出，對於希聖希賢的文化人格理想，足堪提供健全文化人格的具體塑造。特別如何有效地消化、轉化「異質」問題的客觀處境，將反應在啟迪後學的態度上，是否能以「同理心」，看待教學歷程的問題。

　　嗣後陽明之學又歷經了三十五歲「龍場悟道」的契機，正式邁入陽明的「後三變──同質的發展與完成」里程：

　　　　自此（龍場悟道）之後，盡去枝葉，一意本原。以默坐澄心為學的。
　　　　有未發之中，始能有發而皆中節之和。視聽言動，大率以收斂為

────────────

〔註47〕蔡仁厚《王陽明哲學》，三民書局，第226～228頁。
〔註48〕黃宗羲《明儒學案》，〈姚江學案〉，里仁書局。

> 主，發散是不得已。江右以後，專提致良知三字。默不假坐，心不
> 待澄，不習不慮，出之自有天則。蓋良知即是未發之中，此知之
> 前，更無未發；良知即是中節之和，此知之後，更無已發。……知
> 之真切篤實處即是行，行之明覺精察處即是知，無有二也。居越以
> 後，所操益熟，所得益化。時時知是知非，開口即得本心，更無
> 假借湊泊。如赤日當空，而萬象畢照。是學成之後，又有此三變
> 也。〔註49〕

陽明作聖工夫之精義入微，反映了學道之不易真可謂入木三分；學說與宗旨
的開顯，在此期密切與書院的述道講學，互為表裡。在師生並肩論道「教
學相長」的歷程中，對於本體與工夫、心體與性體，以及良知與天理的關
涉，日益精純透徹；方能於「格物致知」宗旨的十字打開，儼然奠定劃時代
的思潮。

　　陽明的學說與文化人格的體現，也呼應著他在書院講學的履跡，在明代
中期的地位，固然有其壁立千仞的絕世之姿；但就其成學的過程而言，卻非
出乎神授或偶然，由上述的前／後三變的思想縱深而觀，可以說是歷歷分明、
環環相扣，是成聖之道，而非神話的示現。有志之士人人可為，這一向度的
開啟，陽明以其切身的體認為底蘊，格外強調人本的自覺及自律，方能超拔
於俗見及權威，確信獨立思考的座標：

> 道，天下之公道也；學，天下公學也。非朱子可得而私，非孔子可
> 得而私也。

> 學貴得於心，求之於心而非也，雖其言之出於孔子，不敢以為是也，
> 而況其未及於孔子者乎？求之於心而是也，雖其言之出於庸常，不
> 敢以為非也，而況其出於孔子者乎。〔註50〕

此一不假手於權威的批判，即以「端正心向」、「清澈生命本源」為訴求，並
且也是針對希聖希賢的精神，如何由崇尚「道統」的意識型態，反溯於「人
統」的教育哲學理念；形成了日後書院民間「講會」，能夠將精深的學術，轉
化為得以接引百姓與童蒙的教風。再者陽明良知心學的教旨，何以能夠貫
穿知識菁英階層，乃至於普羅大眾？顯然對於人心的剖辨，有其獨到之處；

〔註49〕黃宗羲《明儒學案》，〈姚江學案〉，里仁書局。
〔註50〕王陽明《傳習錄》中卷，「答羅整菴少宰書」，金楓出版社。並見於《王陽
　　　　明全書》（一），正中書局。。

針對陽明「心」學的貞定，屆此可以作進一步的疏別與衡定；大凡人性論的問題，儒釋道各家皆有不同的擅場。蔡仁厚歸究心性學的義理層次，統整而觀：

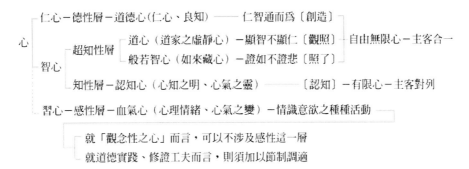

此一心學架構中，諸家之間最大的分野，乃在於認知取向上，採行「主客合一」與「主客對立」的問題，此一差距連帶表現在關乎「天理」的體証，以及「知行」問題的價值實踐。有了此一疏別的概念之後，我們進一步探勘陽明心學的義理展向：

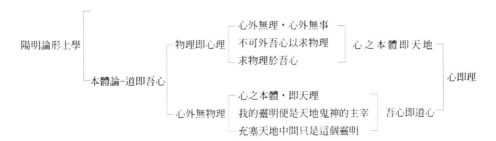

有了陽明此一「心具萬理」的衡定，方能理解他在「知行」問題上的立場，進而豁顯了他在「格物致知」與「致良知」等系列教旨上的卓見。並且可以從陽明學對於「知行」關係的主張，反溯理學思維模式的類型，此又為教育哲學上，十分重要的議題。〔註51〕由吾心即道心，乃至於心外無物理的主

〔註51〕黃公偉指出，知行合一的論斷：知行合一之論，當溯端於程伊川以「人心」與道心相對立，而由道心推出知行合一。他說：「知之深則行之必至，無有知而不能行者，知而不能行，只是知淺。人為不善，只是不知」。故有「知在所行之先」說。陽明卻分知行為四部，即一為知行之發動，陽明云：「一念之發動即是行」。（答徐愛）二為知行關係，陽明云：「知是行的主意，行是知的工夫。」（同上）又云：「知之真功篤實處即是行，行之明覺精察處即是知。」（答顧東橋）三為知行的始終，陽明云：「知是行之始，行是知之成」。四為知行

張，乃一掃程朱派理學教育中，一貫主張「知行先後」，或察識於「未發已發」上的靜態涵養工夫；乃將支離與煩瑣的道問學傾向，一併打合，揭示吾心之全體大用的嶄新格局。陽明力圖扭轉人心在認知取向上的偏差，避免在教學和義理探索上，流入過度支離之病，去道日遠。唯有在心體的貞定予以確估，方能成就真正挺立的文化人格，進而提出「破山中之賊易，破心中之賊難」的警世箴語：

> 破山中之賊易，破心中之賊難，區區翦除鼠輩，何足為異。
>
> 若諸賢掃蕩心腹之寇，以收廓清平定之功，此誠大丈夫不世之偉績。

考其一生「學思」與「事功」並行不悖，不僅白天坐鎮指揮兵戰，平蕩明季的內亂與諸寇的外患，且仍「夜與士友講學不輟」。固能發此豪語，而其「破心中之賊」的大旨，更落實在世俗的教化；先後乃與書院盟友相勉共勵，於各地創立精舍、講會、書院、鄉約、社學等系列措施，以見教化規模，並在師生講習中，務求「刊落聲華，是為學人第一義」；更甘冒當時學統大忌，主張恢復「大學古本」，以退朱熹大學「章句本」的訴求，試圖復甦聖賢本心本旨，以立人統綱維的嶄新定本：

> 先生在龍場時，疑朱子大學章句非聖門本旨，手錄古本，伏讀精思，始信聖人之學本簡易明白。其書止為一篇，原無經傳之分，格致本於誠意，原無缺傳可補，以誠意為主，而為致知格物之功，故不必增一敬字，以良知指示至善之本體，故不必假於見聞，至是，錄刻成書，傍為之釋而引以敘。〔註52〕

合一，陽明云：「只說一個知，已有自行在，只說一個行，已自有知在」（答徐愛）。陽明舉例說：「大學言：『如好好色，如惡惡臭』，見好色屬知，好好色屬行。只是那好色時已自好了，不是見了後又立個心去好。聞惡臭屬知，惡惡臭屬行，只聞那惡臭已自惡了，不是聞了之後，別立個心去惡。」（同上）即知行不可分立。陽明批評說：「今人卻將知行分做兩件去做，以為必先知然後能行。我如今且去講習討論做知的工夫，待知得真了，方去做行的工夫。故遂終身不行，亦遂終身不知。」（同上）如此對伊川「知而不能行，只是知得淺」，完全予以修正了。換言之，行即是知，有行即有知。陽明云：「必有欲行之心然後知路，欲行之心在意，即是行之始矣」。因而陽明申言：「知行工夫本不可離，只為後世學者分作兩截用功，失卻知行本體，故有合一並進之說。真知即所以行，不行不足以謂之知」。（答顧東橋）詳見黃公偉《宋明清理學體系論史》，幼獅文化公司，第368～369頁。

〔註52〕王陽明《王陽明全書》年譜，正中書局，第105頁。

他認為實無進行格致「補傳」的必要，以替現義理一貫的精神；並編訂《朱子晚年定論》，以及《大學問》，鑑別兩派在認知與價值取向上的分際，並彰顯在希聖希賢上共同的歸趨。此舉無異是挑戰有明一代的程朱學統，以及科舉與官學的既定架構，爭議可知，在思想史上訟論迄今未決。

陽明學生錢德洪並附記〈大學問〉一章，此則尤為心學教法上的根本所在，可作為陽明在書院中傳習良知心學的紀實，錢氏有謂：

> 德洪曰：大學問者，師門之教典也，學者初及門，必先以此意授，使人聞言之下即得此心之知，無出於民彝物則之中，致知之功，不外乎修齊治平之內。學者果能實地用功，一番聽受，一番親切。師常曰：吾此意思，有能直下承當，只此修為直造聖城，參之經典，無不吻合，不必求之多聞多識之中也，……古人立言，不過為學者示下學之功，而上達之機。待人自悟而有得，言語知解，非所及也。大學之教，自孟氏而後，不得其傳者幾千年矣。賴良知之名，千載一日，復大明於今日，茲未及一傳。而紛錯若此，又何望於後世耶？……使學者開卷讀之，思吾師之教，平易切實，而聖智神化之機，固已躍然，不必更為別說，匪徒惑人，祇以自誤，無益也。

陽明透過「先破後立」的積極作為，只是試圖為宋代理學的傳承作一「去病不去法」的措施；在希聖希賢的人統宗旨上，他並不否定朱熹的貢獻，祇是在聖學入手處，以及經典詮釋的意向上，不得不有所澄清，才能調適上遂，以暢希聖希賢的本懷，《傳習錄》中即有師友問答之載記：

> 朋友觀書，多有摘議晦庵者。先生曰：「是有心求異，即不是。吾說與晦庵時有不同者，為入門下手處有毫釐千里之分，不得不辯；然吾之心與晦庵之心未嘗異也。若其餘文義解得明當處，如何動得一字！」〔註53〕

陽明所言的心，在此不是指學派上「心學」和「理學」對舉的概念，而是指出在希聖希賢的理想文化人格陶塑上，他與朱子兩人是前后呼應的。此外在「存天理，去人欲」的功夫上，以及「聖人皆可學而至」的理學命題，也同為書院教育中不分學派的共法，唯陽明所傳習者，以精純及透闢見長，例如論希聖希賢與工夫論的關係，乃以鍊金術為巧喻：

〔註53〕王陽明《傳習錄》，金楓出版社，第 57 頁，並見於《王陽明全書（一）》，正中書局。

> 先生曰:「聖人之所以為聖,只是其心純乎天理而無人欲之雜;猶精
> 金之所以為精,但以其成色足而無銅鉛之雜也。人到純乎天理方是
> 聖,金到足色方是精。然聖人之才力,亦有大小不同:猶金之分兩
> 有輕重。……才力不同,而純乎天理則同,皆可謂聖人;猶分兩雖
> 不同,而足色則同,皆可謂之精金。……蓋所以為精金者,在足
> 色,而不在分兩,所以為聖者,在純乎天理,而不在分兩,所以為
> 聖者,在純乎天理,而不在才力也。故雖凡人,而肯為學,使此心
> 純乎天理,則亦可為聖人;猶一兩之金,比之萬鎰,分兩雖懸絕,
> 而其到足色處,可以無愧。故曰:『人可以為堯、舜』者以此。學者
> 學聖人,不過是去人欲而存天理耳。……故不務去天理上著工夫,
> 徒弊精竭力,從冊子上鑽研,名物上考索,形跡上比擬;知識愈廣
> 而人欲愈滋,才力愈多而天理愈蔽:正如見人有萬鎰精金,不務鍛
> 鍊成色,求無愧於彼之精純,而乃妄希分兩,務同彼之萬鎰,錫、
> 鉛、銅、鐵雜然而分投,分兩愈增而成色愈下,既其稍末,無復有
> 金矣。」〔註54〕

此一揭示,十分鮮活地將「希聖希賢」的目的,透過巧闢善導的方式,指陳
世俗急功近利的盲點,特別是剖辨天理與人欲的關係,以化偏去弊,才能成
就聖賢神聖的文化人格。他以直截與啟發的教法,旨在確立學者「不為人惑」
的獨立思考與批判精神,以求入手處能真切地完成「下學而后上達」的功夫。
這一「鍊金而求其足色」之喻,不論人之才分高下,「而其到足色處,可以無
愧」,乃純乎天理之故也。此番透徹的領悟,顯然不是從書冊上鑽研、名物上
考索、形跡上比擬而能得到。而是其人在希聖希賢的人格理想追尋的過程中,
不斷地究元決疑,進而有所裁斷建立器識;方能成就陽明學「狂者胸次」的
人格與風格,自非一般所謂的醇儒、雅士一格所能規範,故能裁簡多方仁人
志士,締造教育與學術史的傳奇。

(二)刊落聲華與講會制度的推廣

王陽明以「破心中之賊」為使命,然而如何掃蕩此一吾人往往進退失據
的「心頭大患」,方能達到作為一個不為人惑、不假外求,自性具足的理想人
格?一切外在的附加價值、名利、權位與評價,在他觀來皆如費心粧點,有

〔註54〕王陽明《傳習錄》,金楓出版社,第57~58頁,並見於《王陽明全書(一)》,
　　　　正中書局。

待層層刊盡，方能彰顯心靈的可貴與豐饒。他進一步揭示「刊落聲華」大義，作為學者入聖自得之門，「天理與人欲」的疏鑿，誠是理學與書院教育的一大關目。是以明代書院的教育格局，不僅同時涵該宋代以來精舍傳習、人師講學，以及學派間「會講」的形態，更在王陽明手中，全面性地歸納為「講會」式的教育哲學；結合良知「心學」式的教法，也更直指人心，透過《傳習錄》其中大量的實際教學記錄及心得，可以側見書院教育的活潑，以及善於引導，例如：

> 曰仁云：「心猶鏡也，聖人心如明鏡，常人心如昏鏡。近世『格物』之說，如以鏡照物，照上用功，不知鏡尚昏在，何能照！先生之『格物』，如磨鏡而使之明。磨上用功，明了後亦未嘗廢照。」「與其為數頃無源之塘水，不若為數尺有源之井水，生意不窮。」時先生在塘邊坐，旁有井，故以喻學云。〔註55〕

又如其中〈答聶文蔚書〉中慨言：

> 其工夫全在「必有事焉」上用；「勿忘、勿助」，只就其間提撕警覺而已。若是工夫原不間斷，及不須更說「勿忘」；原不欲速求其效，即不須更說「勿助」。此其工夫何等明白簡易！何等灑脫自在！……專在「勿忘、勿助」上用工著，其病正是如此。終日懸空去做箇「勿忘」，又懸空去做箇「勿助」，渀渀蕩蕩，全無實落下手處，究竟工夫，只做得箇沈空守寂，學成一箇癡騃漢，才遇些子事來，即便牽滯紛擾，不復能經綸宰制。此皆有志之士，而乃使知勞苦纏縛，擔擱一生，皆由學術誤人之處，甚可憫矣！〔註56〕

文化人格的養成固然不易，在日常舉止，應接外物的過程中，人的惰性、習性、以及俗見等重重制約，又往往牽惹凡人的貪瞋痴怨；甚且心隨境轉，功夫自難一貫且無礙。光是如何「內聖」勿忘與勿助的課題，就已顯現人性的弱點，因此習道者的心情自然不難理解。屆此，陽明秉性固然得以成就他個人的狂者胸次，但在審己度人的教學歷程中，他深明文化人格理想的塑造及陶冶，除了才性的勘定之外，如何成就臨事尚且「不動心」，就稱得上意志純化的效驗了。據年譜載言，陽明四十五歲奉命去江西平宸濠之亂，有一則相

〔註55〕王陽明《傳習錄》，金楓出版社，第40～43頁，並見於《王陽明全書（一）》，正中書局。

〔註56〕王陽明《傳習錄》，金楓出版社，第149～150頁，並見於《王陽明全書（一）》，正中書局。

應其工夫修養的記載：

> 王思與語季本曰：「陽明此行，必立事功。」本曰：「何以知之？」
> 曰：「吾觸之不動矣。」

王陽明「觸之不動」（不動心）的個人修養，不僅以身作則，更是在其刊落層層聲華的歷程中，時時照察，時時當體起用；誠如前言「必有事焉」而不在「勿忘勿助」的虛懸中徒然耗損精神。觀其意志之所以通體瑩澈，俱為慣於在憂患中「因事驗之」，其人之於心學貞定的自信及體悟，自成高格。

「致良知」之教，是陽明一生在「居夷處困」中體證而得，並且得以涵括過去倡言「知行合一」，以及恢復古本大學「格物致知」的體系。這一重大的宗旨乃在他五十歲時正式揭示，且於是年五月，「集門人於白鹿洞，欲久聚，共明此學。」此一事蹟，在書院史上自是一番大事，不僅作為遙契當年朱熹在興復白鹿洞書院的志業，並且對於文化人格的陶鑄及發皇，相較於朱熹之教，可謂不遑多讓。李才棟《白鹿洞書院史略》對於此一事蹟的鋪陳而觀：

> ▲ 王守仁作為一個對儒學有獨特見解的代表人物，他自然非常關心白鹿洞書院。正德十三年（公元 1518 年），王正以僉都御史巡撫南贛汀漳，他編撰《大學古本》、《中庸古本》，包括《大學古本序》、《修道說》與朱熹學派商榷。他不遠千里派人將手書「致之洞中」刻于石碑上，至今尚存書院碑廊中。
>
> ▲ 正德十四年（公元 1519）年，王守仁在擊敗並擒獲朱宸濠時，嘗派兵進駐南康。次年正月，在開先寺李璟讀書台旁岩壁刻石記功，後又來到白鹿洞書院。《陽明年譜》說他：「徘徊久之，多所題識。」十六年（公元 1521 年）五月，王守仁又集門人講學于白鹿洞書院，留有詩歌。臨行又遺金主洞蔡宗袞置田畝。〔註57〕

陽明自從經歷宸濠之亂前後的磨難，因擅於用兵與布署，開啟「外王」上的的具體事功以來，益信良知足以忘患難、出生死，且無不具足；絕非徒勞玩弄光景，俗言內聖學理一輩所能契合。其中奧蘊一經拈出，他自謂「譬之操舟得舵，平瀾淺瀨，無不如意。雖遇顛風逆浪，舵柄在手，可免沒溺之患矣。」

是以由朱熹到王陽明，這一路透過書院教育的開展及推廓，不僅僅是儒

〔註57〕李才棟《白鹿洞書院史略》，北京：教育科學出版社，第 110～111 頁。

門內部的傳承意義；這道文化人格的探索之路，基本上也架構出日後書院講學的主要形態，並且輻輳於白鹿洞書院的開校啟教，實為殊勝的歷史契機。

　　再者「致良知」宗旨的揭櫫，一者有其學理上「究元決疑」的貢獻，另一方面，則啟沃於教育哲學良多。王陽明哲學所以大別於朱子學的特點，即在於剋就「心」的認知以及貞定上而言，遞進而為「良知」一義的開展，乃以「心與理本一」的根據，遂有道德實踐上的必然性，蔡仁厚指出朱子析心與理而為二，又想使理亦通貫下來，因此便不能不繞出去講其他的工夫，這就是涵養、居敬、格物、窮理這一系列關目的形成。但依陽明學的立場看來，這些只能是助緣，內聖成德之學的本質工夫唯在「逆覺體證」：

> 逆覺之覺，卻不是把良知明覺擺在那裡，用一個外來的後起的覺去覺它；而根本是良知自己覺它自己，是良知良覺之自照。所以逆覺體證不是外在後天的工夫，而是先天的工夫，是道德實踐之本質工夫。〔註58〕

故以「擴充」、「復反」二義來論釋陽明的「致良知」教，此為「逆覺體證」的大義，〔註59〕實相符應於書院教育中，格外重視的擇術與辨志工夫，包括識仁、慎獨、誠意、觀復、以及靜坐以觀未發氣象等節目。透過逆覺體証的工夫進境，人心自有定盤針，不需外尋枝葉，而能中得本源，陽明亦自謂：

> 今焉既知至善之在吾心，而不假於外求，則志有定向，而無支離決裂錯雜紛紜之患矣；無支離決裂錯雜紛紜之患，則心不妄動，而能靜矣；心不妄動而能靜，則其日用之間，從容閒暇，而能安矣；能

〔註58〕蔡仁厚《王陽明哲學》，三民書局，第28頁。

〔註59〕如何能「致」此良知呢？須知致是表示行動，在致之中即含有警覺的意思。所以「致」的工夫即從警覺開始。警覺亦曰「逆覺」。「逆覺」之「逆」，即孟子所謂「堯舜性之，湯武反之」的「反」。在逆覺中即含有一種肯認或體證，牟宗三稱此為「逆覺體證」。「體證」是在日常生活中隨其時時之呈露而體證，這種與日常生活不相隔離的體證，名曰「內在的逆覺體證」。與日常生活相隔離的，則名曰「超越的逆覺體證」。（1）不隔離者是儒家實踐的定然之則。孟子之「求放心」，中庸之「誠之」「慎獨」，程明道之「識仁」，胡五峰之「識仁之體」，象山之「復本心」，陽明之「致良知」，劉蕺山之「誠意」，皆是不隔離的在內的逆覺體證；而（2）隔離者則是一時之權機，如李延平之「靜坐以觀未發氣象」，即是隔離的超越的逆覺體證。但延平經過觀未發氣象之後，必言「冰解凍釋」，始能天理流行。故知隔離只是一時的，並非定然之則。明得此意，便知此兩種逆覺體證雖可以承認，但亦不可混同，更不可在此起爭端。參見蔡仁厚《王陽明哲學》第27頁，三民書局。

安，則凡一念之發，一事之感，其為至善乎，其非至善乎，吾心之
良知，自有以詳審精察之，而能慮矣；能慮，則擇之無不精，處之
無不當，而至善於是乎可得矣。〔註60〕

王陽明以「安」之一字，作為提綱挈領的總訣，自然更能通貫地解釋工夫與
本體之間的關係。至於如何常保此一諦當的覺知與體證？陽明在「大學問」
一文乃闡述為學本原的教育觀，彼此印證：

為學須有本原，須從本原上用力，漸漸盈科而進。……聖人到位天
地育萬物，也只從喜怒哀樂未發之中上養來，後儒不明格物之說，
見聖人無不知無不能，便欲於初下手時講求得盡，豈有此理。又曰：
主志用功，如種樹然，方其根芽，猶未有幹；及其有幹，尚未有枝；
枝而後葉，葉而後花實。初種根時，只管栽培灌溉，勿做枝想，勿
作葉想，勿做花想，勿做實想，懸想何益？但不忘栽培之功，怕沒
有枝葉花實？〔註61〕

這一有本有源的「大人之學」理想，說穿了不外乎善於培養良知本源，以及
知善知惡的本體；栽培的過程中，步步有所苦心，步步有其對治，以期敦本
尚實，反朴還淳。陽明所以殷切於「聲華刊落」的手段，正在於唯有為學本
原的疏濬，才能挺拔健全文化人格的塑造。依教育哲學的向度而言，吳蘭認
為陽明主張致良知的教育「本原」論，乃與潛能發展息息相通：

「致」者，培養也，致此至善之心，以為教育之本原，一如前所言
嬰兒之培育其精氣而日長，種樹之培灌其根莖而花實；又如西洋教
育家裴斯泰洛齊（Pesstalozzi）之「潛能發展說」，裴氏認定各個人
一切能力，情感，才性之胚種，皆為有效地參加人生之旅程，滿足
社會要求所必需。因此，於孩童之自然發展之歷程中，教育孩童將
其與生俱來之「良知良能」，逐一自然、循序、和諧，充分發展開來，
以成就其本身所潛在之能力。是以教育之始，即應從其本原處著力
也。〔註62〕

〔註60〕王陽明《傳習錄》上，陸澄錄，金楓出版社，並見於《王陽明全書（一）》，
正中書局。
〔註61〕王陽明《傳習錄》上，金楓出版社，第 27 頁，並見於《王陽明全書（一）》，
正中書局。
〔註62〕裴斯泰洛齊更詳述此一潛能之喻：我覺得心靈之高級教育，有如溪邊之樹，
有根、有幹、有枝、有實，此芸芸者，果何自而來乎？君不見農夫之種植小

宏觀陽明希聖希賢一生的歷程，四面八方的考驗實為紛至沓來，卻也充分開啟他得以經世致用豐沛而磅礴的潛能；就其獨立思考的精神而言，不僅要力闢程朱道統的盲點，又要傲岸於佛老的意識型態之外；並且在經世策略的佈署上，務須時刻正視明代衰微而顢頇的政治生態。繼而結合心學之義理，運用在平亂、規撫邊疆的事功下，尚能保持思想的清明，用兵如神，並且深入民心之所嚮，委實不易。在這些外緣的激盪之下，充分夠鼓舞以及開展其文化人格理想的志業，實有賴於書院講會制度的具體實現，史稱陽明勁旅不僅白天進行軍事任務的貫徹，夜間尚能持恆講學不輟；每收復一處失地，即遣其門生興闢書院或立講會，方能根本解決民變與文教的基礎。對於書院教育的開展與落實，廣及邊陲國境，啟沃日后書院的發展尤多，特別是清代左宗棠的事功，以及書院文教版圖的延展新疆，實與陽明勁旅的里程碑前後呼應。

陽明對於書院講會的宗旨，乃以「同志之會」的理念為代表，不僅呼應知行合一的哲學思想，並通過會友參與講會的教育歷程，啟發每個人天賦的潛能，將良知之教的原理，彼此探討商榷，方能印證前述逆覺體證的大義，他特別以〈惜陰說〉一文，作為門人所倡立的講會宗旨，也可以提供此一傳播型態的說明：

> 劉邦采合安福同志為會，名曰「惜陰」，請先生書會籍。先生為之說曰：同志之在安成者，間月為會五日，謂之惜陰，其志篤矣。然五日之外，孰非惜陰時乎？離群而索居，志不能無少懈，故五日之會，所以相稽切焉耳。嗚呼！天道之運，無一息之或停，吾心良知之運，亦無一息之或停，良知即天道謂之。亦則猶二之矣。知良知之運無一息之或停者，則知惜陰矣。知惜陰者，則知致其良知矣。〔註63〕

他特別列舉堯舜的兢兢業業，成湯之日新又新，文王的純亦不已，周公之坐以待旦的惜陰功夫為代表，是為該講會會友共相砥礪的方針。認為無論是在講會的會期之中，或者與會之外，眾友恪守子思所謂戒慎乎其所不睹，恐懼乎其所不聞。方可臻於知微之顯，親身印證良知心學的諦域。類似講會的落實，也表現在龍泉寺講會：

核於土地之中乎？……種植之後，其內在的有機的生命便流轉於本根之上，更由本根而發生枝幹皮實一切一切。樹之發育如是，人亦何獨不然？詳見吳蘭《王陽明教育思想之研究》，中華書局，第193～194頁。

〔註63〕《王陽明全書》年譜，正中書局，第144頁。

> 相會之時，尤須虛心遜志，相親相敬，大抵朋友之交，以相下為益，
> 或議論未合，要在從容涵育，相感以成，不得動氣求勝，長傲遂非
> 務在默而成之，不言而信，其或矜己之長，攻人之短，麤心浮氣，
> 矯以沽名，訐以為直，挾勝心而行憤嫉，以忮族敗群為志，則雖日
> 講時習於此，亦無益矣！〔註64〕

講會中師友論學講道，應當以同志之會相輔相成，依每月會期之規範，成員
不分輩份與出身，皆能針對講會宗旨與進度，參與討論與印證。同時大家並
肩論道的好處，也可以深入工夫的進境，避免過於玄虛泛論，淪為一曝十寒
的惰性。再者結合理學教育完備的教程、德目與著重學思駁辨的風氣，對於
希聖希學如何「下學」與「上達」的工夫次第，自宋代以來已然自成一套系
統；由人師進行開導與啟發，對於體制內官學的刺激，以及民間渴望文教的
需求而言，書院的同志講會模式，開展的感化力與提撕警覺之功，影響力大
有可觀，出現了明史所謂「搢紳之士、遺佚之老，聯講會，立書院，相望於
遠近」的盛況。即使陽明本人身繫軍旅，所念茲在茲的，也誠為會中的同志
之情「會講之約，但得不廢，其間縱有一二懈弛，亦可因此夾持，不致遂有
傾倒，餘姚又得應元諸友做興鼓舞，想益日異而月不同，老夫雖出山林，亦
每以自慰，諸賢皆一日千里之足，豈俟區區有所警策？聊亦以此視鞭影耳。」
在與門生信中，大多情溢言表，如與錢德洪、王畿書云：「餘姚得應元諸友相
與倡率，為益不小，近有人自家鄉來，聞龍山之講，至今不廢，亦殊可喜」。
〔註65〕甚且在陽明討伐思平一役期間，已因過勞軍務，病卒前夕，仍不忘此
一聖賢文教志業。病榻間問答的筆墨，令人於今讀來，猶能領受到一位人師
與教育家殷切於人文化成的本懷：

> 區區病勢日狼狽，自至廣城，又增水瀉，日夜數行不得止，至今遂
> 兩足不能坐立，須稍定即踰嶺而東矣，諸友皆不必相候，果有山陰
> 之興，即須早鼓錢塘之舵，得與德洪汝中輩一會聚，彼此當必有益。
> 區區養病本已去三月，旬日後必得旨，亦遂發舟而東，縱未能遂歸
> 田之願，亦必得一還陽明洞與諸友一面而別，且後會又有可期也。
> 千萬勿復遲疑，徒耽誤日月。〔註66〕

陽明畢生以書院講會，視為個人學說與同志彼此砥礪的道場，對於學說之播

〔註64〕《王陽明全書》年譜，正中書局，第136～137頁。
〔註65〕《王陽明全書》年譜，正中書局，第149、150、159、160頁。
〔註66〕《王陽明全書》年譜，正中書局，第161、162頁。

揚，可收風行草偃之效；就王門後學而言，舉行講會，一般是為了闡明或發揮王陽明學說的要旨，甚且相互就某些議題進行辯析，也有助於學派之傳承與嶄新的詮釋，例如王畿與王艮，所開啟的學派向度，已不全然盡符陽明師說，而有義理上的延展。此外講會也常常在書院以外舉行，得以深入民間集會的場域，達至儒家過化存神的目標；例如上述劉邦采曾創「惜陰會」於安福，間月為會五曰。後來鄒守益也曾於安福「為四鄉會，春秋二季，合郡出青原山，為大會，凡鄉大夫在郡邑者，皆與會焉。」再者講會的聽講者，也不以書院生徒為限，甚至於廣及地方官吏，乃至於監獄的罪犯，如羅汝芳任寧國知府時，「創開元會，罪囚亦令聽講。入覲，勸徐階聚四方計吏講學。階遂大會於靈濟宮，聽者數千人」。〔註67〕

由此可見，「講會」制度的落實，在中國書院史上，儼然是希聖希賢宗旨的具體代言，更乃因陽明個人體現的文化人格的影響，確立了深遠的典範。特別是主教者與信眾之間，凝聚的同志社群型態，幾乎具體而形象化塑造了一時一地的風氣，乃與佛道二家的宗教影響，不分軒輊；但以人本自覺的立意而言，書院講會的形成，更因超然於世俗宗教的傳習模式，而以文教自主的型態，挺立民間學風，可謂是生活與文化的啟蒙運動，對於書院所倡行的人統教育理念，實為具體開展的歸宿。

（三）教育的藝術以及文化傳承的原理

王陽明不愧為書院教育史上的一代人師，特別是洞悉人心如何在傳統中突圍，解除既定的桎梏，更擅長於「因病發藥」與「標本並治」的進路。就今日教育哲學的標準而言，他的教學原理、方法、效驗、甚至境界，放諸今日，仍有其雋永而可貴的啟示。

此一基本綱維的揭示，乃以陽明晚年勘定的「四句教」作為其一生教育哲學的總綱。繼而開啟認知上和價值取向上的根本理念，並針對教育目的（治本）、（治標）的訴求，以切合不同的教學對象以及問題：

〔註67〕樊克政《中國書院史》，文津出版社，第 194、195 頁。

整體而言，教育的實施計畫中，並以「親民哲學」（講會、鄉約、牌法、社學等等規制）以及「童蒙教育」作為良知心學的具體實踐。此一教旨，最可貴的特點，體現著教育的原理與藝術，方能在文化人格的陶冶上，有其深刻的啟示與傳承，此點誠為教育理想在延展上的積極意義。

陽明晚年特意拈出「四句教」，並勘定作為良知心學的總綱領，而與門人錢德洪、王龍溪於稽山書院，進行著名的「天泉證道」重大揭示：

> 先生曰：「二君以後與學者言，務要依我四句宗旨：無善無惡，是心之體；有善有惡，是意之動；知善知惡是良知；為善去惡是格物；以此進修，直躋聖位，以此接人，更無差失。」畿曰：「本體透後，於此四句宗旨何如？」先生曰：「此是徹上徹下語，自初學以至聖人，只此功夫。初學用此，循循有入，雖至聖人，窮究無盡，堯舜精一功夫，亦只如此。」先生又重囑付曰：「二君以後不可更此四句宗旨，此四句中人上下，無不接著，我年來立教，亦更幾番，今始立此四句，人心自有知識以來，已為習俗所染，今不教他在良知上實用為善去惡功夫，只去懸空想箇本體，一切事為，俱不著實，此病痛不是小小，不可不早說破。」是日洪畿俱有省。〔註68〕

藉由陽明師友的深入對話，良知心學「四句教」旨的勘定，顯然是先前致良知、知行合一等教旨的根本意向；在陽明的心目中，更是希望藉此樹立教育哲學上榘實的綱領，避免流於支離與虛無的覺証之路。四句教中剋就心—意—知—物四大關目的勘定，特別是貞定知善知惡、為善去惡的義理架構，誠為理學上的「工夫」入手處，以及參贊本體的「究竟」大義；在教育哲學上，即為「認知」取向和「價值」取向上的疏通去礙，方能在教育歷程中達到預期的教育目標。陽明並由錢德洪、王龍溪兩位學人的領悟與才具，加以指點「二君之見正好相反，不可相病，汝中須用德洪工夫，德洪須透汝中本體，二君相取為益，吾學更無遺念矣。」是以這段師門宗旨的對話，即能兼顧本體與工夫兩端一致的理境，確立了良知心學的全體大用。四句教一經揭出，陽明學徹上徹下之義概無餘義，亦能應機立教，以良知的底蘊，作為文化人格教育的根本理念，其義理如下：〔註69〕

〔註68〕《王陽明全書·年譜》，正中書局，第 147、148 頁。
〔註69〕蔡仁厚《王陽明哲學》，三民書局，第 129 頁。

「心」體無善無惡┤粹然至善　　心之所發：「意」┤順心體而呈現：善
　　　　　　　　└超善惡相　　　　　　　　　　　└順軀殼而呈現：惡

良「知」┤知善 ── 好善　　致知格「物」：為善去惡┤純化意念 ── 誠意
　　　　└知惡 ── 惡惡　　　　　　　　　　　　　└純化意念之內容 ── 格物

陽明意圖將儒家傳統心性之學，如何在善惡問題上，避免落入二元對立的意識型態；四句教法所開啟的學問向度，乃是屬於「超知識」的一格，而非認知心「與物有對」的形態，因此綰結著他的「致良知」教以及「知行合一」的義理。所以「心」、「意」、「知」、「物」的貞定，乃將吾人的主觀認識的能力，以及價值的判準問題，做縱貫性的合一。「良知」的層境只能說是超越知識的意涵，而不是「反知識」；余英時指出陽明的「致良知」之教，雖然後來為後繼門人流入反知識的路向，但陽明本人則並不採取反知的立場。他正視知識的問題，並且要把知識融入他的信仰之中。他的「良知」兩字是經過百死千難得來的，最後揭示了良知學說，意圖證成知識與信仰的問題。但是後來的人未必經過「百死千難」的體認，就拿到了良知，抓住這個所謂的「現成良知」把柄。（當時明朝人如陳白沙喜歡用「把柄入手」這個說法。）他們認為是找到了信仰的基礎，因此不免成一種輕視「聞見之知」的態度。〔註70〕

　　王學末流以「現成良知」輕視「聞見之知」的現象，實不足取；復歸於陽明學「知行合一」即本體即功夫的意向而觀，對於中庸「尊德行而道問學」之功，肯認其交映互發，內外本末一以貫之的諦域；而不採南宋朱子、陸象山在學統上的對立之病，隨時提點學人避免「專求本心，遂遺物理」，或者「務外遺內，博而寡要」的謬誤。此一認知上的滑失，勢必影響著價值取向上的差距，已不單純是朱子時期「由博反約」或「由約而博」的問題。凡此種種似是而非的盲點，陽明進一步提出「拔本塞源論」的主張，乃痛加針砭世風的弊端，不外乎桎梏於「功利之心」、「功利之習」，乃至於「功利之毒」的憂患，良知心學正是掃蕩這些心腹大患的檄文：

　　　　聖人之學日遠日晦，而功利之習愈趨愈下；其間雖嘗替惑於佛、
　　　　老、而佛、老之說卒亦未能有以勝其功利之心；雖又嘗折衷於群
　　　　儒，而群儒之論終亦未能有以破其功利之見。蓋至於今，功利之毒

〔註70〕余英時《歷史與思想》，時報出版，第 132 頁。

淪浹於人之心髓，而習之以成性也，幾千年矣。相矜以知，相軋以勢，相爭以利，相高以技能，相取以聲譽，……記誦之廣，適以長其傲也；知識之多，適以行其惡也；聞見之博，適以肆其辨也；辭章之富，適以飾其偽也。是以臯、夔、稷、契所不能兼之事，而今之初學小生皆欲通其說，究其術。其稱名僭號，未嘗不曰吾欲以共成天下之務，而其誠心實意之所在，以為不如是則無以濟其私而滿其欲也。〔註71〕

相矜以知，相軋以勢，相爭以利，相高以技能，相取以聲譽的現象，就算是有心希聖希賢者，在此一感受上也不得不有蒼茫虛無之慨。心靈之層翳，積弊深矣：陽明進一步鋪陳這些體制內人心異化的學風，乃有訓詁之學，而傳之以為名，有記誦之學，而言之以為博，有辭章之學，而侈之以為麗。造成有心受教者，目擊萬徑千蹊，莫知所適。更諷刺世之學者置身其中「如入百戲之場，讙謔跳踉、騁奇鬥巧、獻笑爭妍者，四面而競出，前瞻後盼，應接不遑，而耳目眩瞀，精神恍惑，日夜遨遊淹息其間，如病狂喪心之心，莫自知其家業之所歸。」病證實已深〔註72〕

「贅疣枘鑿」的困境，正是陽明正視人心混亂局面的喟嘆！因此羅列了為學者普遍表現格格不入的症侯，實為一張心焚如火的浮世繪，此一病況的詳實鋪陳，正是作為希聖希賢者「拔其根本，塞其病源」的進路，方能在教育上批導正軌，順勢啟蒙；陽明擅於「因材施教」辯証論治的效驗，也正是緣此而來，他認為君子養心之學，如良醫治病，隨其虛實寒熱，而斟酌補泄之，要在去病而已。初無一定之方，必使人人心悅誠服才能到位。莫若且就其力量之所可及者，誘掖勸之。〔註73〕教學與醫學的道理一致，都是以探究其病灶，施以良方，逐漸消解凡人在「人己之分，物我之間」的偏見，以復見心體之大端。如此一來「聞見之雜」、「記誦之煩」、「辭章之靡濫」、「功利之馳逐」的病源，才能在明心見性的原則下，拔其根本，並塞其病源，同時側就每個人的性分質具，因人而施之，各成其材而同歸於善：

〔註71〕王陽明《傳習錄》，金楓出版社，第104、105頁，並見於《王陽明全書(一)》，正中書局。

〔註72〕王陽明《傳習錄》，金楓出版社，第104、105頁，並見於《王陽明全書(一)》，正中書局。

〔註73〕分見於《王陽明全書·年譜》卷I。《王陽明全書·書錄》與楊仕鳴之二，正中書局。

聖人不欲人人而聖之乎？然而質人人殊，故辨之嚴者，曲之致也，
是故或失則隘，或失則支，或失則流矣。是故因人而施者，定法矣；
同歸於善者，定法矣。因人而施，質異也；同歸於善，性同也。夫
教，以復其性而已，由堯舜而來，未之有改，而謂無定乎？〔註74〕

因此「講會」制度的安立，即是陽明教法具體的傳習場域，師友皆因希聖希
賢共組「同志之會」，並在「刊落」聲華以及「歸本」良知宗旨的要求下，師
生之間在思辨的功夫進境上，也更見嚴肅與精微，書院講會中的紀錄，可以
見其成果：

先生鍛鍊人處，一言之下，感人最深。一日，王汝止出遊歸，先生
問曰：「遊何見？」對曰：「見滿街人都是聖人。」先生曰：「你看滿
街人是聖人，滿街人到看你是聖人在。」又一日，董蘿石出遊而歸，
見先生曰：「今日見一異事。」先生曰：「何異？」對曰：「見滿街都
是聖人。」先生曰：「此亦常事耳，何足為異？」蓋汝止圭角未融，
蘿石恍然見有悟，故問同答異，皆反其言而進之。〔註75〕

先師講學山中，一人資性警敏，先生漫然視之，屢問不答；一人不
顧非毀，見惡於鄉黨，先師與之語，竟日忘倦。眾疑而問焉，先師
曰：「某也資雖警敏，世情機心，不肯放舍，使不聞學，猶有敗露
悔改之時，若又使之有聞，見解愈多，趨避愈巧，覆藏愈密，一切
圓融智慮，為惡不可覆悛矣；某也原是有力量之人，一時狂心銷
遏不下，今既知悔，移此力量為善，何事不辦？此待兩人所以異
也。」〔註76〕

滿街究竟誰是聖人？師生間的機鋒問難，由猶如禪門之參解公案；如何在每
一個特殊的當下，應機立教，實為一番教育的藝術；陽明鍛鍊學人處，需要
準確掌握學人才性與盲點的捏拿，才能適切的給予觀念的強化抑或警策之
功。前述所謂「逆覺體證」的工作，方能在「理一分殊」的實踐中，有效地
調適上遂，此誠「格物致知」的宏旨，仰賴於教學歷程中的遍潤及裁成。
他也格外要求「切近人情」的傳習，而非規範式的傳授，「好為人師」者當深
戒之：

〔註74〕《王陽明全書・書錄》文錄，卷三，別王純甫序，正中書局。
〔註75〕王陽明《傳習錄》，金楓出版社，並見於《王陽明全書（一）》，正中書局，第
　　　　218頁。
〔註76〕黃宗羲《明儒學案》，姚江學案，里仁書局。

　　洪與黃正之、張叔謙、汝中，丙戌會試歸，為先生道途中講學，有
　　信有不信，先生曰：「你們拏一箇聖人去與人講學，人見聖人來，
　　都怕走了，如何講得行？須做得箇愚夫愚婦，方可與人講學。」
　〔註77〕

書院講會之所以能夠將精深的學理，普及於民間，並與科舉與官學的體制相
抗衡，不外乎切近人情，洞悉民意，方能循循善誘。先求同理心的感通互動，
再遞進導向良知心學本原，「且須隨機導引，因事啟沃，寬心平氣，以薰陶之。
俟其感發興起，而後開之以說，是故為力易，而收效薄，不然將有扞格不勝
之患，而且為君子愛人之累。」此為陽明教學上的要領，方能有效針砭前述
的世風與教化陸沉的病灶。

　　陽明心學固然常保家國與學道的憂患意識，卻以其磊落直截的風格，參
贊天理的遍在流行，遠非一般儒者鎮日敬畏慎獨，或孤懸於天理人欲之辨。
乃謂「君子之所謂灑落者，非曠蕩放逸之謂也，乃其心體不累於欲，無入而
不自得之謂耳。夫心之本體，即天理也。天理之昭明靈覺，所謂良知也。君
子戒懼之功，無時或間，則天理常存；而其昭明靈覺之本體，自無所昏蔽，
自無所牽擾，自無所歉餒愧怍；動容周旋而中禮，從心所欲而不踰，斯乃所
謂真灑落矣。孰謂敬畏之心反為灑落累耶？」〔註78〕是以希聖希賢的灑落乃
出乎天理之常存，天理則常存於戒慎恐懼之無間，良知本體的瑩徹當能貞定
吾心的體用，而能從心所欲而不踰矩。像這樣一路遮撥提撕的功夫，即是其
「破山中之賊易，破心中之賊難」的體會，唯能痛下「拔本塞源」的工夫，
人心桎梏之病灶，才能迎刃而解，誠如陽明自信：「蓋其元氣充周，血脈調暢，
是以痒痾呼吸，感觸神應，有不言而喻之妙，此聖人之學所以至易至簡，易
知易從，學易能而才易成者，正以大端唯在復心體之同然，而知識技能非所
與論也。」

　　「持志如在心痛」，正是他力行實踐的寫照，一者以去蔽除病，二
　　者乃成就德性，陽明以人師之心，對於講會學者念茲在茲，特以昔
　　時孔子在陳為鑑「世之學者，沒溺於富貴聲利之場，如拘如囚，而
　　莫之省脫。及聞孔子之教，始知一切俗緣，皆非性體，乃豁然脫

〔註77〕王陽明《傳習錄》，金楓出版社，第219頁，並見於《王陽明全書（一）》，正
　　　中書局。
〔註78〕《王陽明全書》年譜，五十三歲中載記，正中書局。

落。」唯有積極實踐以入於精微，則能思歸以裁之，使入於道耳。

他更鼓舞諸君講學，正好精詣力造，以求至於道，無以一見自足，

而終止於狂也。直是用意良苦也。〔註79〕

陽明格外珍惜希聖希賢的「同道難求」，「良知」宗旨的闡揚雖是本自俱足，「何思何慮」，卻仍須以「終日乾乾，對越在天詳見」的工夫，方能在寂樂交融中，以萬物一體為心為仁，而不止於佯狂疏略，枉失逆覺體證之功。總括而言，吳蘭認為所謂的「良知」，含括兩種力行實踐的教育哲學功夫：

▲其一，是由簡易真切處著手。

▲其二，是將理論與事實打成一片，由此一貫道理上著眼著手。

前者乃迥異於程朱派理學「格物窮理」，傾向橫攝型態的教法；著重在入手處的勘定上主張「知行本一」，固能謂「知之真切篤實處即是行，行之明覺精察處即是知，知行工夫，本不可離」，無論是靜坐工夫，或選擇科舉官宦，或專注學術，不患妨功，惟患奪志。知行一貫，即便是灑掃應對，也能達到精義入神的理境。〔註80〕

如斯簡易而直截的宗風，黃宗羲在《姚江學案》中亦斷言「在儒釋之辨，明道尚泛調停，至先生始一刀截斷。僕近時與朋友論學，惟說立誠二字。殺人須就咽喉上著刀，吾人為學當從心髓入微處用力，自然篤實光輝，雖私慾之萌，真是紅爐點雪，天下之大本立矣。」

第二個向度更是陽明心學所以披靡有明一代，直指人心的魅力所在。吳蘭認為所謂的實踐功夫，必是「隨事隨物，去精察天理」，即使日用之間，見聞酬酢，雖千頭萬緒，莫非良知之發用流行。乃徹首澈尾，自始學以至於聖人之工夫矣。綜上所述，陽明之教學，乃由人事上磨鍊，而體驗真知；由自然中涵養，而存人養心，使萬世萬物不外吾心，是以學習不會盲目，工夫不致白費。其施教也久，其鍛鍊也深，終致收斂自如，誠是「洪爐點雪，一滴

〔註79〕陽明自江西歸越，學徒來自四方。中秋之夜，陽明設席，宴門人於天泉橋。
　　　　飲酒半酣，歌聲漸動。久之，或投壺聚算，或擊鼓，或泛舟。陽明見諸生興
　　　　致熱烈，乃退而作詩二首：
　　　　萬里中秋此月明　四山雲靄忽然生　須臾濁霧隨風散　依舊青天此月明
　　　　肯信良知原不昧　從他外物豈能攖　老夫今夜狂歌發　化作鈞天滿太清
　　　　處處中秋此月明　不知何處亦群英　須憐絕學經千載　莫負男兒過一生
　　　　影響尚疑朱仲晦　支離羞作鄭康成　鏗然舍瑟春風裡　點也雖狂得我情
　　　　《王陽明全書》年譜，五十三歲中載記，正中書局。
〔註80〕黃宗羲《明儒學案》，里仁書局，第 184～185 頁。

便化」的境界〔註81〕

縱觀陽明書院講學的使命，誠然是滿腔希聖希賢的熱望：

> 所幸天理之在人心，終有所不可泯，而良知之明，萬古一日，則其
> 聞吾拔本塞原之論，必有惻然而悲，戚然而痛，憤然而起，沛然若
> 決江河，而有所不可禦者矣。非夫豪傑之士，無所待而興起者，吾
> 誰與望乎？〔註82〕

拔本塞源之論，是陽明蒿目時艱，憂國憂民下的吶喊，也與他在親民哲學的
社會教育理念密切印證。觀其平諸寇、擒宸濠、征思田的赫赫事功，審其用
心並不只於平亂，畢竟收拾亂局僅止於治標的手段，如何收拾潛在亂局之下
的人心，才是他真正關切的焦點。陽明自四十六歲至贛始，每征一役，每平
一鄉，或行牌法，或立兵符，或舉鄉約，或立社學，在在莫不以發揚其社會
教育，期許以夏變蠻的過化之道，方能播揚聖學之全功。吳蘭認為他在興建
社學上的貢獻至鉅，例如正德十三年陽明平定南贛諸寇，即於四月班師，立
學社於其地；嘉靖七年二月，陽明亦於思州平定後，主張興建思田學校，但
瘡痍逃竄，尚無受廛之民，即欲建學，亦為徒勞；然而風化之原，又不可遲
緩。乃建議改田州學府；同年六月，陽明又主張興建南寧學校等文教舉措。
〔註83〕可見他結合心理建設，以強化許多具體的建設，試圖杜絕亂事根源之
用心良苦。

親民哲學的用意，不僅實踐了《大學》中「與萬物為一體」，「明明德以
親民」的精神，更重要的在於陽明以「新民」詮釋親民的義理向度，觀其〈與
南寧學校記〉：

> 欲求風俗之美，其可得乎？況茲邊方遠，土夷錯雜，頑梗成風，有
> 司徒具刑驅勢迫。是謂以火濟火，何益於治？若教之以禮，庶幾所
> 謂小人學道則易使矣。……仰南寧府官吏，即便館穀陳生於學舍於
> 各學諸生之中，選取有志習禮及年少質美者，相與講解演習，自此
> 諸生得於觀感興起，砥礪切磋，修之於其家，而被之於里巷，達於
> 鄉村，則邊徼之地，遂化為鄒魯之鄉，亦不難矣。〔註84〕

〔註81〕吳蘭《王陽明教育哲學之探討》，中華書局，第230頁。

〔註82〕王陽明《傳習錄》，金楓出版社，第105頁，並見於《王陽明全書（一）》，正
中書局。

〔註83〕吳蘭《王陽明教育哲學之探討》，中華書局，第231～232頁。

〔註84〕《王陽明全書‧年譜》，正中書局，第156、157頁。

吳蘭則認為此一社教原理，能夠作為一種普及教育，興辦社學，不僅在訓飭人民子弟，還要化喻其父兄；不僅督促兒童，還要童生之家隨時以教訓子弟；不僅興辦一社學，舉凡每次征戰，則必立社學於其地。是以陽明之社會教育，已與家庭教育、學校教育、國防教育打成一片。而社學之推行責任，並由官府主之，人民戶習詩書，經費用度皆由官府供給；社學教師，以學術明正，行止端方者為合格，由官府量行支給薪水以資勸苦；入學童生，選取民間俊秀子弟，教學內容尤在致力於德行心術之本。如此必可普設於邊疆、鄉村、城市，成為一種普及之教育。〔註85〕

　　此一社教以化喻鄉民之原理，誠是所謂的「新民」，稟承陽明書院教育中「標本並治」的特質，也是他在布署謀畫的信念「莫倚謀攻為上策，還須內治是先聲」的主張。凡此皆可視為廣義的「拔本塞源」論，乃在於進一步揭示「為學本原」的理念，唯有本原的一體呈露，無所罣礙，格物致知等功夫，才能積漸薄發，盈科後進「源頭既清，波瀾自闊」。此一本原，即是「致良知」教的「良知良能」者也，陽明立教的歷程，何以在探勘「朱子晚年定論」以及「大學古本」、「大學問」等義理上有所堅持，大旨皆在以豁顯為學本原，奠定文化人格在本質上不為人惑的「定盤針」，陽明並為此一耿耿本懷，賦詩自解：

> 人人自有定盤針　萬化根源總在心
> 卻笑從前顛倒見　枝枝葉葉外頭尋
> 無聲無臭獨知時　此是乾坤萬有基
> 拋卻自家無盡藏　沿門持缽效貧兒

為學本原的貞定，理應是教育家的教學根據所在，固然可以形諸於確立為學規、會約、以及講義傳習；然而陽明首重在於師生之間的問難精神，採行「啟發真性」以及「反求諸己」的兩面手法，並充分吸收佛老諸家明心見性的底蘊，屆此提撕警覺，理論與功夫遂能打成一片：

> 孟源有自是好名之病，先生屢責之。一日，警責方已，一友自陳日來功夫請正，源從傍曰：「此方是尋著源舊時家當。」先生曰：「爾病又發。」源色變，議擬欲有所辦，先生又曰：「爾病又發。」因喻之曰：「此是汝一生大病根。譬如方丈地內，種此一大樹，兩露之滋，土脈之力，只滋養得這箇大根。四傍縱要種些嘉穀，上面被此

〔註85〕吳蘭《王陽明教育哲學之探討》，中華書局，第204頁。

樹葉遮覆，下面被此樹根盤結，如何生長得成？須用伐去此樹，纖根勿留，方可種植嘉種。不然，任汝耕耘培墾，只是滋養得此根。」〔註86〕

學子置身在此一情境中，拔本塞源或刊落聲華，當下的啟發化力至深。「啟發真性」乃相應於「因材施教」的原則而來，同以「人人皆可為堯舜」的希聖希賢之旨，作為前提；再者「啟發式」教學，又為孔子以來儒門教學的傳統，陽明以良知自性圓足，進行點化人心的工作，自是親切而雋永。「學問也要點化，但不如自家解化者一了百當。不然點化許多不得」，此為陽明的直截批示，所以學者不論是及門高足，抑或講會、社學中的愚夫愚婦，其理皆一。例如針對門人高足錢德洪與王畿的棒喝，亦不留情面：

洪與畿會試歸，為先生道途中講學，有信有不信。

洪又言：「今日要見人品高下最易。」先生曰：「何以見之？」對曰：「先生譬如泰山在前，有不知仰者，須是無目人。」先生曰：「泰山不如平地大，平地有何可見？」先生一言翦裁，剖破終年為外好高之病，在座者莫不悚懼。〔註87〕

又如針對教外眾生之立教或聽訟，也是以真性的坦露為要津：

鄉人有父子訟獄，請訴於先生，侍者欲阻之，先生聽之。言不辭終，其父子相抱慟哭而去。柴鳴治入問曰：「先生何言？致伊感悔之速。」先生曰：「我言舜是世間大不孝的子，瞽瞍是世間大慈的父。」鳴治愕然請問。先生曰：「舜常自以為大不孝，所以能孝；瞽瞍常自以為大慈，所以不能慈。瞽瞍只記得舜是我提孩長的，今何不曾豫悅我？不知自心已為後妻所移了，尚謂自家能慈，所以愈不能慈。舜只思父提孩我時，如何愛我，今日不愛，只是我不能盡孝，日思所以不能盡孝處，所以愈能孝。及至瞽瞍底豫時，又不過復得此心原慈的本體。所以後世稱舜是箇古今大孝的子，瞽瞍亦做成箇慈父。」〔註88〕

這些感人至深的例證，在陽明講會中俯拾皆是。無論是論道或棒喝，都能相應於前述他在「天泉證道」四句教中，強調為上根人立教，以及中下根者入

〔註86〕王陽明《傳習錄》，金楓出版社，並見於《王陽明全書（一）》，正中書局。

〔註87〕王陽明《傳習錄》，金楓出版社，第219頁，並見於《王陽明全書（一）》，正中書局。

〔註88〕王陽明《傳習錄》，金楓出版社，並見於《王陽明全書（一）》，正中書局。

道的理念，也誠為儒家思想根植於民間，立足於民間的客觀化型態，而不再自限於士大夫階層與師生內向傳習的進路。

> 良知良能真誠惻怛，即是心靈學問的當體坦露；陽明畢其一生，政敵、學敵之多，謗議、殺機之眾，遠非常人所能想像。「數年以來，聞其說而非笑之者有矣，詆訾者有矣，置之不足較量辨議之者有矣，其肯遂以教我乎？其肯遂以教我，而反覆曉諭，惻然惟恐不及救正之乎？」〔註89〕但在他觀來，皆能作為啟益多方的良機，專注體會以立修養根砥，尤其是以「講學」從事思想運動者，關鍵著其人信仰與開創的學說，是否果真能「臨事而驗之」？「反求諸己」的強調，遂為陽明身教的表現，也確立了人統教育哲學中，除了希聖希賢的宗旨之外，另一項重要的精神指標：「君子之學，務求在己而已。毀譽榮辱之來，非獨不以動其心，且資之以為切磋砥礪之地。故君子無入而不自得，正以其無入而非學也。」〔註90〕

陽明深諳人情世故的弱點，坦誠吾人有過，多於過上用功，就是補甌，其流必歸於文過，是則去道日遠，而非正學；孟子所言「集義」、「求放心」的宏旨，在陽明觀來，更是深切著明。因為「反求諸己」，故能「力行實踐」，學問與人生格局自是開闊，不假外求。是以治標治本並濟，收效即速，而能奠立人統的精神。在「為學本原」的理想規劃上，尤其難能可貴者，陽明一如朱熹，在教育哲學中同樣重視「啟發童蒙」的價值。畢竟一番學理是否能首尾貫徹，且影響深遠，教育家對於社會乃至於兒童教育的器識，正是其學說能否永續延展的關鍵。陽明的「訓蒙大意」等，並與其社教原理並行不悖，更遠出乎朱熹既有的規模。在陽明平南贛諸寇後，立即於當地興辦社學，並發揮其良知心學的獨到見解，乃有「訓蒙大意」、「教約」諸篇，以示教讀劉伯頌及其父兄子弟；認為今教童子；必使其趨向鼓舞，中心喜悅。譬如時雨春風，霑被卉木，莫不萌動發越，自然可達到日長月化的效驗：

> 其栽培涵養之方，則宜誘之歌詩，以發其志意；導之習禮，以肅其威儀；諷之讀書，以開其知覺。……故凡誘之歌詩者，非但發其志意而已，亦所以洩其跳號呼嘯於詠歌，宣其幽抑結滯於音節也；導

〔註89〕王陽明《傳習錄》，金楓出版社，第137頁，並見於《王陽明全書（一）》，正中書局。

〔註90〕《王陽明全書二‧書錄》答友人，正中書局。

之習禮者，非但肅其威儀而已，亦所以周旋揖讓，而動盪其血脈，
拜起屈伸，而固束其筋骸也；諷之讀書者，非但開其知覺而已，亦
所以沈潛反復而存其心，抑揚諷誦以宣其志也，凡此皆所以順導其
志意，調理其性情，潛消其鄙吝，默化其麤頑，日使之漸於禮義而
不苦其難，入於中和而不知其故，是蓋先王立教之微意也。〔註91〕

他認為如何在童蒙教育中，不一味地課以呆板的道德教條，或是記誦詞章，
致使學校如囹獄，並且壓抑性靈，甚且造成日後誤解教育本質的後果。此文
揭示了書院講會之兒童教育觀點，陽明的剖析，一如其心學的體物微芒，「蒙
以養正」之功，非得如實下貫，否則形塑成人教育之「惡性循環」，永遠是社
會問題的沉痾所在。除此之外，陽明又有具體性的「教約」規劃；分別就前
述理念，加以引伸入書院的學童生活與作息之間。他不只像朱熹在小學中教
還童以具體之「事」，更提醒人師需以心學的「原理」為引導方法，使學童能
在日起有功之中，體會箇中道理，如此安排的學習，才能從容有味，書院講
會教約大意為：

▲ 凡歌詩需要整容定氣，清朗其聲音，均審其節調，毋躁而急，毋
蕩而囂，毋餒而懾。久則精神宣暢，心氣和平矣。每學量童生多
寡分為四班。每日輪一班歌詩，其餘皆就席斂容肅聽。每五日則
總四班遞歌於本學。每朔望集各學會歌於書院。

▲ 凡習禮需要誠心由肅慮，審其儀節，度其儀節，度其容止，毋忽
而惰，毋沮而怍，毋徑而野，從容而不失之迂緩，脩謹而不失之
拘局。久則禮貌習熟，德性堅定矣。童生班次皆如歌詩。每閒一
日則輪一班習禮，其餘皆就席斂容肅觀。習禮之日，免其課倣。
每十日則總四班遞習於本學。每朔望則集各學會習於書院。

▲ 凡授書不再徒多，但貴精熟。量其資稟，能二百字者只可授以一
百字，常使精神力量有餘，則無厭苦之患，而有自得之美。諷誦
之際，務令專心一致，口誦心惟，字字句句紬繹反覆，抑揚其音
節，寬虛其心意，久則義理浹治，聰明日開矣。

▲ 每日工夫，先考德，次背書誦書，次習禮或做課倣，次復誦書講
書，次歌詩。凡習禮歌詩之數，皆所以常存童子之心，使其樂習

〔註91〕王陽明《傳習錄》，金楓出版社，第157頁，並見於《王陽明全書（一）》，正
中書局。

不倦，而無暇及於邪僻。教者如此，則知所施矣。雖然，此其大
略也；神而明之，則存乎其人。〔註92〕

此一教法不僅適用於童蒙，更可落實於書院教育，其中貫注的，是陽明在長
期教學的心得，乃是以希聖希賢的經典、規約與境教複合的文化人格養成為
其理想。王門後學中，又以羅近溪格外看重赤子良心，以及李贄的童心說，
確乎是陽明童蒙教育的發皇代表。而且由童蒙入手，在教育哲學上，即可有
還原性、普遍性與改良性的特點，確乎是教育實踐上重要的向度。

　　綜觀王陽明在書院教育上的啟迪與格局，最為雋永的特點，筆者認為有
兩個教育哲學上的意涵：其一為「思想的藝術」，其二為「生命的美學」。

　　例如《傳習錄》中有一段與薛侃師生問答的記載，甚具啟發的趣味：

侃去花間草，因曰：「天地間何善難培，惡難去？」

先生曰：「未培未去耳。」少間，曰：「此等看善惡，皆從軀殼起念，
便會錯。」

侃未達。

曰：「天地生意，花草一般，何曾有善惡之分？子欲觀花，則以花為
善，以草為惡；如欲用草時，復以草為善矣。此等善惡，皆由汝心
好惡所生，故知是錯。」

曰：「然則無善無惡乎？」

曰：「無善無惡者理之靜，有善有惡者氣之動。不動於氣，即無善無
惡，是至善。」

……

曰：「去草如何是一循於理，不著意思？」

曰：「草有妨礙，理亦宜去，去之而已。偶未即去，亦不累心。若著
了一分意思，即心體便有貼累，便有許多動氣處。」

曰：「然則善惡全不在物。」

曰：「只在汝心，循理便是善，動氣便是惡。」

曰：「畢竟物無善惡。」

〔註92〕王陽明《傳習錄》，金楓出版社，第 159 頁，並見於《王陽明全書（一）》，正
　　　　中書局。

曰：「在心如此，在物亦然。世儒惟不知此，舍心逐物，將『格物』之學錯看了，終日馳求於外，只做得箇『義襲而取』，終身行不著，習不察。」

曰：「如好好色，如惡惡臭，則如何？」

曰：「此正是一循於理，是天理合如此，本無私意作好做惡。」

曰：「如好好色，如惡惡臭，安得非意？」

曰：「卻是誠意，不是私意。誠意只是循天理。雖是循天理，亦著不得一分意。固有所忿懥、好樂，則不得其正；須是廓然大公，方是心之本體。如此，即知『未發之中』。」

伯生曰：「先生云：『草有妨礙，理亦宜去。』緣何又是軀殼起念？」

曰：「此須汝心自體當。汝要去草，是什麼心？周茂叔窗前草不除，是什麼心？」〔註93〕

在此一論辯的正反遮撥過程中，師生間的機鋒橫生，卻又親切感人，此誠為陽明一慣的風格；從容餘裕之中，宋明理學的火花，其實正是植根於思想的藝術，不僅相異於今日的哲學教育，也讓文化人格的層境有所正面的開展。林語堂認為一個成功的思想，必須具備「回向常識」「切乎人情」的特點。

「『近情』在實際上比合於邏輯更為人所重視。Reasonableness 這個字，中文譯做『情理』，其中包括著『人情』和『天理』兩個原素。『情』代表著可以活動的人性原素，而『理』則代表著宇宙之萬古不移的定律。」一個有教養的人就是一個洞悉人心和天理的人。儒家藉著和人心及大自然的天然程式的和諧的生活，自認可以由此成為聖人者也不過是如孔子一般的一個近情的人，而人所以崇拜他，也無非因為他有著坦白的常識和自然的人性罷了。〔註94〕

他的喟歎，其實也和王陽明在「拔本塞源論」中相去不遠；如何不為人惑，又能具備膽識，並且一切的思索皆能以人情為本源，以「人」為主題；王陽明不僅前承朱熹，對於書院人統教育哲學的開展上，更能以其過人的學思及閱歷，完成了文化人格在「品格」、「意志」、「氣度」三個層面的會通，余秋

〔註93〕王陽明《傳習錄》，金楓出版社，第 59 至 62 頁，並見於《王陽明全書（一）》，正中書局。

〔註94〕王陽明《傳習錄》，金楓出版社，第 411～412 頁，並見於《王陽明全書（一）》，正中書局。

雨對此有他的定評：

> 王陽明是無可置疑的軍事天才，為了社會和朝廷的安定，他打過起
> 義軍，也打過叛軍，打的都是大仗，從軍事上說都是獨具謀略、嫺
> 於兵法、乾脆俐落的漂亮動作，也是當時全國最重要的軍事行為。
> 明世宗封他「新建伯」，就是表彰他的軍事貢獻。……王陽明一生指
> 揮的戰鬥正義與否，他的哲學觀點正確與否都可以討論，但誰也不
> 能否定他是一個特別強建的人，我為他驕傲首先就在於此。能不能
> 碰上打仗是機遇問題，但作為一個強健的人，即便不在沙場，也能
> 在文化節操上堅韌得像個將軍。我在王陽明身上看到了一種楷模性
> 的存在。〔註95〕

這三大文化人格層面上的工夫進境，陶鑄了健全的「人統」精神向度，允為
中國書院在生命學問上的主軸，也確立為「學統」和「事統」的精神淵源。
同時由他個人才質稟賦開啟的文化人格審美意涵，顯然已非魏晉才性與玄
理一格所能圍限，也不是服膺於「存天理、去人欲」的醇儒向度；而是體
現在不斷探勘吾人的根源性歸宿，以及終極性關懷的健全視觀下，貞定了
陽明心學的價值體系，賦予了書院在道德自覺，以及文化人格審美層境上的
典範。

第二節　「人統」教育哲學的主要表現特點

朱熹與王陽明前後兩大思想家，在儒學經世的踐履上，共同選擇以創辦
書院一途，開啟了文化人格理想的陶鑄使命，此一文化人格即是以「希聖希
賢」的宗旨，鼓舞了學人正視著以人為本，如何在天理流行的體悟當中，將
吾人的「心體」與「性體」如實的貞定；不僅解決了中國傳統文人的「仕」
與「隱」糾葛情結，書院家們開出了一道學術獨立、講學自由，以及經濟獨
立的名山事業。不僅如此，面對科舉與官學的體制，以及世俗習氣支配人心
的處境下，書院家「內向」地發現人心的規律，擴充了本性的格局，並且也
「外向」發現了宇宙觀的理境，以及生活中的格物窮理，在在都寓有鳶飛魚
躍的啟發與創造。

歷代書院家往往以辨證論治的精神，開展百家爭鳴的教育哲學；同時通

〔註95〕余秋雨《山居筆記》，爾雅出版社，第 202～204 頁。

過書院教育的機制，完整提供了一套由格物致知，到修身、齊家、治國、平天下的經世軌則，有別於佛、道二家的獨善其身，慨然以講明正學作為責無旁貸的志業。在長期的潛移默化之中，「書院」這座純然道地的文化庭院，千百年來，始終迴盪在中國的山川物色之間，洋溢著無比殷切的人間關懷。

一、人格理想的思辨與提撕

書院教育看重的是整體人格的健全與均衡，因此在思索人生安身立命的課題時，他所要對治與啟發的盲點，其實都是一體兩面，因人制宜，務使人心的正軌能夠返璞歸真。所以不立偶像、不假神蹟、不論輪迴、直心即是，簡易直截而深具影響力。

歷代書院教學中，最主要申論的幾大關目，不外乎「義利問題」、「事功問題」、「道統問題」、以及「舉業問題」，並以此提綱挈領，延展而有許多學習範疇的探討。這四大最為喫緊的關目，此誠儒家在希聖希賢理念上的主要路數，亦為教育實踐中，每每強調基本功與「入手處」的重要；否則一意地歸咎於外緣現象的局限，將如何有效安頓人心無從掛搭的困惑？

才氣磅礡，見識高卓的陸象山，先後講學於白鹿洞書院與象山精舍〔註96〕，即是書院史上一位頂天立地的人物，他的心學主張不僅直承孟子，並且以希聖希賢之心，興復人統本源為期許，他所謂「夫子以仁發明斯道，甚言渾無罅縫，孟子十字打開，更無隱遁。」已然有豪傑荷擔天下的器識。他的書院講學，即以「大人之學」為總綱，無所依傍，在南宋學派紛競之中，儼然自樹一格。並且以「心即理」的原儒本色，成就最為人稱道的教育哲學：

> 初讀論語，即疑有子之言支離。他日讀古書，至宇宙二字，解者曰：「四方上下曰宇，往古來今曰宙。」忽大省曰：「宇宙內事乃己分內事，己分內事乃宇宙內事。」又嘗曰：「東海有聖人出焉，此心同也，此理同也；至西海南海北海有聖人出，亦莫不然。千百世之上，有

〔註96〕陸九淵，字子靜，號存齋，又號象山翁，學者稱象山先生，金谿人。乾道進士。他曾提出「心即理」說，以「心」為宇宙萬物的本源，嘗言：「宇宙便是吾心，吾心即是宇宙」。並以「發明本心」為修養方法，主張「存心、養心、求放心」，以保養「人所固有」的「此心之良」。由他所創立的學派被稱為「心學」或象山學派。他於淳熙八年曾應朱熹所請，講學於白鹿洞書院，後又於奉祠閑居時，講學於象山精舍。著作有《象山先生全集》。詳見樊克政《中國書院史》，文津出版社，第70頁。

> 聖人出焉，此心同也，此理同也；至於千百世之下有聖人出，此心
> 此理亦無不同也。」〔註97〕

同樣的希聖希賢宗旨，象山之學格局自是非凡，亦能直探為學本原，鼓舞人
心。此一思致，顯然與一般醇儒格物窮理之說，或者謹守師道的進路不同，
也與朱子一系書院中看重「克己復禮」的信持有別；他認為「己」之未克，
雖自命以仁義道德，自期以可至聖賢之地者，還只是一私之見，〔註98〕實為
發聾啟瞶的棒喝。他在書院教育中，每每以「發明本心」，擺落陳俗為要，故
有「六經注我」而非「我注六經」的主張。所以經典與讀書之事，在他的體
會中，純然視為經驗與理論彼此印証的功夫，而非一味地在章句字義中打轉，
脫略經典啟發本心的核心價值。

　　象山與朱子並於南宋淳熙二年，進行著名的「鵝湖之會」，陸氏即有一則
暢談易經卦義的詮解，一氣呵成，他將「復」、「履」、「謙」、「困」等九卦之
序列與義理精髓，賦予人統教育哲學的視觀，十分了當，其義為：

> 蓋履之為卦，上天下澤。人生斯世，須先辦得仰乎天地，而有此一
> 身，以達於所履。
>
> 謙則精神渾收聚於內，不謙則精神渾流散於外。惟能辦得吾一身、
> 所以在天地之間、舉錯動作之由，而收歛其精神，使之在內而不在
> 外，則此心斯可得而「復」矣。
>
> 次之以常固，又次之以損益，又次之以困。蓋本心既復，謹始克終，
> 曾不少廢，以得其常，而至於堅固。私欲日以消磨而為損，天理日
> 以消磨而為損，天理日以澄瑩而為益。雖涉危蹈險，所遭多至於困，
> 而此心卓然不動。然後於道有得，左右逢其原。如鑿井取泉，處處
> 皆足。
>
> 蓋至於此，則順理而行，無方纖毫透漏。如巽風之散，無往不入。
> 雖密房奧室，有一縫一罅，即能入之矣。〔註99〕

將此卦序與卦德彼此涵蘊的大義，一經揭出，鵝湖在座如呂祖謙、朱熹等人
莫不推服，不僅一掃易學象數的理障，乃復歸於道德自覺與工夫進境的易之
本原。象山特重人在天地之間的「三才」位址，實以其自身的修養為証，誠

〔註97〕《宋史》卷四三四，「陸九淵傳」。
〔註98〕陸九淵《象山先生全集》卷一，台灣商務。
〔註99〕陸九淵《象山先生全集》年譜，台灣商務，第497頁。

如程顥所謂「天理二字，實自家親切體証而來。」在鵝湖會后的另一場會講中，他即應朱子之邀，在白鹿洞書院開宗明義地昌言「義利之辨」，作為學人辨志與持治學的提撕警策；此章大義乃由論語中「君子喻於義，小人喻於利」一節，引申而來。

> 謂學者於此，當辨其志。人之所喻，由其所習，所習由其所志。志乎義，則所習者必在於義，所習於義，斯喻於義矣。志乎利，則所習者必在於利，所習於利，斯喻於利矣。故學者之志，不可不辨也。科舉取士久矣，名儒鉅公，皆由此出，今為士者，固不能免此，然場屋之得失，顧其技與有司好惡何如耳，非所以為君子小人之辨也。而今世以此相尚，使汩沒於此而不能自拔，則終日從事者，雖日讀聖賢之書，而要其志之所嚮，則有與聖賢背道而馳者矣。〔註100〕

本文乃以「講義」為名，誠以「辨志」作為書院教育中第一德目，唯能審辨為學的動機，才能進一步在學術領域中登堂入室，不致於在「為人之學」或「為己之學」之間有所矛盾。錢穆有謂「心術」乃「學術」之前提，其義也同此。尤其是功名場上，眾聲喧嘩，如何能以積學儲寶之功夫，結合經世濟民之大志，此又為象山提醒學人誠能深思者。本文的揭示，也呼應了朱子白鹿洞學規所謂「博學、審問、慎思、明辨、篤行」之正道，所以此番開講，無異地是為學人滌洗俗心塵垢，無怪乎現場聽講者「當時說來痛快，至有流涕者，元晦深感動，天氣微冷，而汗出揮扇。」之情景；本文講義，並由朱子慎重銘刻於洞中，實為書院人統教育的見證里程。

　　義利之辨的全旨，乃以「辨志」為中心，作為擇術與勵學、修身等德目的起點，簡易直截，古今通理也。義利之辨既已明爽，則於君子、小人大別上的體察必有可觀；儒家重視的正名與節操等信念，也可以在大節上不虧，小節上無疵可舉。這一分疏在書院教育上可謂首要之務，陽明所謂「刊落聲華，是為學人第一義」，東林書院學人推重氣節，劉蕺山的「聖學喫學三關」之「人己關」，即以「義利」為勘過之首端，以及黃宗羲《明夷待訪錄》中推崇「清議」的士子傳統，也是承此而來。

　　由義利之分判，進而有「事功之辨」的向度，此一關目乃傳統儒學中「內聖」與「外王」問題的批導；朱子在白鹿洞學規中，也列舉董仲舒的格言「正

〔註100〕《陸象山先生全集‧語錄》，第 271 頁。

其誼不謀其利，明其道不計其功」，以為「處事之要」。程朱之學，也以恪守內聖之本色為正宗，作為一切實踐之基源，故於「事功」問題上較無申明。然而此一立場，在同時代學者陳亮的永康學派，以及葉水心、陳傅良等人的「永嘉之學」，同以事功作為教學宗旨有別，這一論題尤為陳亮和朱子在論學上彼此爭議不下的關目。陳亮講學於自己所建的龍川書院〔註101〕，在南宋憂患中蒿目時艱，慨然以王伯事功之學，作為激勵學人，經世致用的學風；並與辛棄疾等人唱和，堅持不與金人妥協的激進立場。對於人統精神的信念，他和朱子等時儒也大異其趣，他格外推崇漢唐時期的大氣魄，而不以三代為理想為歷史圖象。是以從淳熙九年，到紹熙四年之間，陳朱兩人書信往返二十餘封，旨在講明事功問題的定奪，〔註102〕不僅彰顯出彼此教育哲學的對壘，在文化人格的陶鑄張本上，也各有所宗。在「天理人欲」的見解上，即批導出人統理念的差異，陳亮重「史」，注重存在人事演變的事實，故謂其事功之學：乃是言「義」，必定有其「利」。其立論直接而剛健，一反理學派「謀義去利」之保守面。〔註103〕

　　然而朱子重「經」，乃以人事原理在本質上的意義，視為人性與事業的理想所在，故推尊「三代」，以抑「漢唐」。此點可視為理學派「究元決疑」的本色，乃重理分觀點的還原，並批導出他對人統教育的看法，實以「性理」之鍛鍊，作為大人之學與英雄豪傑的指歸。朱子也不滿陳亮的「血氣粗豪」表現，希望黜去「義利雙行」，「王霸並用」的主張，粹然以「醇儒」自律。所以他較側重「未發」處的思辨，而以孟子「浩然正氣」之存養，集義式的人格作為心中典範。

　　然而這些立場並非陳亮一無所知，惟其在深體南宋國難未靖，學人多以學理明道為本，而不能凜然與世為體，積極地以規範現實作為訴求，深表遺憾；所以他的豪情氣慨，無疑地是危言貫耳，他的人統教育理念，亦見於與

〔註101〕陳亮原名汝能，字同甫，學者稱龍川先生，永康人。生平關心政事，喜談兵，力主抗金。因受權貴嫉恨，三次被誣入獄。他認為「盈宇宙者無非物」，曾與朱熹多次進行「王霸義利之辨」，並提倡事功之學，注重功利，反對空談心性。以他為代表的學派被稱為永康學派。他曾講學於自己永康所建的龍川書院。著作有《龍川文集》，詳見樊克政《中國書院史》，文津出版社，第 71 頁。

〔註102〕吳春山《陳同甫研究》，台灣大學文學院文史叢刊，第 189 頁。

〔註103〕陳亮《龍川文集》卷二十，〈與朱元晦書第二書〉，百部叢書集成，金華叢書，第 25 頁。

朱子書信：

> 人之所以與天地並立而為三者，非天地常獨運而人為有息也。人不
> 立則天地不能獨運，捨天地則無以為道矣！夫「不為堯存，不為桀
> 亡」者，非謂其捨人而為道也。若謂道之存亡非人所能與，則捨人
> 可以為道而釋氏之言不誣矣。使人人可為堯，萬世皆堯，則道豈不
> 光明盛大於天下？使人人無異於桀，則人紀不可修，天地不可立，
> 而道之廢亦久矣！天地而可架漏過時，則塊然一物也；人心而可牽
> 補度日，則半死半活之蟲也！道於何處而常不息哉！〔註104〕

他以健行不息的信持自勉，並以義利之當然處作為使命，而有「若夫豪傑之
士，雖無文王猶興」的氣度，唯能以此正大的器識，方能盡洗浮翳。天地之
間何物非道，他不採行朱子墨守「道統」上的執見，輕易地將漢唐事功排斥
在外；認為「國之興亡，匹夫有責」，是他在面對當代處境上，彰顯具體理分
的所在，他的大人之學，對於儒門之成規，實寓有恢宏的期許：

> 氣不足以充其所知，才不足以發其所能，守規矩準繩而不敢有一毫
> 走作，傳先民之說而後學有所持循，此子夏所以分出一門而謂之儒
> 也，成人之道宜未盡於於此。故後世所謂有才而無德，有智勇而無
> 仁義者，皆出於儒者之口。才德雙行，智勇仁義交出而並見者，豈
> 非諸儒有以引之乎？故亮以為學者學為成人。而儒者亦一門戶中之
> 大者耳。秘書不教以成人之道，而教以醇儒自律，豈揣其分量，則
> 止於此乎？〔註105〕

此一論証的範疇，顯見成陳朱二家，對於原儒與「理分」的看法上，有著價
值取向上的差別。實已觸及書院中「人統」與「事統」教育哲學之間互為關
涉的層面；陳亮所闡揚的儒門經世向度，隨雖無法與朱子取得共識，卻與清
代顏元推崇實學的書院教旨，即以「三代聖賢，仁者安仁，漢唐豪傑，智者
利仁」的立場一致。〔註106〕

　　其實陳亮所闡發的文化人格理想，實為「儒俠」風度的展現，牟宗三認

〔註104〕陳亮《龍川文集》卷二十，〈與朱元晦書第二書〉，百部叢書集成，金華叢書，
　　　　第20頁。

〔註105〕陳亮《龍川文集》卷二十，〈又甲辰答書〉，百部叢書集成，金華叢書，第14
　　　　頁。

〔註106〕顏元《習齋年譜》卷上，第36頁，丁巳，四十歲時，轉引自吳春山《陳同甫
　　　　研究》，台灣大學文學院文史叢刊，第199頁。

為朱子純以主觀道德論英雄，而不能正視生命之殊異處，而此「殊異處」，不能一概納入血氣一格的貶義，而實有「才性」審美上的旨趣。牟氏即以歷史哲學中「道德判斷」與「歷史判斷」如何綜合調和，方為「生命與理性之統一」，也才為文化人格理想上之圓成。〔註107〕這一剖析甚為重要，書院教育實承宋明理學的開展而來，固然對於「德性」主體甚能把握，而往往於「才性」、「氣性」一環較少抒發，而這正是事功學派至為看重的「知常識變」原則。此一關目在教育哲學上的啟發，自然有其卓越的識見，誠如王陽明的生平與書院教育成果，可作為健全與紮實的典範。

學派之間的各有主張，原本是無可厚非的事實，然而理學的大本源流，自從朱子確立了周張二程以降的「道統」之傳，儼然以正統衛道者自居，對於佛老等異端的斥責，固然可以理解，但是對於儒學中不同陣營的看法，卻多不能欣賞與消融。象山心學固是其勁旅，陳亮等人看重時務的事功之學也備受誤解。道統一立，新儒家在宋元以來，顯然已樹立了他在學術思想史和書院史上的定位，但也在一定程度中，已然有「獨尊程朱，罷黜諸家」的色彩。復以元明兩代，更進一步將四書與朱子一系的性理之學，定為科考及官學的教學內容，使得原本人統理想上的信念，淪為與功利合流，形成理學教育中，長期潛在的盲點。「道統」一義，在其后的書院教育中，乃有了不同的看法與爭議。例如明代的湛若水和王陽明學派，即不以道統為絕對權威之信仰，而以彰明人統，作為講學宗旨；嗣後劉蕺山，黃宗羲等人，更以疏通學統，講明人倫的經世之學，皆可視為道統觀下的反動。「道統之辨」，在人統教育哲學中，即是一大糾結的關目，清代顏元講學於漳南書院，有鑑於宋明書院家，純以講學修身，崇信道統為務，卻不能因應現實，而且有具體主張深以為憾，他認為必須真切地對於所謂的道統，作一批判與還原的工作。特別是他檢討了道統觀束縛之下，學術的多元及活力深受桎梏，實為隱憂：

> 予初從陸王入手，繼見性理、周程張朱之書，……嘗謂周元公真聖人，朱文公真聖人，不惟舉諸口，亦已筆之書。迨讀朱子語錄，有云：「江西頓悟，永康事功。斷卻兩路，方可入道。」遂疑二子必是異端，是時雖有以兩家書進者，必擯而不觀矣。惟戊申（案：康熙七年，1668，三十四歲）遭喪後，忽覺程朱非孔子正派，始思二家書。以朱學大行，二家高閣。求之十餘年，得象山全集於陳大守家，

〔註107〕轉引自吳春山《陳同甫研究》，台灣大學文學院文史叢刊，第 203 頁。

> 得龍川集於蕭扶溝家，乃知趙氏運中，學術原有此三派，皆非孔子
>
> 舊道也。〔註108〕

他並從陳亮之學受制於程朱道統的處境，感觸萬端，憬悟到問題的核心，不當是三代與漢唐的對蹠，應該是揭示三代之治中，應該具有文化人格上健全的一套學術內容，可作為日後經世致用的方針。此係他一貫主張並落實於書院教育的六德、六行、六藝之「實學」教育。〔註109〕後世緣於道統觀的分殊，乃肇因於此一實學的支離分裂；繼而有異端紛起，儒學內部的分裂，徒然治絲益棼，無濟於時。所以他慨然以還原「道統」的本然之傳，作為訴求：

> 以程朱失堯舜以來學教之成法也。何不觀精一之旨，惟堯禹得聞，
>
> 天下所可見者，命九官、十二牧所為而已。…易，天下所可見者，
>
> 王政、制禮、作樂而已。一貫之道，惟曾、賜得聞；及門與天下所
>
> 可見者，詩、書、六藝而已。烏得以天道性命常舉諸口，而人人語
>
> 之哉。〔註110〕

他可以諒解宋儒為何立倡道統的初衷，實乃為爭奪佛老長期支配人心世風的局面，但諸家門戶相爭的結果「徒見其弊，無能易其轍」。明亡的警惕，儒門中人，「愧無半策匡時難，惟餘一死報君恩」或「不背其師有之，有益於世則未」的窘態，甚令他所不齒。他在《存學編》中慨言：「願持道統者，其深思熟計，而決復孔孟以前之成法，勿執平生已成之見解而不肯舍，勿拘平日已高之門面而不肯降，以誤天下后世。」〔註111〕

〔註108〕顏元《習齋記錄》卷六，朱陸三則《顏李叢書》，廣文書局，頁19。

〔註109〕顏元字易直，又字渾然，號習齋，博野人。早年師事吳持明、賈珍，並學醫，學兵法。年二十四，開館授徒。初尊陸王，繼宗程朱。年三十四，依朱熹《文公家禮》為養祖母服喪，深感其有違人情，從此轉而批判程朱。認為《大學》「格物致知」之「格」，如「手格猛獸」之「格」，「乃犯手捶打搓弄之義」，強調只有「親下手一番」，才能獲得對事物的真知。抨擊理學誤人材、敗天下事，指出：「千餘年來率天下人故紙堆中，耗盡身心氣力，作弱人、病人、無用人者，皆晦庵為之，可謂迷魂第一、洪濤水母矣。」並注重事功，提倡實學，主張廣泛學習有關兵、農、錢穀、天文、地理等項實際本領。由他及其弟子李塨所創立的學派，稱為顏李學派。他曾講學於肥鄉漳南書院，著作有《四書正誤》、《四存編》、《朱子語類評》、《習齋記餘》等，詳見樊克政《中國書院史》，文津出版社，第250頁。

〔註110〕顏元《四存編》，世界書局，第43～44頁。

〔註111〕顏元《四存編》，世界書局，第49～50頁。

顏元之言，無疑地是發聾啟瞶的心情，他也在辨明異端，批判佛老上不容妥協，他作《存人編》，即有「喚迷途」之願，即以講明正學為己任。他以實學實用，作為教育哲學的中心理念，對於道統問題的廓清，在書院史上不失為一番成效。書院教育在此一關目上，都有相當程度的堅持，「辨明異端」的課題，與「觀聖賢氣象」皆是承此而來。

「舉業問題」的存在，實為書院教育如何因應科舉與官學的一大關目，涉及到書院自身在教育改革上的立場與主張。對於知識份子引影響至深的科舉、官學等體制，以及升學主義與功利思想的束縛人心，書院家多半都有親身體會的心得，如朱子、陸象山、呂祖謙、王陽明等人，都曾經是在科考，功名加身的傑出人物，卻能擺落這些虛容榮，並且積極地以書院作為批判與建設的人才基地，自成一家之言。此誠他們在文化人格的理想上，有其殷切的蘄嚮和人文化成的目標。朱子在他著稱的〈學校貢舉私議〉中，全面的提出了質疑和改造的張本，他有鑑於北宋三次官方教育改革〔註112〕不盡理想的

〔註112〕北宋三次官方興學：據陳東原《中國教育史》與其他相關教育史之定位，筆者歸納如下：
(1)「慶曆興學」，為范仲淹於宋仁宗時主其事，范上〈十事箚〉中，純就科舉流弊而發，其目的乃就如何挽回學校教育之沒落。其精神乃在於「循名責實」，重點乃在於改善科舉和強化學校：如考者須受學三百日，考試三場，罷帖經墨義，用舊制考試、國子監增生員、卅縣學興、取安定胡瑗之教學法為國學式。后因守舊派反對，仁宗意志不堅，范氏被黜（朋黨之嫌），且地方興學有官員斂敗之事端等壓力，遂罷。
(2)「熙寧興學」與〈元豐學制〉：曾為神宗廟事，前者由王安石主其事，強調「明世致用」。在改善科舉方面，頒《三經新義》以用之於取士。在強化學校方面，於中央國學採〈太學三舍法〉，以及復武、律、醫三學以及蕃學、小學。在地方學上遍於諸州置學官。而此一系列政策即納為王安石「新法」之中，其后因新法施行之反動，王安石下台，有賴其后由新黨蔡確、章惇等人續作推動，亦即〈元豐學制〉。其主要目標在於提升學校之地位，以擺脫科舉形成一尊主導的地位，因之強化〈太學三舍法〉並制〈太學學令〉，以及由太學考試法，可直接任官，不由科舉。此一系列之政施，立意雖佳，卻終歸失敗，最主要的莫過於學術非但不能獨立於政治之外，反而淪為政爭的「籌碼」，因此「新舊黨爭」直接影響了興學的成敗，且太學三舍法、科舉內容之佚起佚落，士子莫由所從，立法美意，則更顯模糊，遑論士子之自覺。
(3)「崇寧興學」：乃於宋徽宗一朝，由蔡京主其事，在改善科舉方面，有罷科舉而改以「行科」取德行之士，亦即不試而補為上舍。在強化學校方面，明令天下興學以「太學三舍法」為範，以及太學增設算、書、畫三種，而此次興學盲點尤多，亦即過份強調形主義的教育理念，如以「八

癥節，予以針砭，他以「格物致知」的教育哲學，作為辦學的本原所在，因此作育人才在學理，經驗與專業上整體兼顧的改革，不容偏廢：

> 古者大學之教以格物致知為先，而其考校之法，又以九年知類通達強立不反大成，蓋天下之事皆學者所當知。而其理之載於經者，則各有所主而不能相通也。……至於諸史古今興亡治亂得失之變，時務之大者，如禮樂制度天文地理兵謀刑法之屬，亦皆當世所須而不可闕，皆不可不之習也。然欲其一旦而盡通，則其勢將有所不能，而卒至於不行，若合所當讀之書而分之以年，使天下之士各以三年而共通其三四之一，則若無甚難者。〔註113〕

並依此認知，進行安排驗收科目與官學課程之間的協調，尤其推崇胡瑗在北宋的「蘇湖教法」，認是為官學史上的一大典範，〔註114〕以求端正太學士風，來者為義不為利，一改「於義理者，既無所於學，其奔趨輻輳而來者，不過解額之濫，舍選之私而已，師生相視，漠然如行路之人」，尤以科考現象中，一者斷裂經史，出以「怪題」，此風一長，學人遂以市面上考題大全為本，不復讀經。並且答題方式，反映出今日經學之難「不在於治經，而難於作義」，答題技法，右又必兼對偶破題，且重工巧，此風無疑助長了浮靡而不切實的學術傳承。有鑑於此，朱子主張「討論諸經之說，各立家法，而皆以注疏為本」，並提供一份翔實的經書注本，皆為各部書之代表；並且兼及他的《四書集解》，以求端正學習取向，並進一步導正學人答題與治學方式：

> 欲更其弊，當更寫卷之式，明著問目之文，而疏其上下文，通約三十字以上，次列所治之說而論其意，又次旁列他說而以己意反復辯析，以求至當之歸，但令直論聖賢本意與其施用之實。〔註115〕

唯能如此，學子答卷不為虛文而來，如此科考的內涵，才能實質地作為改良

行」品德取士，容易滋生名實不符的假冒流弊，加以新舊黨爭暗潮洶湧，政權更迭，教育理想便和現實處境架空，更難擺脫重蹈覆之陰影，於是蔡京以宗和二年第三次罷相，其後乃有天下州縣學三舍法之廢除，仍以科舉取士，既而有復詩賦，取消崇寧以后之學官、裁減太學學額，恢復舊制，無疑是予興學風潮的最大打擊，而科舉的幽靈又再度宰制中國士子的性靈。至於學術、教育上的獨立自主與理想性格，也在這股現實沖刷的亂流中，過渡予南宋大盛的書院教育了。詳見陳東原《中國教育史》，台灣商務印書館。胡美琦《中國教育史》，三民書局。

〔註113〕張伯行主編《學規類編》，第314頁。
〔註114〕胡瑗的「蘇湖教法」，詳見黃宗羲等《宋元學案》安定學案，世界書局。
〔註115〕張伯行主編《學規類編》，世界書局，第315頁。

官學在人師的聘任、生員知之錄取，以及相關制度面的興革才有可能。朱子在此官學改良張本的構想，遂影響了其後元代書院家程端禮等人編定的「讀書分年日程法」，並在元代官學，科考的改良上，產生了具體的作用。尤其是以書院教育一途，作為「科考」，「經史」與「性理」之學，彼此密切接榫的教育型態，並在其中貫注了讀書理論與整體規劃的構想；下迄清代學海堂等書院，更積極在考試型態設計上進行改良，藉著考試，以訓練及培養學子的問題意識，還有研究方法的實作驗收等，皆可說是在舉業問題，以及學術風氣的興革上，影響深遠。

　　王陽明的心學教育，則側重於讀書辨志上的功夫，認為科考只是人生歷程一個階段，在學問追尋和探索的路上，義理足以調攝此心，不為所惑。所謂的舉業關，恰好作為一番自我鍛鍊的功夫，無庸迎拒：

> 只要良知真切，雖做舉業，不為心累，雖有累，亦易覺克之而已。
> 且如讀書時，良知知得強記之心不是，即克去之，有欲速之心不是，
> 即克去之，有誇多鬥靡之心不是，即克去之：如此亦只是終日與聖
> 賢印對，是簡純乎天理之心。任他讀書，亦只是調攝此心而已，何
> 累之有？〔註116〕

良知之知，正可以進行學習上的拔本塞源工夫，將那些意圖誇多鬥靡、強記欲速的名利之心，一併掃蕩，由此吸收知識系統，以及作聖工夫，自然極有進境。在他看來，學習知識的心態，同時也反映出面對名利的心態，陽明的《傳習錄》中，往往以這種強調非分別心的理念，批導學人在面對認知和價值取向上的自省之道。他的學生中，如錢緒山，王龍溪等高徒，也甚能在功名虛榮之中，不為所動，且發憤向學。「舉業之辨」屆此就有兩路色彩，其一為針對科舉制度本身的設計，進行批判性與改革的方案。其二則視科舉問題，一如許多人生價值問題的困惑，唯有藉此收斂意志，並且融通學養，視舉業為一番必經的考驗，才能兼收刊落聲華與明心見性之功。前者乃以朱子與黃宗羲為代表；后者則以王陽明和王龍溪為代表，可視為書院在理想與現實之間的基本心態。

　　黃宗羲有鑑於舉業籠罩人心的體認，提出了史家評騭的縱深，認為在追本溯源的意義上，舉業問題滲及了中國傳統的「學校」與「取士」制度；也

〔註116〕王陽明《傳習錄》，金楓出版社，第 183 頁，並見於《王陽明全書（一）》，正中書局。

唯有這兩個單元，達到理想的規劃與立法，舉業一環才能達到為國掄才，以及養士達到實德實學的理境。他的《明夷待訪錄》「學校」篇，對於文教一環的張本，實已較朱子有更具體的闡發，旨在重估官學的本意及定位，乃在縮結「養士」與「輿論制裁」的機制；前者以培養日后進入行政體系的真才實學為訴求，後者當以學校為「公天下是非」之場所，「清議」的力量不容忽視，強調學術作為天下公器，也是培養士子理想的價值判斷能力的場所。「人師」的角色，在這一結構中的地位，十分具有指標性意義，猶如書院之明擇「山長」的尊望：

> 郡縣學官，毋得出自選除。郡縣公議，請名儒主之。自布衣以至宰相之謝事者，皆可當其任，不拘已任未任也。其人稍有干於清議，則諸生得共起而易之，曰：「是不可以為吾師也。」

> 太學祭酒，推擇當世大儒，其重與宰相等，或宰相退處為之。每朔日，天子臨幸太學，宰相、六卿、諫議皆從之。祭酒南面講學，天子亦就弟子之列。政有缺失，祭酒直言無諱。〔註117〕

黃氏的呼籲，實為醒世鐸音；人師的地位與影響力，乃與政治人物相抗衡，也是學生價值判斷的依歸。唯有在健全的教育的體系中，確立了價值規範的內涵，則一切的知識傳習和技藝訓練，才能德藝並進，不為功利和威權所壟斷，這誠是黃氏個人在書院講學的深切反省。他的「取士」篇，則進一步歸納唐代以來科舉制度的弊端，實為「取士太嚴，用士太寬」，早已失去古人「取士」、「用士」兼美的遺義。尤其明代以「八股文」制藝取士，更較前代以詩賦，或以墨義為主的導向，流弊更大；他的主張乃同時兼重「取士法」的內容及管道，並以「用士法」進行考核及驗收。目的在於「寬於取則無枉才，嚴於用則少倖進」，以避免科舉禁錮人心的流弊。他倡議廣開取士來源，有科舉、薦舉、太學、任子、郡邑佐、辟召、絕學、上書等多元方案，而「用士」之法，則隸屬於每一單元其下，以收相輔相成的效果，如「科舉」之法，大體參酌朱子的貢舉之議，而「用士」之則乃為：

> 登第者聽宰相鑒別，置六部各衙門為吏，管領簿書。拔其尤者，倣古侍中之職在天子左右，三考滿常調而後出官郡縣。又拔其尤者為各部主事，落第者退為弟子員，仍取解試而後得入禮闈。〔註118〕

〔註117〕《明夷待訪錄》「學校篇」，金楓出版社，第48～49頁。
〔註118〕《明夷待訪錄》「學校篇」，金楓出版社，第57頁。

其他管道亦仿此一方式，務必將真才實學者皆有適用之「考核方式」，可不囿於進士科一枝獨秀的局面。又如「任子」方案，提出「大夫之士與庶民之子同試」，可避免特權關係，而「辟召」之法「宰相、六部、方鎮及各省巡撫，皆得自辟其屬吏，試以職事，如古之攝官」，以重因地制宜。「絕學」者，考其發明成果，以收傳承，「上書」者，一則有其非常之議，以見真才：

> 上書有二：一，國家有大事或大奸，朝廷之上不敢言而草野言之者，如唐劉蕡、宋陳亮是也，則當處以諫職。若為人嗾使，因而撓亂朝政者，如東漢牢修告捕黨人之事，即應處斬。一以所著書進覽，或他人代進，看詳其書足以傳世者，則與登第者一體出身。若無所發明，纂集舊書，且是非謬亂者，如今日趙宧光「說文長箋」、劉振「識大編」之類，部帙雖繁，卻其書而遣之。〔註119〕

這些主張，旨在取消士子投機或冒進的僵化管道，使得科舉成為名符其實的文官制度，再者豪傑之士在晉身上，也得以有較為相應的評騭標準，不囿於「墨卷」、「房文」之陋習。進而可以養士為中心，達到其他政經、軍事與民生上，全盤經世更化的途徑，也可以消弭浮而不實的學風，收拾人心。

　　另一方面，強調發明本心的陽明學風，並不以科舉作為是非得失的對象，畢竟制度面的檢討與修正，未必能有根本性的變革。人生問題的究元決疑，也端賴於是否真能「因事生情」的關鍵，「不為科舉所累」，恰為此一教育哲學的立論所在。陽明高足王龍溪長年講學於天真書院、懷玉書院、白鹿洞書院，他的「天心題壁」一文，即是他的書院講學心得，〔註120〕乃緣於明代的「天心書院」主張「修德」和「舉業」合一之論而發：

> 只緣世人看得舉業太重，故與德業相對而言惟其看得太重，非此不足以發科第遂其所欲，是以得失之念，營營在心，終日傍人門戶，學人見解，隨人口吻，腳根，剽竊餖飣以圖詭遇。自己天聰明做主不起，反被蔽塞埋沒無從出頭，其不自信亦甚矣，夫舉業一藝耳，

〔註119〕《明夷待訪錄》「學校篇」，金楓出版社，第59頁。

〔註120〕王畿，字汝中，號龍谿，山陰人。受業於王守仁，嘉靖進士，授南京職方主事，遷武選郎中，因被夏言斥為「偽學」，辭官歸。在野四十餘年，足跡遍於東南，致力於傳播王學。其所講說，雜以禪機。嘗謂「君子之學，以無念為宗」。又認為王守仁「四句教」是「師門權法」，不可「以為定本」，故提出心、意、知、物俱「無善無惡」，「只是一事」的「四無」說。曾講學於天真書院、懷玉書院、白鹿洞書院等處。著有《龍谿全集》，詳見樊克政《中國書院史》，文津出版社，第177頁。

> 志於道，則心氣明，不惟德修而業亦可進，志於藝，則心離氣昏，
> 德喪而業亦不進勢輕重也，故先師云心不可以二用，今一心在得，
> 一心在失，一心在文字是三用矣！〔註121〕

他認為此乃一個二而一的問題，本質上兩者實無分殊的必要；患得患失實為學人通病，務必在此作一提撕警策之功！他的感概，實亦提醒學人，「舉業不患妨功，惟患奪志」，也如陸象山的「先立其大，則小者不為所奪」的心學本色。誠能如此，收攝精神，打疊心地，以此觀書，「不為法華所轉，如風行水上，不期文而文生焉」，他更為此作一分辨，乃有「上等舉業」，以及「下等舉業」之別，精者為文，若時時打疊心地潔淨，不以世間鄙俗塵土入於肺肝，以聖賢之心發明聖賢之言，自然平正通達，紆徐操縱沉著痛快，所謂本色文字，盡去陳言不落些子，此乃上等舉業也。倘若不自信自己天聰明，只管傍人學人為詭遇之計，譬之優人學孫叔敖，改換頭面也非其本色精神，縱然發了科第，亦只是落個下等舉業之實，有志者所不屑也！〔註122〕

立論沉著痛快，不僅強調講學會友之功，在於洗滌俗情；其用意並非教人廢讀書作文之義，而是認為舉業一途，並非「法病」而實乃「人病」，唯能善於讀書，印証真理，則文化人格之挺立，可謂非由外鑠。譬如讀書作文，自能有深造領會之功，「豈有世俗心腸，能發聖賢精微之蘊者乎！」誠是他的批語，足以講明義理養心之旨。他也強調古人作文，全在用「虛」之道，紆徐操縱開闔變化，皆是從虛而生，此乃「天然節奏」也，實為讀書三昧之理境，開導學人高明的啟發所在，他並謂：

> 予謂終日不對卷不執筆，非是教人廢讀書作文也，讀書作文，原是
> 舉業之事，讀書有觸發之義，有栽培之義，有印證之義，以此筆之
> 於冊，謂之文，就時文格式發吾所見之義，則謂之時義，只此是學。
> 故曰不患妨功，但恐動於得失為學之志反為所奪耳，看刊本時文徒
> 費精神，不如看六經古文，譬之淳醪破為時酒，味猶深長，若刊本
> 時文已是時酒中低品，復從其中討些滋味，為謀益拙矣。〔註123〕

「淳醪破為時酒」的比喻十分鮮活，這些鞭辟入裡的思致，也多半是書院家在教學經驗上的深刻體會。身為人師，指點迷津「要把金針度與人」的信念

〔註121〕王龍溪《王龍溪語錄》，廣文書局，第 16～17 頁。
〔註122〕王龍溪《王龍溪語錄》，廣文書局，第 17 頁。
〔註123〕王龍溪《王龍溪語錄》，廣文書局，第 18 頁。

誠為如此，並且透過前述的「義利」、「事功」、「道統」與「舉業」的四大分辨，書院的人統教育理念，遂能有效排除種種「不相干」的謬誤，將俗情俗見的意識型態廓清，從而建立一套啟迪學人希聖希賢的「禮門義路」，進窺儒門的宗廟之美與百官之富。

二、修養工夫之領會與自我的完成

書院教育的文化理想，不僅是以荷擔儒門教化作為志業，特別是在文化人格陶冶的型態上，無論是以宋明理學或者清代的考証之學為宗的書院，都以崇尚「易簡」與「樸實」的理念，作為修身養性與明體達用的踐履。「減得一分人欲，便是增一分天理」，即為理學工夫論上的基本公式。書院家體現的生活法則，也不外乎是由此體証人心的活水源頭，認取箇中「鳶飛魚躍」的理趣，也調和了中國文人的仕隱糾葛。

尤其是書院發展的淵源，往往與士子習業山林，或者寺院道觀的清修門規（如禪宗的百丈清規），以及精舍，學館制度互為消長，〔註124〕在儒、釋、道三教之間，逐步地形成了自成一套的修養理念，兼括了形上學，宇宙觀以及工夫論。在學思生活與師生互動之間，書院家走的是一條自信圓滿，而不立教相的覺者之路。

北宋初期的理學諸大家，不只是新儒學運動「破暗開山」的領袖人物，更樹立了宋明以來書院教育的文化人格座標。例如朱子評為「書不盡言，圖不盡意，風月無邊，庭草交翠」的周濂溪，〔註125〕不僅在「太極圖說」上確立了理學的形上宏旨，為官之際，先後於分寧、鎮西等處，陸續創辦書院以延游學之士。其學說與行誼，更是與物推移，時見造化理趣，「綠滿窗前草不除」的生活風調，體現了周子之學的「滿腔子都是生意」，據載「盧山之麓有

〔註124〕書院與三教發展上的關係，可詳見丁鋼、劉琪《書院與中國文化》第一章，上海教育出版社，以及楊布生、彭定國《中國書院與傳統文化》第四章，湖南教育出版社。

〔註125〕周敦頤，原名敦實，字茂叔，學者稱濂溪先生，道州營道人。精於《易》學。慶曆元年至三年，官分寧時，創書院以延游學之士。同時又曾於攝盧溪鎮市征局時，立書院鎮西，以授門人。慶曆六年官虔州時，程顥、程頤兄弟曾從其問學。著作有《太極圖說》、《通書》等。他是宋朝理學的開山，清人黃百家論理學發展的源流，曾說：「若論闡發心性義理之精微，端數元公之（破暗）也。」以他為代表的學派被稱為「濂學」，詳見樊克政《中國書院史》，文津出版社，第 37 頁。

溪焉，發源於蓮花峰下，潔清紺寒，合於湓江。先生濯纓而樂之，築書堂其上名之曰濂溪。」〔註126〕

　　盧阜蒼蒼，溪水潺湲，「理學」的形成與展開，乃興起在天地物理之間，蘊釀了迥異於漢唐以來的章句注疏之學，賦予經典與修養的形上觀照，在「無極」與「太極」的動靜陰陽之中，激發意興遄飛的覺察契機。無怪乎程明道在十五、六歲時，聞濂溪之學，便興起棄舉業之想。及至弱冠發了科第，誠如王龍溪贊其為「上等舉業」，此又深受周子啟發性靈之功。〔註127〕黃山谷云濂溪胸懷灑落，如光風霽月，廉於取名而銳於求志，並講學於書院；其人襟懷灑落，尚友千古的風範，尚且窗前草不除，與自家意思一般，即是江山逸氣助其多矣！

　　理學大家邵康節，亦有代表詩著《擊壤集》，除了信手拈來的理學詩歌，每以豐沛的存在感受，啟發學人脫略形似之觀想；其人生平修養，安貧樂道，自云「未嘗攢眉，又為甕牖，讀書燕居其下，旦則焚香獨坐，晡時欲酒三四甌，微醺便止『不使至醉』，自號安樂先生」，與世無爭，與人為善的人格，其詩即言：

　　　　斟有淺深存變理，飲無多少係經綸，

　　　　莫道山翁拙於用，也能康濟自家身。

　　　　廓然心境大無倫，盡此規模有幾人？

　　　　我性即天天即我，莫于微處起經綸。〔註128〕

這番暢達之言，也一如他以詩勸人「平生不作皺眉事，天下應無切齒人」的風規。理學修養往往側重反求諸己，表現出「愛自己」代替「怨外」的處世態度；所以如邵康節一格的人物，平素常保「儼然危坐」的基調，屆其臨終之際，也能道出「無可主張」的灑然心語；程明道說他乃「振古之豪傑」，誠為欣賞他與造化同體，相泯如一的人生境界。這一生命基調的鋪陳，也成為日後書院家體現人生哲學的慧命；試觀諸家的「臨終之語」，更是其人其學的自我完成，例如王陽明遺言「此心光明，更有何憾！」，劉蕺山死節，絕食三十餘日而終，文天祥赴義前的心影「孔曰成仁，孟曰取義，爾今爾后，庶幾無愧！」，顯然奠基於理學工夫，以及書院人文志業的堅實注腳。

〔註126〕黃宗羲等《宋元學案》濂溪學案下，世界書局，第304頁。

〔註127〕王龍溪《王龍溪語錄》，廣文書局，第17～18頁。

〔註128〕黃宗羲等《宋元學案》百源學案，世界書局，第274、276頁。

　　書院史上著稱的程顥、程頤「二程」兄弟，程明道終日坐如泥塑人，接物則渾是一團和氣，他曾講學於嵩陽書院，後學每每喜稱他的春風時雨之教，化力尤深。〔註129〕他嘗言「吾學雖有授受，天理二字，卻是自家體貼出來。」很能體現他在理學上「盛言一本」的色彩（牟宗三判語），他的「識仁篇」，是為學宗旨，也是修身哲學的梗概：

　　　　學者須先識仁，仁者渾然與物同體，禮義智信皆仁也。識得此理，
　　　　以誠敬存之而已。不須防檢，不須窮索。

　　　　此道與物無對，大不足以明之，天地之用皆我之用。孟子言萬物皆
　　　　備於我，須反身而誠，乃得大樂。若反身未誠，則猶是二物有對。
　　　　以己合彼，終未有之。又安得樂？〔註130〕

　　　　大程子的義理直截曉暢，成為日後理學和心學兩系的共法所在，尤
　　　　其是強調良知良能乃天賦本具，人之煎銷習心，乃為復此慧命，有
　　　　謂「此理至約，惟患不能守，既能體之而樂，亦不患不能守也。」
　　　　書院中修身持守的綱領，大致不外乎此一理分所具，所以他的「至
　　　　樂」觀，相當體貼人心，他說：「觀雞雛可以觀仁。」他又說：「觀
　　　　天地生物氣象。」更認為百官萬務，金革百萬之眾，飲水曲肱，
　　　　樂在其中，萬變俱在人，其實無一事。他為詩曰：「閒來無事不從
　　　　容，睡覺東窗日已紅。萬物靜觀皆自得，四時佳興與人同，道通
　　　　天地有形外，思入風雲變態中，富貴不淫貧賤樂，男兒到此是豪
　　　　雄。」〔註131〕

何等簡易坦率的教風，甚有孔子與曾點風乎舞雩之樂，也闡發了周濂溪的物理化機之趣，尤其是「萬物靜觀皆自得」的體會，即為書院學統中「究元決疑」理念的本色所在；再者云「四時佳興與人同」，則又鮮活點出了「濂洛風雅」的儒門傳統，他的學生屆此都有如沐春風的感興。據謝上蔡說：「先生善

〔註129〕程顥，字伯淳，學者稱明道先生，洛陽人，嘉祐進士。他以「理」為哲學的
　　　　最高範疇，認為「理者，實也，本也」，「天者理也」。為學尤重「識仁」，嘗
　　　　謂：「學者須先識仁。仁者，渾然與物同體。義、禮、知、信皆仁也。」在認
　　　　識方法方面，強調內心的反省，認為「只心便是天，盡之便知性，知性便知
　　　　天，認取，更不可外求」。與弟頤同為宋明理學的奠基人，並稱「二程」。由
　　　　他們所創立的學派被稱為「洛學」。他曾講學於嵩陽書院，著述被後人編入
　　　　《二程全書》，詳見樊克政《中國書院史》，文津出版社，第38頁。
〔註130〕「識仁篇」，收於《宋元學案》明道學案，第316頁。
〔註131〕《宋元學案》明道學案，第324、329、330頁。

言詩，他又不曾章解句釋，但優游玩味，吟哦上下，便使人有得處」。又據張棋浦道：「明道窗前有茂草覆砌，或勸之芟。曰：『不可，欲常見造物生意』。又盆池蓄小魚數尾，時時觀之。或問其故。曰：『欲觀萬物自得意』。草之與魚，人所共見，唯明道見草則知生意，見魚則知自得意。此豈流俗之見，可同日而語？」劉立之曰：「先生德性充完，粹和之氣，盎於面背。樂易多恕，終日怡悅。立之從先生三十年，未嘗見其有忿厲之容。」準此可見書院家在動靜語默之中，實寓有人師潛移默化的底蘊，「不除庭草留生意，愛簑盆魚識化機」的教法，更是所謂力主師說、門派、經解的「經師」家學者流，無法企及的教育藝術。是以程兆熊盛稱程明道之學「其仁之收是坐如泥塑人，是簡單化，是減法，是感應無心」，故能樂在其中。

相較於明道的簡易從容之教，程伊川則開顯一嚴整靜肅的風格，他生平不啜茶，不識畫，常懷惕勵居敬之心，故有師道之尊，亦曾講學於嵩陽書院。〔註132〕著明的「程門立雪」故事，即是指伊川之學的教風「游楊初見伊川，伊川瞑目而坐，二子侍立，既覺，顧謂曰：賢輩尚在此？曰：既晚，且休矣。及出門，門外之雪深一尺。」開展出來的學風，即以強調「格物窮理」的思致，以及「主靜居敬」、「涵養察識」的修養路數。但在希聖希賢的本旨上，他對文化人格的期許，亦深有寄託，特別是他面對毀謗與異己的言論，格外強調「心量」之要：

> 大凡別事，人都強得，惟識量人強不得。今人有斗筲之量，有釜斛之量，有鐘鼎之量，有江河之量，江河之量亦大矣，然有涯，有涯則有時而滿，惟天地之量則無滿，故聖人者，天地之量也。〔註133〕

一個人自我的完成，何其不易，守而勿失尚且能大其心量，誠難苟得；就以伊川而言，在當時即己身值所謂「偽學之禁」，論敵與奸宦簇集，莫不以聲討理學為務，伊川以書院家講明正學的立場，不改本色當行，此又為人格修持上的定見所在，允為書院與理學持恆開展的豐碑。

〔註132〕程頤，字正叔，學者稱伊川先生，洛陽人。他認為「理」為世界萬物的本原，「萬物皆只是一箇天理」。又釋《大學》「格物致知」之「格物」為「窮理」，強調「窮理」即體認「天理」，並重知輕行。在人性論上，認為體現「天理」之性無有不善；但「才」有善惡。「才」所稟之「氣」有清濁，「氣清則才善，氣濁則才惡」。在修養方面則強調主「敬」，主張滅「私欲」以明「天理」，並提出：「餓死事極小，失節事極大」。他亦曾講學於嵩陽書院，著述被後人編入《二程全書》，詳見樊克政《中國書院史》，文津出版社，第39頁。
〔註133〕《宋元學案》伊川學案，第353頁。

　　由此可見，書院家在自我工夫修養上的主張，大體而言也率由義理之學，足以「養心潤身」的信念而來；特別是「四書」的推崇與貫徹，例如孔子的仁學理念、孟子的集義之道、大學的三綱領八條目、中庸的「慎獨」與「中和」旨趣，率皆推衍而為書院家在生活上的綱目，形成了若合符節的人統教育哲學傳統，大別於佛老二家的出世修持路數。「萬物皆備於我」，反身則誠，無所迎拒的「絜矩」之理，都是實踐上的「用中」之義，亦即明道所謂「若反身未誠，則猶有二物有對，以己合彼，終未有之，又安得樂？」

　　在自我擴充的學理上，則不取心物二元對立的思致，主張物我合一、天人合一的理想；在事理上則昌言「心安理得」，過猶不及皆不足取的「時中」之義，猶如易經在卦爻之義上看重「當位」與否的問題。整個中道的信仰，在理學啟蒙之下，「理分」觀的看重，實有一個基源問題上的反省意義，進而延展出倫常關係的申論，以及判準建立的問題，「中和」與「致中和」、「未發」與「已發」都可算是這一系列的課目。例如伊川揭示的「觀喜怒哀樂未發已發」的修養命題，更是批導了宋明理學的一大論點；《伊川學案》所載：「蘇季明問：呂學士言當求於喜怒哀樂未發之前，信斯言也，恐無著摸，如之何而可？伊川曰：看此如何下，若言存養於喜怒哀樂未發之時則可，若言求中於喜怒哀樂未發之時則不可。又問：學者於喜怒哀樂發時勉強裁抑於未發之前，當如何用功？曰：於喜怒哀樂未之前，更怎生求，只平日涵養便是，涵養久則喜怒哀樂自中節。」

　　「涵養須用敬，進學致知」，遂為其後楊時、羅豫章、李延平，以迄朱子學派推崇的修身法門。朱子在回憶李延平之教，「每一念此，未嘗不愧汗沾衣也。」這也是書院往往在重大的開講會期裡，「中庸首章」的揭櫫，莫不關注著此一人統精神的確立不移。特別是朱子和張栻，在嶽麓書院前後反覆勘定的「中和」新舊四說，可謂朱學生平心血的所繫；先後以言道體、性體、合性於心以言工夫。見解一層進一層，工夫一節換一節，窮理如斯，可謂程朱一系工夫論之定本，如其第三說乃謂：

　　　　蓋心主乎一身，而無動靜語默之間，是君子之於敬，亦無動靜語默
　　　　而不致其力焉。未發之前，是敬也，固以主乎存養之實，已發之，
　　　　是敬也，又常行乎省察之間。方其存也，思慮未萌，而知覺不昧，
　　　　是則靜中之動，復其見天地之心也。及其發也，事物紛糾，而品節

> 不差，是則動中之靜，艮之所以不獲其身，不見其人也。有以主乎
> 靜中之動，是寂而未嘗不感，有以察乎動中之靜，是則感而未嘗不
> 寂。寂而常感，感而常寂，此心之所以周流貫徹，而無一息之不仁
> 也。〔註134〕

此論乃以親身體察為本，申論中和之妙，實有條不紊，而以心性之根本，相
應於造化之動靜語默之中；則已發未發之理，皆能洞中肯綮，「天命之謂性」
的脈絡，屆此可臻「致中和，天地位焉，萬物寓焉」的至理。這一工夫節目，
宋明儒者莫不看重，例如明儒吳與弼，即為中和學說的篤行者：「枕上思晦庵
（朱子）文集及中庸，皆反諸身心情，頗有意味。」又云：「夜觀晦庵文集，……
中堂讀倦，遊後園歸，絲桐三弄，心地悠悠，月明風清，天壤之間，不知復
有何樂？」「夜臥閣，思朱子云：閑散不是真樂，因悟程子云：人於天地間並
無窒礙處，大小咸快活，乃真樂也。」（《明儒學案‧崇仁學案》）。下迄東林
書院大儒高攀龍，其講學亦以中庸為本色：「中即吾之身心是也。庸，即吾之
日用是也。身心何以為中？只潔潔淨淨，廓然大公便是。身心不是中，能廓
然無物，即身心是中也。日用何以謂之庸？只平平常常，物來順應便是。日
用不是庸，能順應無情。即日用是庸也。到這裡一絲不掛，是個極致處，上
面更無去處也。」（《明儒學案‧東林學案》）

　　書院家以「中庸」，「大學」為中心學旨，具體推闡而來的修身法則，可
以「學規」與「箴銘」為代表，前者已見前文，後者在書院的實踐中，實有
「生活卡片」的功能。許多書院家多有傳世的箴言，作為平素生活和反省上
的提撕警策，歷來的家訓與書院採行的學規學約，都寓有道德理想的規範作
用；箴言一類，則與生活中的動靜語默、涵養察識，以及性情之流露攸關，
是為書院師生修養工夫的一個特點。例如程子有「四箴」，即以希聖希賢的本
旨「宜服膺而勿失也，因箴以自警」，作為生活理念：

〈視箴〉

心兮本虛，應物無跡，操之有要，視為之則，蔽交於前，其中則遷，
制之於外，以安其內，克治復禮，久而誠矣。

〈聽箴〉

人有秉彝，本乎天性，知誘物化，遂亡其正，卓彼先覺，知止有定，
閑邪存誠，非禮勿聽。

〔註134〕中和第三說，見於《宋元學案》晦翁學案，第 852、853 頁。

〈言箴〉

人心之動，因言以宣，發禁躁妄，內斯靜專，矧是樞機，興戎出好，
吉凶榮辱，惟其所召，傷易則誕，傷煩則支，己肆物忤，出悖來違，
非法不道，欽哉訓辭。

〈動箴〉

哲人知幾誠之於思，志士勵行守之於為，順禮則裕從欲惟，危造次
克念，戰兢自持，習與性成，聖賢同歸。〔註135〕

此四箴以「克己復禮」為主，要旨在誠於中而形於外。又如朱子的「敬齋箴」
則有「正其衣冠，尊其瞻視，潛心以居，對越上帝，足容必重，手容必恭」
以顯持敬的工夫，則可達道到動靜弗違，表裡交正的「存天理，去人欲」。又
如張栻的「主一箴」、真德秀的「勿齋箴」、「思誠齋箴」皆為書院家在作聖功
夫上的揭示。而「夜氣箴」和「夙興夜寐箴」，更體現了理學教育中對於安身
適時，以及致中和的理想，使得平素的生活節拍，得以從容應時，不假安排，
卻能得養生宏旨與德性完滿的最佳狀況：

〈夜氣箴〉

故冬乃四時之夜，而夜乃一日之冬，天壤之閒，群動俱閴，窈乎如
未判之鴻濛，維人之身，嚮晦宴息，亦當以造物而為宗，必齊其
心，必肅其躬，不敢弛然自放床第之上，使慢易非僻，得以賊吾之
衷，雖終日乾乾，靡容一息之閒斷，而昏冥易忽之際，尤當致戒謹
之功。

陳茂卿〈夙興夜寐箴〉

雞鳴而寤，思慮漸馳，盍於其閒，澹以整之，或省舊愆，或紬新得，
次第條理，瞭然默識，本既立矣，昧爽乃興，盥櫛衣冠，端坐斂形，
提撕此心，皎如日出，嚴肅整齊，虛明靜一，乃啟方冊，對越聖賢，
夫子在坐，顏曾後先，聖師所言，親切敬聽，弟子問辨，反覆參訂，
事至斯應，則驗於為，明命赫然，常目在之，事應既已，我則如故，
方寸湛然，凝神息思，動靜循環，惟心是監。〔註136〕

以「安其身」作為朝聽晝訪之地，夜氣深厚，則仁義之心亦浩乎不窮的觀念，
實為儒門功夫的養生觀；共通的立場是以理學家在體察天理流行，明辨人之

〔註135〕張伯行《學規類編》，世界書局，第219～220頁。
〔註136〕同上，第221～222頁。

氣稟，進行化偏去弊的工夫，以萃集「義理之性」、「浩然正氣」為目標的旨趣。湛若水「隨時隨處體認天理」的宗旨，即是最佳的詮釋，又如薛文清的「謹言」、「慎行」、「懲忿」、「改過」、「存理」、「持敬」、「慎微」、「大理」諸箴，俱可為此一精神陶養的系列展示。

另一類的生活格言，也有著勵志和警策的作用，則為書銘一格，如張載著名的「西銘」，即標以「為天地立心，為生民立命，為往聖繼絕學，為萬世開太平」的文化人格全譜，而程子的「顏樂亭銘」，即以孔顏樂處，做為學人情性發詠的蘄嚮。再如楊時的「書銘」，則簡該「含其英，茹其實，精於思，貫於一」十二字作為善治學者的旨趣。書院大家的朱子與張栻兩人的書銘，更有可觀，朱子日即作有「敬恕齋」、「學古齋」銘一系列，而張栻則有「克齋」、「主一齋」銘等系列。這些銘文除了生活卡片的提撕警策功能之外，更有作為書房，或廣為書院齋舍「題記」訓勉學人的功能；務使目之所接，心之所感，皆能在涵詠其中激勵「希聖希賢」的情操。再者也是體現了儒門經典「生活化」的指標，例如朱子依論語「志於道，據於德，依於仁，游於藝」之教旨，有系列連作：〔註137〕

〈志道齋銘〉

日趨而挹者，孰履而持，日饑而寒者，誰食而衣，故道也者不可須臾離，子不志於道，獨囷囷其何之。

〈據德齋銘〉

語道術則無往而不通，談性命則疑獨而難窮，惟其厚於外而薄於內，故無地以崇之。

〈依仁齋銘〉

舉之莫能勝，行之莫能至，雖欲依之，安得而依之，為仁由己而由人乎哉，雖欲達之，安得而達之。

〈游藝齋銘〉

禮云樂云，射御書數，俯仰自得，心安體舒，是之謂游，以游以居，鳴呼游乎，非有得於內，孰能如此其從容而有餘乎。〔註138〕

吳萬居指出書院的實體建築中，藉此體現「箴約」大義之實例，即是此類生活格言應用的實例：

〔註137〕張伯行《學規類編》，世界書局，第 227 頁。
〔註138〕同上，第 227～228 頁。

　　自書院建築，亦可明乎中國傳統教育之主張與理想。建寧府紫芝書
院立，以志道、據德、依仁、游藝、名其齋。樓鑰曰：「若名齋之
義，其待學者尤深矣。……苟能盡力於三省（志道、據德、依仁）
而游於此（藝），則為士庶幾乎備矣。」龍山書院立，以成德名其堂，
以知、仁、聖、義、中、和名其齋，劉爚曰：「予惟周官大司徒以鄉
三物教萬民，而六德寬居其首，故為名其堂曰成德，而以成德之目
名其齋，且傳以進修之義焉。古昔聖人以君師為己任，故其修道之
教，無一弗備。先之以智者，欲其講學窮理以發良心之知也。繼之
以仁者，欲其篤志力行以充本心之德也。而又聖以極其成，義以達
諸用，立心以中，而制行以和，道之全體具在是矣。」〔註139〕

此二書院的境教功能，一以志道、據德、依仁、游藝名其齋，一以成德名其
堂；吳萬居認為以成德之目名其齋，除了傳授學者以進修之義外，實寓有希
聖希賢之偉大理想。又如張栻的「敦復齋銘」，則取象於易經的「復」卦之義，
而予以道德性的詮釋，「惟聖作易，研幾極深，惟卦有復，於昭天心，六爻之
義，各隨所乘，其在於五，孰復是明，其敦如何，篤志允蹈，順保其中，而
以自考，我觀爻義，厥有戒辭，君子體之，敬戒是資。」

　　觀乎此「天理」與「人欲」對舉的關念，在箴銘類的修養上是一番大關
目，也與前述的義利、事功、道統、舉業之辨，形成一套首尾相應的教育理
念；同時這種類似「生活齊戒」的持守，十分可觀，以「理」為根本，以「敬」
為門戶，以宇宙四方上下，古往今來穿縫湊合為匡郭；並以日用、常行、分
殊為功用，以勿忘、勿助之間為體認之則。凡此在義理之學「德業潤身」的
道理上，不僅特出於其他科舉，官學，或是辭章，考據之流，也不亞於佛道
二家在養生、體認現象和回歸心靈上的法則。長期浸潤之下，書院家的人格
操守以及生活容止，自有一番凜然的威儀與默契道妙的丰神。由孔孟洙泗之
淵源，到濂洛風雅的承繼，程兆熊因此盛贊宋明理學中人為「大地人物」，即
是欣賞書院培養出來的錚錚人傑，器宇自是非凡；例如文天祥乃肄業於白鷺
洲書院，並從歐陽守道問學〔註140〕，在書院德觀理教的人文積澱下，自是陶

〔註139〕吳萬居《宋代書院與宋代學術關係》，第 193 頁。

〔註140〕文天祥，字宋瑞，又字履善，號文山，廬陵人。曾肄業於白鷺洲書院，從歐
　　　　陽守道問學。德祐元年，元兵東下，他率兵入衛臨安，除知平江府。次年，
　　　　任右丞相兼樞密使，被派赴元營議和，遭扣留。旋於鎮江脫逃，南下至溫州。
　　　　端宗即位，重任右丞相，堅持抗元鬥爭。祥興元年十二月，被俘於五坡嶺。

塑傲岸的人格，觀其「正氣歌」中體現的義理與襟懷，實為書院人統精神的典範。〔註 141〕

　　書院家看重修養工夫的取向，另一特點乃在於形成一套儒家式的「靜坐觀」，此一法門，有類於佛教止觀正見，以及道教導引之術；雖然在調心、調身、調息上的要領大多相近，然而書院家格外重視在靜坐中，達到「義理融洽，操存灑落」的人間風度。是以儒家靜坐，不以蹈虛歸寂，謝絕人世為本，而以步步勘定物理，稽諸聖訓的希聖希賢旨趣，視為依歸。歷代書院家莫不看重靜坐此節，如伊川、朱子、象山、白沙和陽明等，皆參與改良自成一切乎日用靜坐的法則；明代的陳白沙，認為靜坐一途，實相應於儒家格物窮理、即心即性、即超越而內在的義理之學：

> 於是舍彼之繁，求吾之約，惟在靜坐。久之，然後見吾此心之體，隱然若露，常若有物，日用間種種應酬，隨吾所欲，如馬之御銜勒也；體認物理，稽諸聖訓，各有頭緒來歷，如水之有源委也。於是決然自信曰：「作聖之功，甚在茲乎！」有學於樸者，輒教之靜坐，蓋以吾所經歷，粗有實效者告之，非務為高虛以誤人也。〔註 142〕

惟有靜坐之功，可兼收反求諸己的效果，並且印證理學關涉的工夫與本體層境；白沙以切身經歷的心得，認為藉此可消解宿障，以見大道，而於儒佛在此一共法上，實無必要爭見，其間分別，只在一個「理分」之別，所以他認為儒家式靜坐，實有其一脈相承的道理：

> 伊川先生每見人靜坐，便歎其善學。此一「靜」字，自濂溪先生主靜發源，後來程門諸公遞相傳授，至于豫章、延平尤專提此教人，學者亦以此得力。晦翁恐人差入禪去，故少說靜，只說敬，如伊川晚年之訓，此是防微慮遠之道。然在學者，須自度量如何，若不至為禪所誘，仍多著靜，方有入處。若平生忙者，此尤為對症之藥。〔註 143〕

故主張「學勞壞則無由見道，故觀書博識，不如靜坐」，以此易簡直截之功，靜坐中的惺惺之感，不獨為調息，定力，而且可親身探勘「義理發源」之

次年，被送至大都，囚禁三年，寧死不屈，至元十九年十二月就義。著作有《文山先生全集》，詳見樊克政《中國書院史》，文津出版社，第 81 頁。

〔註 141〕文天祥「正氣歌」，見於《宋元學案》巽齋學案，第 1674 頁。
〔註 142〕《明儒學案》白沙學案，第 81 頁。
〔註 143〕同上，第 83 頁。

所存，時時端正為學的動機與心緒；不使外緣所惑，則自能日起有功，積健
為雄。

　　東林書院的高攀龍，則慨然以為讀書可使義理浹洽，變易其「俗腸俗
骨」，加上澄神默坐之功，則可使塵妄消散，堅凝其人的正心正氣；纔一提
策，便可呈露性體、道體的本來面目。可見儒門之教，也重頓悟之機，只是
與佛老所悟之「理」不同，牽涉的「學習範疇」更是分疏，但此一靜坐沈潛
的功夫，卻對學人極有進境，實顯一「逆覺體證」式的實踐型態。高攀龍乃
言「默而識之曰悟，循而體之曰修，修之則彝倫日用也，悟之則神化性命
也，聖人所以下學而上達，與天地同流，如此而已矣。」開宗明義即以儒門
之悟，乃非以乍見心境，或氣機之宣暢者的取向，當是以希聖希賢的工夫，
體悟道體一以貫之為本色：

> 至日閉關，關，心關也，其紛念為商旅，其真宰為後。商旅不行則
> 內固，後而省方則外馳。闔乾坤之門，而為關，斯為闢乾坤之戶，
> 而為盛德大業。三百八十四畫，一畫縮之。〔註144〕

誠體果然呈露之時，則道體、心體性體皆能了當，易理的設卦觀象，亦是打
併一處。無論是格物致知，或主居敬窮理，皆能在慎獨凜居、自剖自省的體
會中，明辨安身立命的價值取向。身處明代東林黨爭的高攀龍，個人在世事
變化，人情轉燭的歷程中，自有他一番究元決疑的修養根柢，是為儒家靜坐
觀的具體寫照，他曾在一段江上逆旅的途中，將理學與靜坐並行，自剖與參
悟而謂：

> 于舟中厚設蓐席，嚴立規程，以半日靜坐，半日讀書。靜坐中不帖
> 處，只將程、朱所示法門，參求於几，「誠敬主靜」、「觀喜怒哀樂未
> 發」、「默坐澄心」、「體認天理」等一一行之。立坐食息，念念不捨，
> 夜不解衣，倦極而睡，睡覺復坐，於前諸法，反覆更互，心氣清澄
> 時，便有塞乎天地氣象，第不能常。在路二月，幸無人事，而山水
> 清美，主僕相依，寂寂靜靜。晚間，命酒數行，停舟青山，徘徊碧
> 澗，時坐磐石，溪聲鳥韻，茂樹修篁，種種悅心，而心不著境。
>
> 過汀州，陸行至一旅舍，舍有小樓，前對山，後臨澗，登樓甚樂。
> 偶見明道先生曰：「百官萬務，兵革百萬之眾，飲水曲肱，樂在其
> 中。萬變俱在人，其實無一事。」猛省曰：「原來如此，實無一事

也。」一念纏綿，斬然遂絕，忽如百斤擔子，頓爾落地。又如電光
一閃，透體通明，遂與大化融合無際，更無天人內外之隔。至此見
六合皆心，腔子是其區宇，方寸亦其本位，神而明之，總無方所可
言也。〔註145〕

一番心脾的洗滌，就有一層聲華的刊落，江上行舟，亦如人生逆旅的譬喻；
如何在識變境現的歷程中，深切地達到默契道妙的徹悟？不外乎仰賴千古聖
賢，在「禮門義路」的人事抉擇中，有其深切的案斷之功，猶如禪門之看重
公案與話頭。儒門的人格形影與行誼，在書院家心焚如火的濟世襟懷中，自
有一層別樣的雲靄；高攀龍在此番逆旅的領會中，有一則勘定：「取釋老二家，
參之釋典，與聖人所爭毫髮，其精微處，吾儒具有之，總不出無極二字，弊
病處，先儒具言，總不出無理二字。」仍歸宿於具體理分是否圓成的觀點，
此即「大學」一義，由明明德發其端倪，亦當知「止於至善」，皆不離於人倫
庶物，此又遠非佛、道一義所能彰顯。高子遂據此一義理，釐訂出一套儒家
式的「靜坐說」：

▲ 靜坐之法，喚醒此心，卓然常明，志無所適而已。志無所適，精
　神自然凝復，不待安排，勿著方所，勿思效驗。初入靜者，不知
　攝持之法，惟體帖聖賢切要之言，自有入處。靜至三日，必臻妙
　境。

▲ 靜坐之法，不用一毫安排，只平平常常，默默靜去。此平常二字，
　不可容易看過，即性體也。以其清淨不容一物，故謂之平常。
　學者不過借靜坐中，認此無動無靜之體云爾。靜中得力，方是動
　中真得力，動中得力，方是靜中真得力。所謂敬者此也，所謂仁
　者此也，所謂誠者此也，是復性之道也。

▲ 前靜坐說，觀之猶未備也。夫靜坐之法，入門者藉以涵養，初學
　者藉以入門。彼夫初入之心，妄念膠結，何從而見平常之體乎？
　平常則散漫去矣。故必收斂身心，以主於一，一即平常之體也。
　主則有意存焉，此意亦非著意，蓋心中無事之謂，一著意則非一
　也。不著意而謂之意者，但從衣冠瞻視間，整齊嚴肅，則心自一，
　漸久漸熟平常矣。故主一之學，成始成終者也。〔註146〕

〔註145〕《明儒學案》東林學案，第1400～1401頁。
〔註146〕同上，第1408～1409頁。

凡人之心，日夜繫縛在情緒起伏的念頭上，無怪乎明心見性的本體無由彰顯；高子以還原人心之「本色湛然」為本，乃將靜坐視為持養之道，而當下認取「平常」處即為默識要法也，朱子亦曰：「提醒處，即是天理，更別無天理」，直是認取之道，不容有所假借。仁體、誠體、心體與性體的貞定，俱在這一番工夫。此一進路在其后劉蕺山的「慎獨誠意」的教育哲學中，乃形成相當縝密的體系，開展為書院「究元決疑」的學統精神，足為「人統」兼攝「學統」的表現。

三、師生志業與師友情懷的傳承

　　書院生活以易簡與樸實的學風為尊，師生相處，共居書院名山之勝，或前賢文教之所，朝夕問道講明正學既久，師生間的才性與情感，自然有著深刻的遇合。這一點也是何以書院經歷千載，仍舊持續為文教理想的典型所在。

　　例如陸象山著稱的「精舍式」書院生活，即是在他四十九歲那年，因其門人彭興宗，以及貴溪應天山麓張氏結緣，迎象山前往講學，而有此一規模：

> 訪舊於貴溪應天山麓張氏因登山遊覽，則陵高而谷邃，林茂而泉清，乃與諸張議結廬，以迎先生講學，先生登而樂之，乃建精舍居焉。與楊敬仲書云：「精舍」二字，出後漢包咸傳，其事在建武前，儒者講習之地，用此名甚無歉也。〔註147〕

其后一年，更改「應天山」為「象山」，有志之士學徒紛來結廬，相與講習，群山氣象為之一新。四方學徒大集，儼然與朱熹之學分庭抗禮，而此一精舍生活，乃體現心學教育的特點，感人至深：

> 每旦，精舍鳴鼓，則乘山至，會揖陞講坐，容色粹然精神炯然，學者又以一小牌書姓名年甲，以序揭之，觀此以坐，少亦不下數十百，齊肅無譁，首誨以收斂精神，涵養德性，虛心聽講，諸生皆倦首拱聽，非徒講經，每啟發人之本心也，間舉經語為證，音吐清響，聽者無不感動興起。
>
> 初見者，或欲質疑，或欲致辯，或以學自負，或有立崖岸自高者，聞誨之後，多自屈服，不敢復發其有。欲言而不能自達者，則代為之說，宛如其所欲言，乃從而開發之。至有片言半辭可取，必獎進

〔註147〕陸九淵《象山先生全集》，台灣商務，第507頁。

之，故人皆感激奮礪。〔註148〕

師生間以啟發為宗風，對於不同性情與根器者，皆能巧闢善導。平居或觀書撫琴，或徐步觀瀑，至高誦經訓，歌楚詞及古詩文，雍容自適；即便是盛暑，學子衣冠必整肅，望之如神。因此象山門下學人，持守容止甚有可觀，就連朱子也不得不加以讚賞。

程朱學派的宗風，相對於此，則以道統與師道尊嚴為基調；朱子門人中，尤以蔡元定在志趣、才學和性情上最為相契。朱子曾叩其學，大驚曰「此吾老友也，不當在弟子列」，「精識博聞，同輩皆不能及，義理大原已心通意解，尤長於天文地理，樂律曆數兵陣之說。」且從朱子遊最久，並在朱子晚年時，因權臣韓侂冑以偽學之禁，大加打壓朱熹理學的鎮營時；蔡元定即以「首座」遭忌，負罪將行。朱子一門師生蒙此講學大厄，仍餞別蔡氏于淨安寺，離情之感，孰知竟為生死永別。當其時沈繼祖，劉三傑為言官，連疏詆熹及元定，未幾謫道州，州縣捕元定甚急，「元定聞之，不辭家即就道，熹與從游者數百人，餞別蕭寺中，坐客興歎，有泣下者，熹微視元定不異平時，因喟然曰：朋友相愛之情，季通不挫之志，可謂兩得之矣。」〔註149〕

師生賦別前夕，兩人獨與會於寒泉精舍，意興之盛，無異平日，兩人共同訂正「參同契」之旨，終夕不寐。可見師生在道統與學統的志業所繫，並不因外力有所動搖。次年蔡氏卒於舂陵，朱子之哀慟愈恆，認為「同志之樂」已不復矣。此一師生情志的表露，也一如王陽明與早期門徒徐愛的會心莫逆，《傳習錄》上多載王徐的問答。徐早死，陽明在講席常常思念他，一日講畢，環柱而走，嘆曰：「安得起曰仁，于泉下而聞斯言乎？」乃率諸弟子之其墓所，醉酒而告之。〔註150〕

生死之情，固然是師生志趣相契的表現，而這種領會，又端賴於平素師生間對於文化人格的提撕與奮進；再如陳白沙與其學生李大涯的性情交感，實與白沙之學特重心學端倪，非由講授之風而來。白沙與之登臨弔古，賦詩染翰，投壺飲酒，凡天地間耳目所聞見，古今上下載籍所存，無所不語。所未語者，此心通塞往來之機，生生化化之妙，欲先生深思而自得之，不可以見聞承當也。所以李大涯不著書，其信念也實有乃師之風：

〔註148〕陸九淵《象山先生全集》，台灣商務，第509頁。
〔註149〕王懋紘《朱子年譜》，世界書局，第222頁。
〔註150〕《中國書院史話》，學海出版社，第140～141頁。

> 先生不著書，嘗曰：「六經而外，散之諸子百家，皆剩語也。」故其
> 詩曰：「他年得遂投閒計，只對青山不著書。」又曰：「莫笑老慵無
> 著述，真儒不是鄭康成。」〔註151〕

此種教法看重自悟，師生間在教學相長的歷程中，即有知音相惜的情誼；白
沙贈大涯詩云「人間鐵笛無吹處，又向秋風寄此音。」直有相視而莫逆者也。
而白沙後學中，至為卓絕者，又以湛甘泉最著，主張「隨處體認天理」曾
講學於南海縣大科書院、應天新泉書院、歙縣斗山書院、貴池縣會華書院、
衡州石鼓書院等處。其生平所履，必建書院以誌其師，此又為師生志業，
不絨如縷的表彰。〔註152〕湛氏講學西樵時，亦多有老者來游門下，他都禮遇
有加：

> 甘泉（湛若水號）翁講學天關書院，有簡翁一百零二歲，就而問
> 學，將執弟子之禮，甘泉不受，延翁忠愛堂上南向，己東向坐以賓
> 之。又有黎養尊年八十二歲，黃慎齋年八十一歲，吳藤川年八十
> 歲，皆游甘泉門下，甘泉稱為三皓。〔註153〕

這種擇師自由，無分年齡、背景、造詣，乃是以人師的文化人格風範作為歸
趨。又如王陽明之學所以盛行天下，許多重要的弟子如鄒守益、錢緒山、王
龍溪、王艮等人，都各有獨特的師生訂交機緣，方能心悅誠服地以推闡王學
為己任。鄒守益是江右王學的領袖，王德會試第一，廷試第三，曾為南京國
子祭酒。初見陽明是求為文以表其父墓，并無投王門之意，陽明則朝夕與之
談學，鄒見王講格物與慎獨有獨到處，遂稱弟子。尚有董澐號夢石，以能詩
聞於江湖。年六十六，來游會稽，聞陽明　講學山中，往聽之，強納拜陽明，
王禮敬之，與之語連日夜，徜徉山林間。〔註154〕

　　人師精神的表現，在清代書院中也是視為教育哲學的主軸，並不因學統

〔註151〕《明儒學案》白沙學案，第93頁。
〔註152〕湛若水，字元明，號甘泉，增城人。中舉人後，從學於陳獻章。弘治末舉進
　　　　士。選庶吉士，擢編修。時王守仁任兵部武選清吏司主事，兩人一見定交，「相
　　　　與倡道京師」。他認為「萬事物莫非心」，「天理二字，人人固有，非由外鑠」，
　　　　倡言「隨處體認天理」。曾講學於南海縣大科書院、應天新泉書院、歙縣斗山
　　　　書院、貴池縣會華書院、衡州石鼓書院等處。他「平生足蹟所至，必建書院
　　　　祀白沙（按陳獻章係新會白沙里人。學者稱白沙先生）無處不授徒，無處不
　　　　講學，從遊者殆遍天下」。著有《春秋正傳》、《二禮經傳測》、《格物通》、《甘
　　　　泉文集》等，詳見樊克政《中國書院史》，文津出版社，第172頁。
〔註153〕《中國書院史話》，第143頁。
〔註154〕《中國書院史話》，第143頁。

之分殊,而有所偏廢,例如惠棟與戴震的「乾嘉之學」亦復如是。〔註155〕惠、戴二派,各有弟子,也各有建樹。惠派尊聞好博,謹守漢學;戴派則刻斷制有所創發。二派主張雖有不同,但兩派都最惡立門戶,也最不喜以師弟相標榜,許多大師都交相師交,彼此尊重(錢大昕、王鳴盛屬惠派,但與戴極友好)。戴震年輩小惠棟,雖不是惠棟的弟子,卻事惠棟以先輩禮,此誠書院賴以養成的風氣。〔註156〕

又如清中葉的錢大昕〔註157〕、李兆洛,皆為畢生誨人不倦的書院家,主持書院都長達三、四十年。清初的李顒,曾講學於常州延陵書院、無錫東林書院,並主西安關中書院〔註158〕是有名的大師,錢大昕、李兆洛,也都主講書院達三、四十年之久,他們也都有誨人不倦、因材施教的愛生精神。劉宗泗《盩厔李徵君二曲先生墓表》說:「蓋先生(指李顒)之教,因人而施,資之高下,學之淺深,誘之固各不同,……凡有答問,窮晝夜不倦,必使其人

〔註155〕 戴震,字慎修,一字東原,休寧人。精研典章制度、天文、數學、水利、地理、名物訓詁及樂律、音韻等。治經由聲音文字以求訓詁,由訓詁以尋義理。抨擊程朱理學「存天理,去人欲」的「理欲之辨」,是「以理殺人」。曾主講於浙東金華書院,著作有《孟子字義疏證》、《原善》、《原象》、《考工記圖》、《聲韻考》、《方言疏證》、《毛鄭詩考正》、《戴東原集》等,後人編有《戴氏遺書》、《戴東原先生全集》等,詳見樊克政《中國書院史》,文津出版社,第252頁。

〔註156〕 《中國書院史話》,第144～145頁。

〔註157〕 錢大昕,字曉微,一字及之,號辛楣,又號竹汀居士,嘉定人。早年肆業於蘇州紫陽書院,並從惠棟問學。乾隆間,初以舉人為內閣中書,後中進士,授翰林院編修。歷主鍾山、婁東、紫陽書院,「在紫陽至十六年之久,門下士積二千餘人」。精研經史、文字、音韻、訓詁、金石之學,兼通天文、數學、輿地、典章制度、滿洲與蒙古氏族等。長於以子、史、小學證經,剖析源流。於史則擅考訂、校勘。著有《廿二史考異》、《十駕齋養新錄》、《宋遼金元四史朔閏表》、《元詩紀事》、《經典文字考異》、《恒言錄》、《潛研堂金石文跋尾》、《竹汀日記鈔》、《潛研堂文集》等,詳見樊克政《中國書院史》,文津出版社,第253頁。

〔註158〕 李顒,字中孚,學者稱二曲先生,盩厔(今陝西周至)人。家貧,刻苦自學,博覽經史子集及釋、道之書,年未四十,學已大成。屢拒清廷徵召,為學以陸王為主,兼取程朱之說,以「悔過自新」為宗旨;強調「明體適用」,注重有關政治、軍事、律令、農學、水利等方面的實際學問,認為「明道存心以為體,經世宰物以為用,則體為真體用為實用」;並極力提倡講學,視「講明學術」為「撥亂返治,匡時定世之大根本大肯綮。與黃宗羲、孫奇逢鼎足並稱於清初,號為三大儒。曾講學於常州延陵書院、無錫東林書院,並主西安關中書院,著作有《二曲集》、《四書返身錄》,詳見樊克政《中國書院史》,文津出版社,第249頁。

豁然於心目之間而後已。」王昶《錢君大昕墓誌銘》說錢大昕年七十七卒于書院，卒之手尚與諸生相見，口講指畫，談笑不輟。〔註159〕

　　書院師生之間，最可貴者即在於文化志業的善繼述事，克紹箕裘，尤其是重要學派之延展，也多端賴於此。例如朱子之學有陳淳、黃幹而光大，陸象山因有楊簡之傳而發皇，王陽明因王龍溪而將心學立於極盛，此皆以「人統」兼啟「學統」的歷史影響。同時志業之傳承，特別是對於「師說」的同異之見，往往又涉及了「墨守門戶」或「別開生面」的契機；例如王陽明後學分派既多，錢緒山〔註160〕和王龍溪在「天泉証道」上的立場，就有不同的思考向度，也批導了日后講會教育中的教法流變。朱熹之學，到了黃震、王應麟的北山學派「宗朱而有新見」，不以門戶之爭自限，反而能轉化學派之體質，賦予生機。劉蕺山之學，也實因黃宗羲的博學視野〔註161〕，打開了經世和經史的雙重格局，並且講學於會稽證人書院、鄞縣證人書院、餘姚姚江書院等處，成為清初浙東學派的濫觴。凡此皆能融鑄師說，別開生面；例如蕺山之學同門之間，對於學統看法的商榷，也有助於學派開展的多方成就，黃宗羲即謂：

> 昆陵鄆仲昇來越，著劉子節要。仲昇，先師之高弟子也。書成，義送之江干，仲昇執手丁寧曰：「今日知先師之學者，惟吾與子兩人，

<hr>

〔註159〕《中國書院史話》，第149頁。

〔註160〕錢德洪，名寬，字德洪，後以字行，改字洪甫，號緒山，餘姚人。師事王守仁於會稽。時四方之士至會稽學習者甚眾，王守仁不能遍授，往往命他與王畿代為輔導，一時稱為教授師。他於嘉靖間中進士。在野三十年，週遊四方，致力於傳播王學。曾與王畿一起，代王守仁主持其在會稽的書院，後講學於天真書院、懷玉書院等處。著有《緒山會語》、《平濠記》、編有《王文成公年譜》，詳見樊克政《中國書院史》，文津出版社，第177頁。

〔註161〕黃宗羲，字太沖，號南雷，學者稱梨洲先生，餘姚人。師事劉宗周於會稽證人書院。又與復社名士陳貞慧、吳應箕等聯名發佈《留都防亂公揭》，聲討閹黨餘孽阮大鋮。清兵南下，他召募里中子弟數百人進行抵抗(人稱「世忠營」)，被魯王授以兵部職方司主事、左副都御史等職。順治十年(1653)，魯王取消監國名義後，隱居著述。清廷屢次征召，堅辭不出。他反對程朱的「理」先「氣」後說，認為「無氣無理」，抨擊君主專制，主張工商皆本。生平精研天文、地理、算術、樂律、經史、文學、九流百家及釋、道之書等，為學尤重窮經通史以經世致用。由他所開創的學派被稱為清代浙東學派。明亡後，曾講學於會稽證人書院、鄞縣證人書院、餘姚姚江書院等處。著作有《宋元學案》、《明儒學案》、《明夷待訪錄》、《南雷文定》等，詳見樊克政《中國書院史》，文津出版社，第248頁。

議論不容不歸一，惟於先師言『意』所在，宜稍為通融。」義曰：
「先師所以異於諸儒者，正在於『意』，寧可不為發明！」仲昇欲義
敘其節要，義終不敢。是則仲昇於殊途百慮之學，尚有成局之未化
也。〔註162〕

這一學說宗旨的探勘與定位，誠是黃宗羲堅持繼承師說的基礎，方能奠定日
後開啟個人學說的充分條件，也促成了戴山之學轉化後的義理新向度。黃氏
之后的私叔弟子全祖望，也在承繼浙東學術之傳，又賦予嶄新的局面；黃氏
未靖的《宋元學案》志業，也是全氏畢生服膺，並予以興革的斬獲，並奠定
嗣後清代經史之學的里程碑。凡此種種，都是善於推崇人師的文化志業，並
在學說宗旨的同異之間，有其獨立思考的抉擇與轉化。全氏之后的浙東之
學，又以章學誠的造詣，獨能光照時局，他的《文史通義》即為此一學脈相
承的文化志業。又如戴震后學的段玉裁，以及王念孫、王引之父子，〔註163〕
也是不苟同師說，表面上是與師說出入，但就教育哲學的立場而言，正是最
善於尊師，因為他們都有所創新，固能自成一家之言。此誠人統理念的具體
完成，所謂薪傳不息的生生之義，正是緣此而有「後出轉精」的寓意。

吳萬居在勘定中國書院制度的精神向度時，乃認為源於知識分子之「憂
患意識」，以及傳統儒者之自覺精神，固有三大方面的表現：〔註164〕

（1）對於學問之嚮往。
（2）對於師道之重視。
（3）對於道統之尊崇。

是以師道之看重，乃為另二方面的具體與形象的集中表現；而且書院多為小
班教學，師生間在「傳道、授業、解惑」的精神，以及「博學、審問、慎思、
明辨、篤行」的體會上，較能深切感受與鼓舞，是以「尊嚴師道」的立場，
即為書院教育的一個詮釋側面，猶如道統之有「立象以盡意」之旨。論其影
響，則可考察此一師道觀，在以人統為規準的立場上，是否能有效開出「學

〔註162〕黃宗羲《明儒學案》，自序，里仁書局。
〔註163〕段玉裁，字若膺，又字喬林，號懋堂，又號硯北居士，金壇人。曾肄業揚州
　　　　安定書院。乾隆舉人，師事戴震於京。乾隆三十四年，隨戴震赴山西，主講
　　　　壽陽書院。精文字訓詁、音韻之學，積數十年心力，著《說文解字注》，對於
　　　　清人治《說文》者影響甚大。著作還有《六書音韻表》、《古文尚書撰異》、《周
　　　　禮漢讀考》、《儀禮漢讀考》、《經韻樓集》等，詳見樊克政《中國書院史》，文
　　　　津出版社，第254頁。
〔註164〕吳萬居《宋代書院與宋代學術關係》，文史哲出版社，第180頁。

統」與「事統」層面，且為此二統的「精神淵源」，則此義可不為孤立、絕緣與封閉的系統，而能啟沃後代，成為理想的「三統之學」文化人格架局。

第三節　書院中「人統」教育哲學的意義及評價

明代書院家王艮，出身民間，因貧輟學，曾為竈丁，又為商販於山東，常就《論語》、《孝經》、《大學》，向人質疑問難。後見王陽明於南昌，以之為師。他倡言「百姓日用即道」，除了繼承王陽明心學的傳統之外，更開展了強調率性與樂學的「泰州學派」；〔註165〕此一學派雖然在思想史上頗多爭議，但是在啟發真性，為民間百姓導引安身立命的教育宏旨上，郤能擺脫菁英主義的論調，充分發揮人格陶冶的興味。他不以道統與權威為尊，昌言其一套「格物安身」的學說；相當能體貼人心，有助於揭示人統教育哲學的特點，尤其是他以「絜矩」之義，闡發格物大義，頗能自出機杼：

> 問「格字之義」。曰：「格如格式之格，即絜矩之謂。吾身是個矩，天下國家是個方，絜矩則知方之不正，由矩之不正也。是以只去正矩，卻不在方上求，矩正則方則成格矣，故曰物格。吾身對上下前後左右是物，絜矩是格也。其本亂而末治者否矣，便見絜度格字之義。格物，知本也，立本，安身也，安身以安家而家齊，安身以安國而國治，安身以安天下而天下平也。故曰修己以安人，修己以安百姓，修其身而天下平。」〔註166〕

王艮依絜矩安身之義立說，乃確立了吾人作為「萬物尺度」的精神，對於儒家格物之說，包括物之本末，事之理分，以及「知止」、「知本」之道，都能一以貫之。端在反求諸己，以己推度眾庶的理念上，甚能安其心志，而不為物遷，不為人惑。泰州學派由此講明格物，進言修齊治平的外王之道，才能以絜度之心，不失矩矱；因此無論修身講學，皆以人格主體的自信與挺立作

〔註165〕王艮，字汝止，號心齋，泰州安豐場人。因貧輟學，曾為竈丁，又為商販於山東，常就《論語》、《孝經》、《大學》，向人質疑問難。後見王守仁於南昌，以之為師。王守仁返會稽，艮從之。歸家，乘自製小車北上，沿途講學。至京，被歐陽德等勸歸。仍赴會稽，從王守仁問學於稽山書院。王守仁卒後，返里開門授徒。他是泰州學派的創始人。倡言「百姓日用即道」。又創「淮南格物」之說。曾講學於廣德州復初書院、泰州安定書院、東淘精舍等處。著作先後被編為《心齋王先生全集》、《明儒王心齋先生遺集》，詳見樊克政《中國書院史》，文津出版社，第175頁。

〔註166〕《明儒・泰州學案》，第712頁。

為張本;「大學」中的三綱領、八德目,即為此一安身大義的外延與實現。

　　大體而言,文化人格的型塑與積澱,在中國傳統文化模式中,人的定位不外乎三個基本要素,亦即(一)民族生命狀態。(二)歷史發展狀態。(三)社會組織狀態。吳予敏認為這正是一個「文化模式」的三個維度:〔註167〕

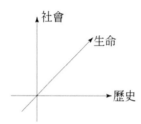

這三個維度分別反映出該民族及其成員,是「如何理解和處置生命實體的?」「如何設計組建社會層次的?」以及「如何對待歷史繼承未來發展關係的?」因此,反映出特定民族的文化模式的傳播結構應當是:「生命(生活)——傳播結構」、「社會——傳播結構」、「歷史——傳播結構」的架局。

　　也就是說透過中國書院的教育哲學,探勘文化人格的座標,勢必依此三個維度的傳播模式,加以貞定與建構。進而在三統之學的義理架局上,「人統」理念的教育哲學,則涉及了(一)「生命(生活)——傳播結構」的實存問題與應然問題,而後二者,則在「學統」,「事統」章中將作續論。

　　依據吳予敏的考察,中國文化在生命與生活結構上,不外乎形成一「同心圓型」的傳播結構,形成了一強調人倫綱常的模式,層層包圍中心,確立了層次秩序井然的型態:

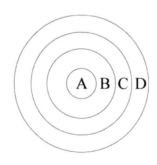

　　其中A,是「身」的層次,乃個體的生命生活實體。

　　B,是「家」的層次,乃個體誕生、訓育的起點和人生的歸宿,是

〔註167〕吳予敏《無形的網路》,雲龍出版社,第188頁。

最基本的社會關係實體。

　　C，是「國」的層次，乃個體生命意義、社會責任實踐的場所。

　　D，是「天下」的層次，乃為生命的永恆意義的寄託所在。

在儒家的「修身、齊家、治國、平天下」的理想圖示裡，我們可以看到從個體內向傳播、推及家族內部傳播、再推及社會職責範圍的傳播、最後推及與天下人人的溝通，開展而為層層遞進擴延的結構。〔註168〕

　　這個結構反映了生命生活圈與傳播活動的「同一性」，相對於此，個體生命與社會群體之間，就有了互為依存與制約的複雜關係，並且有很強的「內斂」性質。形成了個體面的人格不容易表現，必務須通過層層規範之中，彼此關照或順應；因此造成「內圈的觀念行為模式，直接演繹為外圈的觀念行為模式」。這種同心圓模式固然有其特點，例如由自身到家國天下的價值實現次序，也恰為儒家內聖外王的功夫步驟，以及具體理念的逐一完成，有利於針對不同對象，而施予不同的學習重點及要領；但是在文化表現上過於封閉和內聚的傾向中，如此「禮儀化的內聚型超穩態社會」實有明顯的壓抑個性，與排斥新單元加入的缺點（如異質的或新潮的事物與觀念）。儼然而有一系列心理情感的特徵：自尊心、自信心、自豪感、家國中心主義和鄉土中心主義等等。繼而在人權表現上，吳予敏進一步指出一微妙的兩極發展：

> 一種是所謂的「君子──孝子──忠臣」，個體的人格可以無限放大為社會性的情操，個體生活的每一環節都被賦予了興邦安國、平治天下的宏大意義；另一種是所謂「小人──不肖子──奸賊」，天下和國家的事務可縮小至私利範圍，社會政治事務的每一環節都直接維繫於個體的道德、好惡、觀念行為。因此，一方面有「先天下之憂而憂，後天下之樂而樂」的仁人志士；另一方面又有「據天下以奉一人」的竊國大盜。〔註169〕

總之這一同心圓結構，在文化上的功能，確乎是造成了民族內聚性、觀念封閉性以及人格伸縮性的特質。即便是書院中往往看重人物評價的標準，關涉於希聖希賢的探究，也往往流於道德的批評，忽略了其他條件的參照及獨立思考。表現在教育上，自然是阻礙創造與進步性的發展，例如墨守科舉與官學系統的師說與版本、以及偏執於門戶之爭與正統論意識型態，於焉成為本

〔註168〕吳予敏《無形的網路》，雲龍出版社，第189頁。

〔註169〕同上，第193～194頁。

位主義的排他生態；凡此皆欠缺人格陶鑄上的結構性張力，遑論挺立健全而開放的文化人格視觀。

　　置身在此「禮儀化的內聚型超穩態社會」下，書院教育如何因應這一無形的人際網路？對於理想的文化人格陶塑，乃採行同情的了解，進行創造性的詮釋；並試圖以較為相對的範疇，鋪陳此一書院人統教育哲學的模式，簡示如下：

本圖乃以前述書院文化人格修養上的「四大關目」，將既定的「同心圓型」的傳播結構，進行互為參照的交集關係，也就是說彼此之間互有重疊的部份，但亦有各自獨立的規範及內涵。例如「義利」之辨的反省，就牽涉到「事功」上的王霸之辨、以及「舉業」中的上下等舉業之別；但是並非每一範疇得以概括所有的問題，例如陳亮的王霸並用、義利雙行的主張，實有其針對文化人格獨立反省的價值所在，相對於儒學的「道統」之辨，應該以相對的範疇進行參照，避免直接妄下斷論的價值判斷。

　　吳予敏認為在這四個「圓圈」領域組合的中央位置，尚屬沒有全然交集的「虛空」狀態，則是關於吾人的形上思辨領域，而不是以生命或倫理本位，取代人的全部意義。〔註170〕是以在此一圖示中，每

─────────────

〔註170〕吳予敏認為在這個假設的「生活──傳播結構」中，人的行為領域是動的，分散的，人從不同的方向上獲取信息。每一個行為領域的傳播活動，並不能完全影響到其他領域的行為，每個領域有其相對獨立的行為準則，圖示如下：

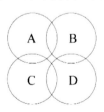

　　詳見吳予敏《無形的網路》，雲龍出版社，第194頁。

一個圓圈（數量多少皆可設定），A、B、C、D者乃書院家各以其立學的「宗旨」為前提，設定人格修養上的必經關目，如「義利」、「事功」、「道統」、「舉業」之辨，或如劉蕺山的「人己」、「敬肆」、「迷悟」三大聖學關目，或如曾國藩以「義理」、「詞章」、「考據」、「經濟」作為學問四途，形成數個傳習與行為領域。同時這四個領域無法共同交集的中心，亦即尚存「虛空」的形上思辯層境，乃強調不全然以倫理本位，侷限了文化人格探索上的學術獨立，以及心性自主的特性，提供理想人格探勘的可塑性向度。〔註171〕

也就是說在「人統」教育哲學的理念上，同心圓式的傳習結構，實為束縛性較大的型態，因而在書院實現文化人格理想的主張上，必須將「禮儀化的內聚型超穩態社會」，透過師生問難、民間講會以及書院宗旨、人師學說等多元的視域彼此交融，才有可能在修養關目上，確立個人稟賦與才具，如何與「希聖希賢」的理念，相互啟發，作為全幅人性了悟的生命學問。緣此德性主體的建立與才性審美的表現（亦即上圖中央，沒有全然交集的「虛空」位置），即是書院家在作育人才時，必須兼重的自覺；特別是宋明理學中往往有「義理之性」與「氣質之性」之間界說問題，「氣質之性」與「才性」之意涵又有若干的糾葛，這一層次的疏理，實寓有人性瞭解的形上思辨意涵，牟宗三認為：

> 從字面上說，才質等於氣質，而且氣字更廣泛，因為「才」亦是屬於氣一面的。但何以說「才性」比宋儒所說的「氣質之性」，其涵意更為廣大而開展呢？這因為宋儒說氣質之性，乃是道德實踐中由實現「義理之性」而開出的。它是在義理之性的籠罩之下而被視為被變化的現象。因此，他的涵義拘束而不開展，單調而不豐富。在品鑑的論述下，才性並無一個更高的層面來冒之。它可以全幅舒展開。因此顯出它的涵意之廣大。而吾人亦可以全幅展開之，而觀其底蘊。這是「美學性的品鑑」之解放的意義。〔註172〕

這一段分疏，在書院教育中，可以在功夫論上強調「存天理，去人欲」，以及

〔註171〕再者原本既定的「同心圓式」結構，則可轉化為「學統」上「學習範疇」的設計，以為循序漸進的歷程；或作為「事統」上「三重空間」（心理、物理、自然）的設計原理，具體闡釋教學空間在環境上的哲學性意涵，參見其後二章的詮釋。

〔註172〕牟宗三《才性與玄理》，台灣學生書局，第46、47頁。

「涵養察識」、「致中和」等德目上，體會「氣質之性」被視為有待轉化的問題。然而而「才性」一格的開啟，實有積極的文化人格審美意義（例如魏晉玄學的人物品鑑）；但是在中國人性論的探究中，又往往過於強調善惡之分的觀念，特別是在前述同心圓式的結構中，針對善惡的分判及規範，也往往過於絕對與粗略；是以人格的表現上就易於扭曲與壓抑，（即前述中提及的人格伸縮性的兩極化）剋就此一心性論的批判，如何確立人統教育哲學的形上照察？清末民初的章太炎，〔註173〕即有一全幅性的歸納。

章太炎肄業杭州詁經精舍，從俞樾受學，並且是近代思想史上，企圖重建中國哲學認識論上的巨擘，企圖通過佛學、莊子齊物論、以濟儒學內在義理與外在實踐上的不足；並對人性論進行統整與確估，俱見於其《國故論衡》一書之〈辨性〉上下篇，此一文本乃試圖終結整個中國傳統心性之學的義理規模，並予以有效的批判，其中分疏了中國心性學的五大系統：〔註174〕

（1）性本善：孟子一系。

（2）性本惡：荀子一系。

（3）善惡混：楊雄。

（4）善惡以人相異、或分上中下三品：漆雕開、世碩、公孫龍、王充、韓愈等人。

（5）性無善無不善：告子一系。

〔註173〕章炳麟，初名學乘，改名絳，字枚叔，號太炎，餘杭人。早年肄業杭州詁經精舍，從俞樾受學。光緒二十一年，加入強學會。次年赴滬，任職《時務報》，繼又任職杭州《經世報》、上海《昌言報》等，鼓吹變法。戊戌政變後，因被通緝，一度避地臺灣、日本。光緒二十六年，割髮辮，並撰《客帝匡繆》，決意反清革命。辛亥革命後回國，參與組織「中華民國聯合會」（後改為統一黨），任會長，並任《大共和日報》社長。九一八事變後，主張抗日救國。晚年遷居蘇州，創設章氏國學講習會，講學以終。生平博通經史、諸子、語言文字之學以及文學、邏輯學、醫學等，稔熟歷代典章制度，於中西哲學亦廣為涉獵。著作有《章氏叢書》、《章氏叢書續編》、《章氏叢書三編》等。今人編有《章太炎政論選集》、《章太炎全集》，，詳見樊克政《中國書院史》，文津出版社，第282頁。

〔註174〕章太炎透過唯識之學的檢證，認為孟子、荀子所言善惡雖異，然同總結於「以意根為性」，意根一實也，然其發用則有善有惡也。而告子則為以「阿羅耶識為性」（即第八識），其未始執死，未始執生，故無我愛、我慢、更無善無不善也。復此楊雄一系，和漆雕開一系，則同為「以阿羅耶識受薰之種為性」，即以阿羅耶恆轉徙以此生有善惡混，所以混者何，又不能自知，而受薰之種有強弱之別。詳見章太炎《國故論衡》「辨性上篇」，收於《章氏叢書》，世界書局。

這五大系統已涵蓋了中國人性認識上的梗概，但章氏據其唯識佛學的先在理解，認為此五大系統不僅見體不一，根源上也互不相應；無怪乎爭議不斷，更無助於啟發中國哲學在認識論上的新意。章氏的會通用意，不僅是為長期糾葛的諸子學做一分判，尤其是據此心性主體在認識上的定位，如實闡釋了人性自身，實為一矛盾葛藤的意識狀態；因此片面以善、惡的德性進行裁斷，其實反映的只是吾人自身認識上的投影，誠所謂「劃分畛域，實為遺道日遠」。通過佛學義理，在現象、心境、物自身等主客認識上的引導之下，章氏對於人性的探勘，乃有一鮮明的鋪陳：

▲ 人性為一矛盾之集合體，一切我愛、我慢善惡之樞機，繼為意識之異用，而非真如的定相。

▲ 人性自身既有此一矛盾，因是透過人自身所創造的一切規範，或創造物，即有了不斷檢證、批判的必要（如宗教、信仰、政府、符號等等），否則殆有認識上的困境。

▲ 人性自身的理解，即是正視了心性矛盾的實然問題，繼以揭示人的解放，逼顯認識論上的意義，以正本清源地解決西方資本主義，以及若干意識型態下造成人的「異化」問題。

章氏的剖辨，對於書院人統教育哲學的視觀，已然邁入嶄新的里程；此一配景的彰顯，結合西方心理學、精神分析學等學科，已然較能說明此心性義理的經驗樣態。對於由義理之性轉化氣質之性的歷程，以及如何由「才性」的索隱，到「才性美學」的開展，提供彼此參照的向度。同時也觸及了吾人對於自身矛盾的揭示，誠是教育哲學中持恆不懈的意向。一如魏晉玄學富於宇宙的深情，向外發現了自然宇宙，向內發現了自己的深情，因此對於「人的主題」，做了大幅度的解放與詮釋，誠是哲思上的一大進步；繼起於宋明以來的書院教育，他所要樹立的，也正是對於理想文化人格的貞定。因此選擇了自然勝境的名山佳處辦學，以及「富於哲學氛圍」和「宇宙情懷」的書院建築規畫；君不見書院家的「名號」中，多突顯一「山林逸氣」與「耕讀本色」的取向，體現了理想文化人格的境界觀。〔註175〕

　　「泉水在山乃清，會心當處即是」，書院立足山林，期許在自然空間中啟

〔註175〕書院家名號的自然取向例如：象山（陸九淵）、泰山（孫復）、五峰（胡宏）、雙峰（饒魯）、九峰（蔡沈）、西山（蔡元定、真德秀）、鶴山（魏了翁）。又如龍川（陳亮）、近溪（羅汝芳）、龍溪（王畿）、雙江（聶豹）等。

蒙學人深切體悟「道體」、「誠體」與「心體」在天人關係中的興發。這一思維模式，恰與佛、道二家形成「三教成棲」的人生觀，日人合山究歸納其中的特點如下：〔註176〕

雲霧世界	道教	遁世	渾沌朦朧	無	坐忘
塵埃世界	儒教	入世	秩序明白	有	靜坐
青天世界	佛教	出世	清淨光明	空	坐禪

諸家世界觀的差異，形成了不同的修養功夫，以及文化人格界定上的內涵。綜合觀之，書院教育的型態，顯然較為理想的結合了讀書山林，以及寺院精舍「心齋式」的生活內容。是以在性情的表露，以及才性、德性安頓上，有一較為從容傳習與陶鑄的空間；並且在積極的社會傳播面向上，則以「講會」型態所強調的同道論學的理念，作為民間紮根的修身模式。

關於境界型態的探索，書院師生教學相處的過程中，啟發真性，因材施教，隨事啟發，就已不獨為「讀書」一事所能概括。提倡「樂學」的教育宗旨，即為私學與書院教育中一個人格養成上的境界；無論是探討孔顏樂處，曾點的風乎舞雩，孔子的啟引學人「言志」以見本心的揭示，下迄周濂溪、邵康節、程明道的從容風度，陸象山、陳白沙的心學妙運，以及王陽明、王龍溪和王艮等人的強調指點真幾，皆為活潑性靈、別開生面的儒學教育。例如王艮之子王襞，〔註177〕在其泰州學派的書院教育中，即主張良知真樂，人人本有不假外求，故曰「易簡」，非吾語之能述，非思慮之能及，故曰「默識」，本自現成，何必擔荷，本無遠不至，何須充擴？因此特重儒門中「樂學」當下的傳統：

> 問：「學何以乎？」曰：樂。再問之，則曰：「樂者，心之本體也。有不樂焉，非心之初也。吾求以復其初而已矣。」「然則必如何而後樂乎？」曰：「本體未嘗不樂。今日必如何而後能是，欲有加於本體之外也。」「然則遂無事於學乎？」曰：「何為其然也？莫非學也，而皆所以求此樂也。樂者，樂此學，學者，學此樂。吾先子蓋常言之也。」「如是則樂亦有辨乎？」曰：「有所倚而後樂者，樂以人者也。一失其所倚，則慊然若不足也。無所倚而自樂者，樂以天者也。

〔註176〕合山究《雲霧之國》，三民書局，第120頁。
〔註177〕王襞的學行歷程，附見於《明儒學案》泰州學案，里仁書局。

> 舒慘欣戚，榮悴得喪，無適而不可也。」「既無所倚，則樂者果何物
> 乎？道乎？心乎？」曰：「無物故樂，有物則否矣。且樂即道，樂即
> 心也。而曰所樂者道，所樂者心，是床上之床也。」〔註178〕

王襞以「樂」為真切的教育理境，樂者，樂此學，學者，學此樂。正是點出
了教育家無論是透過何其嚴整的人格標準，以及修養法則，在德性主體的勘
定上，唯有充分地坦露人人本具的性靈之美，則「人統」理念的底蘊，才有
亙古常新的雋永意味，而非疊床架屋式的義理鋪陳。一如前文我們提出書院
教育的特點，乃在於「思想的藝術」與「生命的美學」的契合，以及牟宗三
所謂在人性了悟上，賦予「美學性的品鑑」。順是，顏回的「不改其樂」，或
如周濂溪的觀天地大美，程明道的自得其樂，方有相應的理解。王襞乃前承
其父王艮的「樂學歌」精神，廣為民間學風的播揚：

> 人心本自樂，自將私欲縛。私欲一萌時，良知還自覺。一覺便消除，
> 人心依舊樂。樂是樂此學，學是學此樂。不樂不是學，不學不是樂。
> 樂便然後學，學便然後樂。樂是學，學是樂。嗚呼！天下之學，何
> 如此樂？〔註179〕

此一看似從容的教育哲學觀，乃以「天地大其量，山岳以聳其志，冰霜以嚴
其操，春陽以和其氣」為自然宗趣，故能常保「鳥啼花落，山峙川流，飢
食渴飲，夏葛冬裘，至道無餘蘊矣。充拓得開，則天地變化，草木蕃。」
泰州派的學人，率能以「安貧樂道」作為生活旨趣；例如夏廷美乃以學為
「真人」，作為立身大志，而不著力於「異端之辨」，良知主宰自然成為功夫
根砥：

> 喟然曰：「吾閱集注，不能了了。以本文反身體貼，如思知人，不可
> 以不知天。竊謂仁者人也，人原是天，人不知天，便不是人。如何
> 能事親孝子？論語所謂異端者，謂其端異也。吾人需研究自己為學
> 初念，其發端果真為何，乃為正學。今人讀孔、孟書，祗為榮肥計，
> 便是異端，如何又闢異端？」又曰：「吾人須是自心作得主宰，凡是
> 只依本心而行，便是大丈夫。若是為世味牽引，依違從物，皆妾婦
> 道也。」又曰：「天理人欲，誰氏做此分別？儂反身細求，只在迷悟
> 間。悟則人欲即天理，迷則天理亦人欲也。」〔註180〕

〔註178〕《明儒學案》泰州學案，第 723 頁。
〔註179〕同上，第 718 頁。
〔註180〕同上，第 720～721 頁。

又如工匠韓貞不以居處之陋，而自詠：「三間茅屋歸新主，一片煙霞是故人」自樂，且以化俗為任，隨機指點農工商賈，從之遊者千餘人。甚且秋成農隙間，則聚徒講學，一村既畢又之一村，前歌后答，弦誦之聲，洋洋然也。而王襞本人則繼父講習，往來各郡，主其教事；歸則扁舟於村落之間，歌聲振乎林木，「恍然有舞雩氣象」。此種自得灑脫，誠為人格審美上一個重要的寫照，又如泰州派門人，樵夫朱恕：

> 朱恕字光信，泰州草偃場人。樵薪養母，一日過心齋講堂，歌曰：「離
> 山十里，薪在家裡，離山一里，薪在山裡」心齋聞之，謂門弟子曰：
> 「小子聽之，道病不求耳，求則不難，不求無易。」樵聽心齋語，
> 浸浸有味。於是每樵必造階下聽之。飢則向都養乞漿，解囊飯以食。
> 聽畢則浩歌負薪而去。〔註181〕

此一樂學之風，一掃官學沉悶而功利的學風，同樣可以在陳白沙心學的學理上揭示，直有活水源頭的啟發「色色信他本來，合用爾腳勞手攘？舞雩三三兩兩，正在勿妄勿助之間。曾點些而活計，被孟子打併出來，便都是鳶飛魚躍，若無孟子功夫，驟而語之以曾點見趨，一似說夢。蓋自夫子川上一嘆；已將天理流行之體，一日迸出。曾點見之而為暮春，康節見之而為元會運世。故言學不至於樂，不可謂之樂。」〔註182〕

儒家本色當行的「聖人」觀，不應該只是「宗廟之美，百官之富」的森嚴堂奧，或是「讀書破萬卷，下筆如有神」的學養造境，而是有其生活的風姿，以及印證天地之美的宇宙深情。「易簡」與「樸實」的原則，俱為文化人格身心健全的基礎，程兆熊為此所作的定義如下：〔註183〕

> 一個人的完成所應該根據的，自我視之，則為一個人對人性的了悟；
> 一個人對人性的了悟則應根據一個人的做人的重量；
> 一個人的做人的重量，則應根據一個人的對人的容量；
> 一個人的對人的容量，則應根據一個人所應遵循著的人情的正軌；
> 一個人的人情的正軌，則應根據一個人內心的均衡；
> 一個人內心的均衡，則應根據一個人的生活的簡單化。

〔註181〕《明儒學案》泰州學案，第 719 頁。
〔註182〕同上。
〔註183〕程兆熊《完人的生活與風姿》，水牛出版社，第 1 頁。

以上的各個要件，又是互為根據的，此即「易簡」的原則，也是在觀念的簡單化中，要求著「文」的「質」化，則做人的「重量」、「容量」、「正軌」、「均衡」、「了悟」才能有一體通貫，彼此融洽的簡單化境界。程氏更強調「生活的簡單化，不僅是道德，而且是藝術」的心領神會。

剋就書院的人統教育哲學而言，此一人格健全與均衡的理念，恰能呼應希聖希賢的本旨；可以明心見性，排除種種「不相干」的權威與制約，引導學人審度學習的動機、目的，而能立志向學。書院中師生人數不多，在動靜語默的人師薰陶下，可簡化生活的儀規及問題，聚焦於彼此才性的瞭解。師者可依學生才具予以啟發及引領，而書院所存在的「自然空間」，更能提供書本以外的宇宙觀在物色、生機、流行的體會，對於哲思上的啟蒙，極有助力。尚且儒家式的靜坐觀，協助學人在養身、養心、養氣上，因沈潛而增益其意志與判斷力，遂在義利、事功、道統、與舉業等關目上，開啟獨立思考的自律道德，對於文化人格的體會及陶鑄，將工層的效夫進境的效果。同時在書院教育中，透過院內「會講」以勘定學說之義理向度，以及院外「講會」調節社會傳播的模式，都是此一信念的具體印證。

人生問題的許多矛盾，往往在於不能正見與起信，因此許多正向開展的力量，往往受制於層層不相干的謬誤，繼而喪失人之所以為人的自覺。書院中人統教育哲學的縱深，正是因應這一困境而來，並以文化的人格的健全作為信念；「希聖希賢」的宗旨，在前仆後繼的書院師生致力下，心燈交映的歷程，儼然蔚為中國教育思想史上，歷歷分明的正軌與座標。

第肆章　中國書院之「學統」教育哲學

第一節　學統教育哲學之理念：「究元決疑」

　　書院教育哲學的研究，對於中國學術史的意義而言，乃與宋代以來學派與學風的興革，產生了密切關連，並且形成各種不同宗旨的書院系列，可以藉由以下的幾個基本考察點，作為探勘書院教育與學術史互為關涉的進路：

　　　1. 書院中講學者或山長所代表的學派。
　　　2. 書院中採行的教材，以及教學內容、宗旨。
　　　3. 書院中祭祀的對象。
　　　4. 書院中形成的文獻性質，以及相關影響。

例如強調理學系統的書院，可以朱子及象山所屬的書院為代表，其中又因兩人在學理上的側重不同，衍生為兩派抗衡的學風，影響了兩家在教法、教材上義裡取向的差異。例如朱子重新解讀「四書」義蘊，並以個人編纂的章句新義作為教材，影響嗣後的官學與科舉採行的版本，也開啟主流的程朱學風；象山則採行古註，特重孟子學的義例，即是兩派學風營壘的實例。再由祭祀對象的不同，也相應於學術史上學統的定位，例如漢學系書院的詁經精舍，乃祀鄭玄、許慎等經學宗師，即有別於一般理學書院之祀周、張二程等理學大師。繼而在不同學派中次第形成的文獻，尤其具有學術史上的意義，如朱子所開辦的書院，透過其講學而形成「四書」的定本，取代「五經」在學術上的既有形勢；清代書院在乾嘉學風的披靡下，乃遙承漢儒在訓詁經史上的成果。再者由黃宗羲所主持的證人書院，則下開「浙東史學」的格局，《明儒學案》、《宋元學案》的學術價值，早允為定評。亦即書院掌教者必須以光大

書院的學術傳統為已任,而非專以聚徒立幟目的,全祖望即讚揚黃宗羲「復舉證人書院之會於越中,以申戢山之緒」,誠是光大了劉戢山創辦書院時,考鏡學術源流的傳統。全祖望本人在端溪書院講學時時,也「必與諸生講說學統之流派」,要求學生把握書院學統,以至於廣東全省的學術源流,予以發揚光大。〔註1〕此一學術統緒與源流的重視,誠為書院賴以昌盛千年的重要因故,試看朱子邀象山至白鹿洞書院講學,盛談「義利之辨」的關目,以及朱陸二家在「鵝湖之會」開啟的學術及教育理想;以及明代盛行的「講會」制度,實為公開的學術會議以及民間演講,正仰賴於兼容並蓄、百家爭鳴的精神,此誠中國學術史上的里程碑。

「學統」教育哲學精神的可貴,不僅在於學派建立,以及學術賴以傳承的特點,也是結合著「人統」教育哲學希聖希賢的精神,以及「事統」教育哲學如何開展的義裡理根據。「三統」之間如何彼此相涵相攝,並與書院思想的基源問題密切相應,皆有賴於「學統」教育哲學賦予整體性的洞察。

簡而言之,書院教育的「學統」精神,正是奠基於「理學」思想的範疇,其根本理念乃在於「究元決疑」。此一「究元決疑」的特點,〔註2〕認為北宋六大家包括「洛學」、「關學」、「濂學」在內,乃綜合前代自然思想以論究宇宙之起源、人世之開闢,構成「宇宙論」空前發展的思想,此即其「究元」的精神,實為漢唐以來之盛事。進而依此「明體」,發為「本體論」、「心性論」、「道德論」,論究先天精神之本能,以及後天行為的價值。再由「知微」而清理觀念,由「知危」以指導行為;理學家無不一致循此邏輯,以發揔是非真偽的求真精神,推而為明善求善的價值追求。進一步對人生真相重予確估。此誠理學最為顯著的「決疑」精神,各派的學說重點殆集中於此,黃公偉乃分就三大層面予以界定:〔註3〕

(一)就「理學」的指歸與精神而言

宋明理學家慣於探討宇宙自然以及物理的真相,論究精神生理的起源,以及先天功能與後天效用。涵括宇宙觀並推及哲學的心性論,故論天理與人

〔註1〕 詳見《嶽麓書院一千零一十周年紀念文集》第一冊,湖南人民出版社,第295頁。以下簡稱《嶽麓書院集》,同時全祖望的《鮚埼亭集外編》中,亦有多篇書院記文可作實例,華世出版社。

〔註2〕 此一「究元決疑」的學統精神立論,乃本於黃公偉《宋明清理學體系論史》一書,見是書自序,幼獅文化事業出版。

欲，無不歸宿於「理」、「氣」，故曰「理學」。換言之，外在的天理、事理與內在的心理，性理，皆歸總於理。由天人之道理，歸本於心性為討論之主體，進而窮究其根源變化，乃構成一獨特的形而上學。〔註3〕

（二）就「理學家」的「自主」與「融貫」精神而言

宋明理學家以獨立自主的魄力，綜羅百代，反陳出新，疑經刪經，移經文以就己說，標榜反訓詁考據的人文主義，打破了漢唐以來的一切傳統樊籬，而以新面目出現。標舉理想與實踐合一的人性道德，將天理人欲之辨，作為治學的總綱，以啟迪世道人心，成為社會主要的安定力。當隋唐佛道勢力極度擴張之後，他們未為佛道局勢所孤立，卻能融會佛道，不失儒家人文思想的本位，故能開啟儒學嶄新的義理向度。

（三）就「道德的科學」角度而言

近代西人將理學譯為「道德的科學」，一如程朱之學循此精神而言，論天道天理則曰「明微」，說人心人欲則曰「知危」，由此確立的本體觀即是「性即理」。並以天地之性與「理」直接相交通，氣質之性與「氣」相交通；並由「道問學」的知識論，自外而內、認為體由用見，以為入德之門，後世所謂「理學」，應當指此而言。相對而言，從邵雍、大程子到陸王系統，則依「心即理」說以為本體觀；乃以心靈的昭明靈覺與天理相交通，承襲學庸「明德」、「性善」學統，確立了心物同法的世界觀，以及「仁的一元論」。故由誠意正心的道德論，強調內外合一、體用合一，結合佛家利根頓悟說，以為成德之門。揭示了「用由體見」，而為一內傾型態的人生論。〔註4〕

通過此一「由道德證本體」、「從自然說人文」，或者「由懷疑而實證」、「從本體而實踐」、「由科學而哲學」等多重探索的歷程，對於師生傳習而言，實為知行並進的歷程；也就是說這一獨特的「究元」與「決疑」的表現，一方面向前歸結，興起學人挺立「為往聖繼絕學」之志，亦可以向後開展，慨然以「為萬世開太平」為己任。確立了理學與書院教育的思想，乃復歸於「為天地立心，為生民立命」的文化人格理境；由「究元」到「決疑」的過程，大體聚焦於四大向度的探勘：〔註5〕

1. 物理世界的起源觀與太極論

〔註3〕黃公偉《宋明清理學體系論史》，幼獅文化事業出版，第4、5、19頁。

〔註4〕同上，自序第8頁。

〔註5〕同上，第一節「理學思想的特有精神」。

    2. 精神世界的造端與本體論

    3. 心性生理的論究與學派

    4. 實現倫理價值的教育觀念

儘管在哲學史上，宋明理學存在著道統之爭與儒佛異同、儒佛交涉的淵源，以及其後清代的漢宋之爭的論題。〔註6〕但就學統教育哲學的宏觀之下，同異與分合之間，卻仍有一辯證與綜合的意向：

> 自學派的演變觀之，有兩宋「濂、洛、關、閩」之競尚，即有元儒的折中調和。有明儒朱王的對抗，即有明末「東林」諸子的融通。故由於學派之分庭抗禮，乃見千巖萬壑之奇觀，所謂「天下一致而百慮」者是。這是宋明理學家獨立自主治學精神的主要特色。由於折中調和，則又見前聖後聖心同理同，萬善同歸之勝景。所謂「殊途同歸」者是。亦即理學家融貫異說為一體的精神所在。〔註7〕

這一觀點實與書院教育哲學的立場一貫，也即是我們所關切的是「理學」的形成與之於教育哲學的啟示，最主要的乃在於開啟了以人為本位的宇宙觀，並貞定了人生價值的行為取向。同時在書院教育哲學的實踐歷程中，這些意涵實已超過了「學派」本身的意義。究元決疑的底蘊，實為新儒家「性理之學」的體現，宋明以來書院教育中傳道、授業與解惑的論題，大體而言皆不外此一範疇，蔡仁厚即歸納而言：〔註8〕

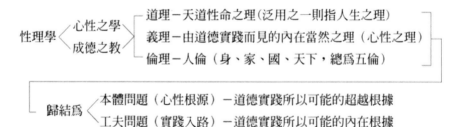

〔註6〕 此一儒佛分辨的問題，可詳見二部專論：

    △ 賴永海《佛學與儒學》，揚智出版。是書乃就佛本／人本。佛性／人性。頓悟見性／修心養性。出世／入世。等角度，來比觀理學和心學在儒佛交融上的意義。

    △ 曾錦坤《儒佛異同與儒佛交涉》谷風出版社，則看重理論上（存有論‧心性論）來分辨此一關目，尤以王陽明的良知說，以及劉蕺山的慎獨之學，作為焦點。並進一步就佛教對宋明理學的影響事實作一對照。

〔註7〕 黃公偉《宋明理學體系論史》自序，幼獅文化事業出版，第3頁。

〔註8〕 蔡仁厚《儒家心性之學論要》，文津出版社，第274頁。

由此可見，心性根源與實踐入路，應該是本末體用一貫之道。我們在探討書院中「人統」教育的學規、學約、以及其他相關的修養法則，就不能單純地視為形式上的規範與原則，而是涉及了「學統」教育的思想意涵。這一點也可用來說明書院著重的由「小學－大學」的學習歷程，必須在「事」與「理」的引導和傳習上，有其「究元」的引導，方能在工夫實踐上充分「決疑」，成就學人在安身立命的課題上，持續保持探索的深度。因此「道理」、「義理」與「倫理」此三者如何一以貫之的旨趣，可視為「究元」與「決疑」的關鍵，從而奠定了文化人格在道德實踐上的必然根據。

清代書院家孫奇逢在其書院講學中編定的《理學宗傳》中即慨言：

> 學者以聖人為歸，無論在上在下，一衷於理而已矣。理者，乾之元也，天之命也，人之性也。得志則放之國家天下者，而理未嘗有所增，不得志則斂諸身心意志者，而理未嘗有所損。〔註9〕

乃以「道理」、「義理」與「倫理」此三者，作為希聖希賢的判準。唐鑑主講江寧鍾山書院〔註10〕，於《清學案小識》序中亦載：

> 朱子曰：盈天地間千條萬緒者，是多少人事？聖人大成之理，千節萬因，是多少工夫？惟當開拓心胸，大作基址，須萬理明澈於心中，此心與天地一體，然後可以語孔孟之樂。

乃以「道理」、「義理」與「倫理」三大端緒的原則，視為學人最重要的體認與學習取向。「究元決疑」的學統精神，顯然是作為書院教育哲學上根本理念的一環，如何充分闡釋由理學思想的啟示，進而形成書院中問道傳習的「學習範疇」，此中的關係乃回到「哲學」與「教育」之間，互為表裡的關係；事實上理學的開展，本有其「理一分殊」的變化，這點也反映了書院教學宗旨上的不同類型：

▲ 重理學的書院：可以朱熹、陸象山創辦的書院為代表。

▲ 重經學的書院：可以清代的詁經精舍、學海堂為代表。

〔註9〕 孫奇逢《理學宗傳》自序，《孔子文化大全》，史誌類叢書，山東友誼書社出版。

〔註10〕 唐鑑，字粟生，一字翁澤，號敬楷，又號鏡海，善化人。嘉慶進士。致仕南歸，主講江寧鍾山書院。後還湘，卜居寧鄉善嶺山，卒諡「確慎」。為學專宗程朱，排斥陸王，「不為調停兩可之說」。著有《國朝學案小識》、《朱子學案》、《四砭齋省身日課》、《讀易反身錄》、《畿輔水利備覽》、《唐確慎公集》等，詳見樊克政《中國書院史》，文津出版社，第259頁。

▲重實用的書院：可以顏元所主的漳南書院為代表。

▲主事功的書院：可以陳亮所經營的龍川書院為代表。

▲重科學的書院：可以清末的格致書院為代表。

▲主古文的書院：可以桐城派的姚鼐所辦書院為代表。

▲重史學的書院：可以黃宗羲的證人書院為代表。

▲主時務的書院：可以康有為的萬木草堂為代表。

這樣的分殊，其實是關乎書院學統精神如何開展的問題，剋就其本質的還原意向而言，乃為書院「學習範疇」的探索；是以在申論學統流衍、學派的差異，就不能不剋就「範疇性」研究作為始點，此一揭示，乃把中國哲學史範疇的探勘，作為人類認識的發展史來研究。揭示出每個時代理論思維發展的規律，亦即必須深入研究各個哲學體系的基本範疇和概念。杜成憲認為研究中國傳統哲學的概念及其發展演變的歷史，將使人們更深刻地認識中國傳統哲學的特點和發展水平，並深入地從認識上總結理論思維的經驗。有助於我們借用來說明教育史研究領域內，如何開展學習範疇研究的意義。〔註11〕

尤其是中國教育思想史，本與中國哲學史有著十分密切的關係，此一端緒，自孔子開啟先秦私人講學傳統時，即已初具梗概，具顯於儒家側重正名、人倫以及道德實踐的色彩，都是此一範疇的逐步開展，勞思光即言明「理分」觀的強調，誠是此一價值取向的表現：

> 就政治生活說，孔子要求人人盡其制度意義之理分：就道德生活
> 說，則孔子要求自己處處盡其道德意義之理分。道德意義之理分，
> 自比制度意義之理分，有更高普遍性；日後宋明儒大抵皆先究道德
> 哲學，然後再展開其理論，以立政治生活之價值標準。但孔子本
> 人，則是先由「禮」開始，步步發現理分觀念，因此，具體理分觀
> 之出現，始表現孔子為儒學之價值理論奠立基石。〔註12〕

此一道德與制度「理分」觀念的提出，顯然與前述性理之學的內涵，同為一究元決疑的精神，並且次第開啟一層次性與序列性的關係；如以孔子的學習範疇為例，杜成憲認為既是一個開啟的過程，儼然也形成一個論述的體系，表現為義理層次與序列的結合，有助於探討孔門傳習範疇的關係論：〔註13〕

〔註11〕杜成憲《早期儒家學習範疇研究》，文津出版社，第 161～162 頁。

〔註12〕勞思光《中國哲學史》第 I 卷，三民書局，第 130 頁。

〔註13〕杜成憲《早期儒家學習範疇研究》，文津出版社，第 41～42 頁。

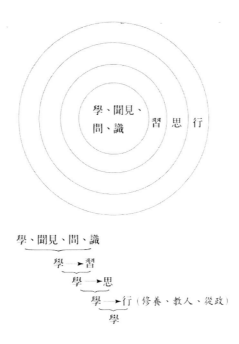

此一由內而外，由抽象到具體完成的架構，甚能闡明儒學在「內聖外王」理想上的架局；側就「歷程性」而言，由抽象理念（學）到具體（行）的步驟，乃是學習本質的逐步揭示。繼而在不同層次和序列的關係中，透過步步規定、次第推廓往外落實，學習的本質也是彼此互為關涉。再者就「整體性」而言，每一範疇的層次也是互為主體，共同建構體系，學習的意蘊與上述道德與制度「理分」觀念的論証，也是更加具體與印證：

其一是學習範疇的「異時性」聯繫和「同時性」聯繫的統一：

> 範疇系列體現了一個相繼進行的序列，範疇之間的聯繫是異時的。然而在現實的學習活動中，它們並非總是如此依次進行，而是彼此交錯，實際上是並列存在著的，是相互聯繫、相互滲透、相互作用的整體，體現了同時性的聯繫。〔註14〕

其二是倫理學上的意義：

> 孔子的「學」，不僅是認識意義上的，而且還是倫理學意義上的觀念。學、聞見、問、識所有這些認識形式，都被賦予強烈的倫理色彩，「問仁」、「聞過」、「見賢」，就連「學文」也不能理解成單純的知識學習。因此，孔子的學既是知識的獲得過程，又是道德品質的

〔註14〕杜成憲《早期儒家學習範疇研究》，文津出版社，第44頁。

形成過程。〔註15〕

其三為規範現實的作用：

> 就規範現實的向度而論，所謂的概念、範疇皆具有方法論的意義。作為範疇，它被人們用以進行思維，並指導和規範人們的行動。誠如早期儒家的學習範疇，從它明確產生時起，就開始規範古代中國的現實，影響了中國古代社會長達二千多年。〔註16〕

這三大特點，不僅用來說明孔子教育思想的內涵，也可視為書院教育在範疇性研究上的特徵所在。說明了教育哲學在認知和價值取向上的關係，並且進一步形成了書院學統精神上「學習範疇」的探索向度。

一、書院教育學習範疇的形成與開展

學習範疇的開展，體現了書院教育學統精神上「究元決疑」的特點，也充分論證了性理之學層面，由《禮記》中的〈大學〉八條目，可視為早期儒家學習範疇至為明確、概括和完整的表述：〔註17〕

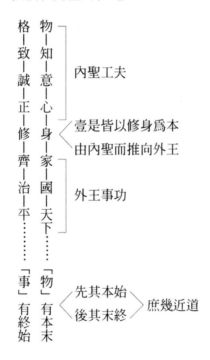

〔註15〕杜成憲《早期儒家學習範疇研究》，文津出版社，第22頁。
〔註16〕同上，第157～158頁。
〔註17〕蔡仁厚《儒家心性之學論要》，文津出版社，第216頁。

這一工夫與本體的關係，並與〈中庸〉的「慎獨」「用中」之底蘊，可以互為表裡，王鎮華認為《中庸》與《大學》的義理關涉，俱可視為中國文化的「兩隻腳」──心靈與實踐：

> 這個時代最大的困惑就在一無法起信，自己都不可信，信什麼呢？只有重新建立心神，找回自己的定海針，才是根本之道。「中庸」就在傳遞中國文化的心法──用中。意識形態的洪流，也就是各種主義的氾濫，則是另一個大麻煩，每使孤單的個人無所適從。其實，除了心神，實踐也能跨越各種理論的糾纏，所謂「大象過河，截斷眾流」，這就是「大學」裡面所著重的。〔註18〕

這兩大特色，誠如前述學習範疇的特點，乃同時具備了認識與倫理學上的意義，並且有其鮮明的「規範現實」作用，是以取精用宏。同時在知行問題上的開展，學習範疇的廓清，才能有效詮釋書院教育中，三統之學的內在義理關係，並將學統教育的開展，更具「提綱挈領」的效果；故言「尊德性而道問學」，一如程明道所謂：「學只要鞭辟近裡著己而已，故切問而近思，則仁在其中矣。」

同時《中庸》亦有「博學、審問、慎思、明辨、篤行」之說，實已簡該學習範疇的宏規；《中庸章句大全》引雙峰饒氏曰：「學必博，然後有以聚天下之見聞而周知事物之理。問必審，然後有以定其所學之疑。思必謹，然後有以精研其學問之所得，而自得於心。辨必明，然後有以別其公私義利、是非真妄於毫釐疑似之間，而不至於差繆。擇善至此，擇之可謂精矣。」〔註19〕如是而加以在日常生活中篤行，則日用之間，當能去利而就義，取是而舍非，不使一毫人欲之私，得以奪乎天理之正。純然是學問思辨之能夠踐履其實矣。

學習範疇的次第剖析，顯然遠較人統教育中，由分辨義利、道統、事功、舉業等希聖關目更加精微。考察書院發展歷程中，針對學習範疇的重視，不僅表達在宋代以來的教育文獻，如語錄、講義、院規、教約、會語、學案等等；在哲學史上也相應於理學範疇與命題的開展，如以「學統」的教育哲學立場而言，此一學習範疇的闡義，大體而言乃以朱熹、王陽明、劉蕺山、黃宗羲、阮元等五大書院家的貢獻，最為顯著；同時也鋪陳了書院學統精神「起

〔註18〕王鎮華，德簡書院開班簡章，「大學與中庸」班。
〔註19〕楊祖漢《中庸義理疏解》，鵝湖出版社，第 197～198 頁。

承轉合」的歷程，今剋就此義概述如下：

1. 朱熹

▲《近思錄》系統性地開啟了理學的範疇與主要的命題，並影響了其後「鵝湖之會」的「會講」立場及風氣。

▲《四書集注》的講學及刊印，取代了五經的正統地位，以及學人的認知取向。

▲朱子「讀書法」的歸納，影響了書院教育中讀書理論，以及「讀書工程」的整體性設計。

2. 王陽明

▲心學的啟發與開展，影響了王門後學在學理上的多層次詮釋，而不自限於師說或經解的束縛，促進「講會」風氣的教化層面。

▲推尊「古本大學」，啟發日後經學運動的獨立思考。

3. 劉蕺山

▲針對書院教育中「學習範疇」的全面性勘定及融鑄，以具體作為書院學統精神的建構。

▲「學案體」的啟蒙及教育哲學實踐。

4. 黃宗羲

▲學案體的創制與寫作，提供理學學派分系問題的獨立思考。

▲「經世」與「經史」問題的導出，以及教學實踐，開啟了浙東學術的宏觀格局。

5. 阮元

▲書院學習範疇的轉向，由理學轉入考證學，以及將經世取向轉入經史的學術性研究，將清代書院建設為純學統型機構。

▲致力於學術以及教育文獻成果的刊刻，推動清代學風不遺餘力。

此一梗概，乃舉其犖犖大者，提供書院學習範疇遞變上的參考；也誠為人心思辨上的興革，以及人生問題的全幅朗現。所「究元」者，不外乎此一學習範疇開展的歷程，而「決疑」者，也誠為具體踐履中，有所印證，也與文化人格的圓成相提並論。

張載有言：「義理之學，亦須深沈方有造，非淺易輕浮之可得也。」書院教育在學習上的探索之路，也並非偶然得之，抑或侈言「恍然有悟」之輩，

一吞半吐，撮摩虛空，往往並非悟入，已作點頭微笑，閉目猛省且出口無從，猶自以為會心不遠之態！而當是「義理有疑，則濯去舊見，以來新義。心中有所開，即便劄記；不思，則還塞之矣。」此外更須得朋輩並肩論道之助，倘若能經年累月如此，講論久則自覺進也。

孔門立教，所以特重「下學上達」之旨，乃強調溫故知新、學思並進的義諦，此一學統尤其彰顯於南宋時朱熹與呂祖謙，兩人共同編訂《近思錄》一書的旨趣，同時也盤的歸納理學教育的幾大範疇：〔註20〕

▲ 道體

▲ 為學

▲ 致知

▲ 存養

▲ 克治

▲ 家道

▲ 出處

▲ 治體

▲ 治法

▲ 政事

▲ 教學

▲ 警戒

▲ 辨異端

▲ 觀聖賢

此一義理架局，甚能體現儒家之道不同於西方哲學的學術體系，乃專注於人倫日用的「理分」命題；這十四大具體綱目的揭示，乃朱、呂二人在「寒泉精舍」一同于大體而檢擇切合日用的義理與言論，加以有機的整編。有助於傾心義理之學者，無論身處寒微或者位居廟堂，皆能掌握擇術辨志之權輿。《近思錄》的廣為播揚，南宋兩大書院家的合作，實已為書院「學統」之闡義，建立規模，朱熹有言：

> 蓋凡學者所以求端用力，處己治人，與夫所以辨異端，觀聖賢之大略，皆麤見其梗概，以為窮鄉晚進有志於學，而無明師良友以先後

〔註20〕朱熹、呂祖謙編《近思錄》，目錄，金楓出版社，並見於《百部叢刊集成26》，正誼堂全書。

> 之者，誠得此而玩心焉，亦足以得其門而入矣。如此然後求諸四君
> 子之全書，沈潛反覆，優柔厭飫，以致其博而反諸約焉。則其宗廟
> 之美，百官之富，庶乎其有以盡得之。〔註21〕

此書之條貫，乃始於天道陰陽、變化性命之說，繼而在為學存養，以及出處進退等人倫範疇，皆有申論，可闡明理學家在學思與生命上具體鋪陳，呂祖謙於此書後引所言，於義理之本原，可識其梗概「至於餘卷所載講學之方，日用躬行之實，且有科級。循是而進，自卑升高，自近及遠，庶幾不失纂集之旨。若乃厭卑近而騖高遠，躐等陵節流於空虛，迄無所依據，則豈所謂近思者耶？覽者宜詳之。」〔註22〕乃提醒學人，立足於希聖希賢的志趣上，務必確立健全的視觀，此書誠是他們專為學人疏理的學習範疇。

　　整體而觀，《近思錄》收錄了北宋周、張、二程四家的學說精華，可視為著意於道統的建立與學派的形成，其中如「無極而太極」、「性即理」、「涵養須用敬，進學在致知」、「義利之辨」、「辨異端」等重大理學命題，都能顯見其「究元決疑」的用心所在，也形成日後書院傳習中重大教學關目，如「孔顏樂處」的思辨及體悟，在程明道和程伊川的語錄中，即有所申說：

> △ 明道曰：昔受學於周茂叔（濂溪），每令尋顏子仲尼樂處，所樂
> 　何事？
> △ 伊川曰：故顏子所事，則曰：非禮勿視，非禮勿聽，非禮勿言，
> 　非禮勿動。……然聖人則不思而得，不勉而中，顏子則必思而後
> 　得，必勉而後中，其與聖人相去一息。所未至者，守之也，非化
> 　之也。以其好學之心，假之以年，則不日而化矣。後人不達，以
> 　謂聖本生知，非學可至，而為學之道遂失。不求諸己而求諸外，
> 　以博聞強記，巧文麗辭為工，榮華其言，鮮有至於道者，則今之
> 　學與顏子所好異矣。〔註23〕

透過「孔顏樂處」的探討，聖學乃以「憂道不憂貧」、「安貧樂道」的簡樸生活為宗，並以此奠定參贊物理化機，作為治身向學的指歸。有此一覺察，方能善觀所謂「聖賢氣象」；此一氣象無他，實乃人統教育所謂理想的「文化人格」是也。因此聖人之學不僅可學可致，正是書院教育中「人師」精神的典

〔註21〕朱熹、呂祖謙編《近思錄》，第 2 頁。
〔註22〕同上，第 3 頁。
〔註23〕同上，第 17 頁。

範所在，體現於人格與風格的表徵，率為書院師生「傳習近思」的餘韻。此誠透過學統以推尊道統，並與人統理念視為一脈相承；《近思錄》〈觀聖賢〉一章，即在闡明此一路心法所繫：「迨於宋朝，人文再闢，則周子唱之，二程子張子推廣之，而聖學復明，道統復續，故備著之。」例如書寫周濂溪和程明道的從容及灑然：〔註24〕

　　△周茂叔胸中灑落，如光風霽月，其為政精密嚴恕，務盡道理。明
　　　道曰：「周茂叔窗前草不除。」問之，云：「與自家意思一般。」
　　△伊川撰〈明道先生行狀〉曰：「視其色，其接物也如春陽之溫；
　　　聽其言，其入人也如時雨之潤。胸懷洞然，徹視無間。測其蘊，
　　　則浩乎若滄溟之無際；極其德，美言蓋不足以形容。」
　　△劉安禮云：「明道先生德行充完，粹和之氣，盎於面背；樂易多
　　　恕，終日怡悅。立之從先生三十年，未嘗見其忿厲之容。」

又如記程伊川之謹嚴，以及張載的誠篤，另有一番聖賢氣象：〔註25〕

　　△游、楊初見伊川，伊川瞑目而坐，二子侍立，既覺，顧謂曰：「賢
　　　輩尚在此乎？日既晚且休矣」，及出門，門外之雪深一尺。
　　△呂與叔撰〈橫渠先生行狀〉云：「終日危坐一室，左右簡編，俯
　　　而讀，仰而思，有得則識之；或中夜起坐，取燭以書，其志道精
　　　思，未始須臾息，亦未嘗須臾忘也。學者有問，多告以知禮成性
　　　變化氣質之道，學必如聖人而后已，聞者莫不動心有進。」

或者「如沐春風」，或云「程門立雪」，書院師道的風範節操，自孔子洙泗學行以降，唯有書院家在人格化成上，體現無遺。「不除庭草留生意，愛養盆魚識化機」，儒門式的教育著重於易簡及樸實，所有的學習與教育，都能如實地正視生活，方能在為學思考上，有其一套切合體用，明倫教化的程序。所謂的「希聖希賢」旨趣，也在學習歷程上，自有一套程序及步驟：

　　始於《大學》，使知為學之規模次序；而後繼之以《論》、《孟》、
　　《詩》、《書》，義理充足於中，則可探大本一原之妙，故繼之以
　　《中庸》。達乎本原，則可以窮神知化，故繼之以《易》。理之明，
　　義之精，而達乎造化之蘊，則可以識聖人之大用，故繼之以《春
　　秋》。明乎《春秋》之用，則可推以觀史，而辨其是非得失之致

〔註24〕朱熹、呂祖謙編《近思錄》，第134～136頁。
〔註25〕同上，第136～137頁。

矣。〔註26〕

此一為學的規模次序，很能彰明儒家哲學可以視為一種「學習哲學」，在學習範疇的意義上，兼有認識論和倫理學的雙重意義，杜成憲認為：

> 在中國傳統哲學中，如果認識問題不與道德修養問題結合，它很難成為中國哲學的一個部份而流傳下來。因此認識論問題往往與倫理道德是同一問題。〔註27〕

《近思錄》的刊印，正式開啟了書院中學習範疇的探勘成果，朱子在揭示學生入道之途時，也每以《近思錄》和四書，作為學人進階的指南；此一影響，下迄清代書院家張伯行〔註28〕的《續近思錄》以及《廣近思錄》，廣採朱子、張栻、呂祖謙、黃幹、許衡、薛瑄、胡居仁、羅欽順等人的言論而成，可見其啟沃學人宏規之深遠。

前承朱子所揭示的學習課題，在明代胡廣主編官方版的《性理大全》中，乃將宋代以來書院理學教育的成果上，總括了學統與學習範疇的視野；此書雖為官方編訂，並且作為士子舉業之教材，可視為倫理學「規範現實」與「學習範疇」的印證，誠如胡廣所言：〔註29〕

> 博采先儒之格言，以為前聖之輔翼，合眾途於一軌，會萬理於一原，地負海涵天晴日曒，以是而興教化，以是而正人心。

> 非惟備覽於經筵，實欲頒布於天下。俾人皆由正路，而學不惑於他岐。家孔孟而戶程朱，必獲真儒之用。

斯書以儒家「百科全書」式的架局，綜理學習範疇的工作，可謂不遺餘力；這也是相繼於元代科舉與官學，乃以朱子的四書讀本，作為官方「欽定」的學術以來，理學正式受到全面的重視及結集。統觀此一「大全」的義理結構，在學習範疇上，筆者的歸納如下：〔註30〕

〔註26〕朱熹、呂祖謙編《近思錄》，第36頁。

〔註27〕杜成憲《早期儒家學習範疇研究》，文津出版，第32頁。

〔註28〕張伯行，自孝先，初號恕齋，更號敬庵，儀封（今河南蘭考）人。康熙進士。歷官福建巡撫、江蘇巡撫、禮部尚書等。卒諡「清恪」。學宗程朱。以「主敬以立其本，窮理以致其知，反躬以踐其實」為為學宗旨。曾講學於儀封請見書院、福州鼇峰書院、無錫東林書院。著有《困學錄》、《續困學錄》、《正誼堂文集》、《正誼堂續集》、《居濟一得》，輯有《道統錄》、《近思錄集解》、《續近思錄》、《廣近思錄》等，樊克政，《中國書院史》，文津出版社，第251頁。

〔註29〕胡廣主編《性理大全》，山東友誼書社，第19頁。

〔註30〕同上，目錄。

1. 學統源流

（1）道統（聖賢）——孔子、顏子、曾子、子思、孟子、孔孟門人。

（2）教材——太極圖、通書、西銘、正蒙、皇極經世、易學啟蒙、家禮、律呂新書、洪範皇極內篇等。

（3）人師（諸儒）——周子、二程子、張子、邵子、朱子、呂祖謙、陸九淵、以迄吳澄等。

（4）別統（諸子）——老子、列子、莊子、墨子、荀子、董子以迄王安石等人。

2. 學習範疇

（5）理氣——

△太極、天地、曆法。

△天文、陰陽、五行、時令、地理。

（6）鬼神——

△人鬼神。

△祭祀祖考、神祇。

△生死。

（7）性理——

△性命。

△性：人物之性／氣質之性

△心，性，情：定性／情意／志氣，志意／思慮

△道、理、德

△仁：仁義／禮智信

△誠：忠信／忠恕／恭敬

（8）學——

△小學

△總論為學之方

△存養，持敬，靜

△省察

△知行：致知／力行（克己／改過／處心立事，出處／理欲，義理，君子小人之辨）

△教人

　　△人倫──師友

　　△讀書法

　　△專門：史學／字學／科舉之學／論詩──詩（古詩、律詩、

　　　　絕句）論文──文（贊、箴、銘、賦）

（9）歷代──唐虞三代，春秋戰國以迄宋。

（10）君道──君德、聖學、儲嗣、君臣、君道

（11）治道──

　　△禮樂，宗廟，宗法，諡法、封建

　　△學校──用人，人才，求賢

　　△論官，諫諍，法令，賞罰

　　△王伯，田賦，理財，節儉，賑恤，禎異

　　△論兵，論刑，夷狄

書院與理學教育的開展，屆此學習範疇看似已然體用本末兼具，也體現了內聖外王的宏旨，如何能在官學與科舉的體制下，具體進行辨志與擇術，這一範疇的開啟，方能一貫於「人統」與「事統」的價值取向。參照於宋代黎靖德刊定《朱子語類》時，其分目與綱維也不外乎此一格局。遞進一層的分析，這樣的整體性學習範疇，實已具備了基本的中國哲學範疇的規劃。葛榮晉在綜理中國哲學的經驗上，即提出了其中較具代表性的二十五個中國哲學範疇，大體上可以反映出中國哲人對於「世界」和「人」的本質，以及其存在形式的認識過程，其體系如下：〔註31〕

〔註31〕葛榮晉《中國哲學範疇導論》，萬卷樓出版，第6頁。此外，蒙培元在其《理學範疇系統》一書中，亦有一基本的展示如下圖，可以與葛榮晉的理學範疇系統相互對照，主要表現在書院學統教育哲學上，「究元決疑」理念的展示，由澄清觀念，指導行為，到價值取向的規範現實作用，都有其統貫而遍潤的意義。

第一篇　理氣部分	第二篇　心性部分	第三篇　知行部分	第四篇　天人部分
宇宙論與本體論	人性論與人生論	認識論與方法論	理學范疇體系的完成
理氣（附心物）	性命	知行	天人合一
道器	心性	格物致知	心理合一
太極陰陽（附良知）	天命之性　氣質之性	德性之知　見聞之知	誠
理一分殊	性情	涵養省察	仁
一兩	未發已發（附中和）	敬靜	樂
形上形下	道心人心		
體用	理欲		

參見蒙培元《理學範疇系統》，人民出版社。

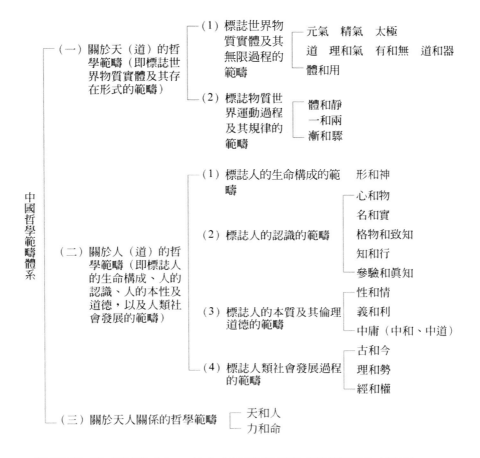

葛榮晉的範疇論體系中，其中有兩點與書院學習範疇尤有關涉：

▲中國哲學範疇和社會思潮的統一性

　　從中國歷史發展過程看，每一個歷史時期，都有與該時代的政
　　治、經濟相適應的社會思潮出現；每一種社會思潮其哲學家都有
　　自己的哲學範疇體系，標誌著人類認識的鏈條在不同歷史時期的
　　進程。

▲中國哲學概念、範疇的層次性

　　從橫向考察，中國哲學史上，許多哲學概念和範疇都不是單一
　　的，而是複合的，即包含有多角度、多層次的豐富內容。所謂哲
　　學範疇的層次性，有兩方面的意義：一是大多數的中國哲學概念、
　　範疇的內容不是貧乏的，而是多種含義的。如「命」這一概念，
　　至少包含有天命（命運）、自然（其中包括必然性、偶然性）、客
　　觀規律性等三種意義。如程朱講的「理」至少也有三種含義，即

自然規律、最高精神本體、最高道德準則等。二是由於中國哲學
是以倫理道德為中心，同時也講本體論和認識論。只承認一種意
義而忽視另外一種意義，都未能把握和認識中國哲學概念、範疇
的特點。〔註32〕黃公偉屆此亦有一整體性的疏辨，可作為前圖的
補充，亦為理學思想「究元決疑」成果的歸納：

一、溯源先秦以澄清漢唐的疑難一完成「天人合一」觀念的基本
　　規模。

二、人性質疑論據的建立基礎表現：

　　1. 性與理氣的自然關係。

　　2. 心性體用的主從區別。

　　3. 人性善惡的轉移修養。

三、針對心性論究的目的，在於提高心性教育的目的：

　　1. 在體用觀念上既有本末主從之異，故對人性善惡即有本善、
　　　遷善的不同。

　　2. 論心性陶冶，內治與外鑠各有所重，定慧先后亦有別。

　　3. 擴充人性先天道德意志，陶冶道德感情，一在自覺，二在
　　　變化氣質。

透過範疇論的整體揭示，旨在解明書院家在看待哲學與教育問題時，他們所
關注的論點、施用方法、採行的型態，都和今日教育或學術訓練上，實有不
同的「心性教育」向度，亦即不純粹服膺於單一認知取向的界定。葛榮晉指
出中國哲學的一個顯著特點，即是本體論、認識論、道德論的統一；本體論
和道德的統一，乃以道德的最高準等同於宇宙根源的義理。再者認識論和倫
理學的統一，強調求知方法與修養方法的一致。所以中國哲學概念或範疇，
往往既有本體論意義，又有倫理學意義、也同時既有認識論意義，又有道德
論意義。例如朱熹說的「太極」既是最高本體，又是最高道德準則。宋代理
學講的「格物」與「致知」這對範疇，既是求知的方法，也是道德修養的方
法。在宋明理學思想體系中，「心」這範疇既有本體論意義，又有認識論意義，
也有道德論意義。是以學問的開展，並非絕緣與清高的使命，而是殷切地關

〔註32〕葛榮晉《中國哲學範疇導論》，萬卷樓出版，第8～10頁。以及黃公偉《宋明
　　　清理學體系論史》，幼獅文化公司。蔡仁厚《儒家心性之學論要》，文津出版
　　　社，第24頁。

注於世事，在人情與天理的格局中，並與社會思潮相侔，透過認知與實踐，以達到價值取向的貞定與圓成。

蔡仁厚進一步依據「心」與「性」的範疇與義理層次關係，闡釋本節理想的心性之學架構，大致如下：

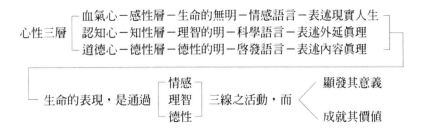

在此架構中，心和性又有「同質同層」（心性是一）、「異質異層」（心性為二），以及「形著」（以心著性）等三種關係，恰為儒門心性之學的三種脈絡。尤以朱子所代表的「心性分立」的「異質異層」關係，有其學理上的特點；對於學習範疇的開拓和影響，自然居功厥偉，程朱一派的「格物窮理」之學，可謂是學統上的主流。不僅是作為朱熹和陸九淵在「道問學」和「尊德性」主張上的分野，以及為學工夫在「由約而博」或「由博返約」之間的抉擇問題，實為學習範疇的認知上，必須加以分辨的一大關目。嗣後王陽明面對程朱理學學習範疇的獨立思考，更以其心學的義理向度，重新貞定書院學習範疇的架構，尤其強調「人統」的「精神淵源」地位，並據此兼攝「學統」的內涵；避免一味地側就學習範疇的一切條目、知識、規範、件件求知，忽略了「為學本原」的意向，不僅價值與認知的目標不能一貫，書院中強調的「生命的學問」，也就有所虛歉，不能自性圓足。王學主張「心即理」、「心性合一」宗旨的「同質同層」關係，也就不能孤立地來談，實有其究元決疑的精神。

陽明心學以「良知」教旨作為為學本原，對於「知行合一」的認識範疇上有了更為精闢的詮釋，其立說的歷程可謂是苦盡甘來，可視為卓絕的新聲。但至為可惜的是為國事鞠躬盡瘁，「致良知」的揭示，雖為壯歲心旌的宏旨，卻又因病戛然中斷；「天泉證道」固有究竟的闢義，但卻未能充分地做一義理的展示，殊為遺憾。純就教育哲學的立場來看，陽明心學所以可貴的，正是「以心傳心」，而非以「師說」作為希聖希賢的「定本」，淪為墨守師承的學統精神；如同程明道所言：「先聖後聖，若合符節，非傳聖人之道，傳聖

人之心也。非傳聖人之心也，傳己之心也。己之心無異聖人之心，廣大無垠，萬善皆備，欲傳聖人之道，擴充此心焉耳。」

　　如以教育歷程而觀，教育者善用「啟發式」教學，即能還原人的本心本性，繼而開發潛能，達成「因材施教」的理境。倘若能換一角度以觀王門後學分化的問題，即可體會王學豐富的啟發性，是以啟發多士，各擅勝場。陽明「天泉證道」時，也言明「四有」、「四無」的教旨當是「立教隨時，謂之權法，未可執定，體用顯微，只是一機，心意知物，只是一事。」且因人的根器，性分，進行具體裁量及商榷，方為善教之理境。是以門下高足如王龍溪、錢緒山、王艮、聶豹、羅近溪等人，皆能各顯姿態，在書院講會風氣中，俱能主導一時學風，甚且教下階層涵蓋甚廣，在「理一分殊」的體認下，王門心學自有其優劣互見的參照地位，然而在儒釋道三家的本體與工夫的理境上，不能不作一疏辨：

> 但若以此四無說為工夫，而與四句教相對而說，此一為對上根人的易簡直截工夫，一為對中根以下人的漸漸入悟，教為費力工夫，則容易使從學的人捨難求易，於是便有躐等的弊病。……四無說的理境，和道家的無心、自然之義相似，而佛教亦有此義，這是三教都可說的境界，並不能因其相似，便說陽明、龍溪之來說自佛老。〔註33〕

因此在「原教」的判準之下，剋就王門心學的裁斷，就顯得較為寬綽，也較能正視教育的本意及理想，而不純然以學術的門派予以消極的規範。至於王門後學對良知之學之體認，亦有不盡相同處，唐君毅認為當總別為二流：一是由工夫以悟本體，一是悟本體即是工夫；而此二者之中，又可各有其不同之形態。錢緒山之知善惡、無動於動，季彭山之警惕，鄒東廓之戒懼，羅念庵之歸寂主靜，皆屬「由工夫以悟本體」一路。而王龍溪則承陽明四句教首句「無善無惡心之體」，逕向「悟本體即是工夫」之方向發展；特別是泰州派之羅近溪之悟性地為工夫（性地、即良知本性），亦屬此一路，以求仁為宗，而喜於赤子之良知良能、家家戶戶之孝弟慈、百姓日用而不知之視聽言動上，指點仁體。至於其破光景之虛幻，言靈明之不可孤守、而必歸於應物以顯仁；又言仁體呈露後之恭敬戒懼之工夫，亦不違宋儒主敬之教。近溪之論工夫，可謂善於自性體平常處，提掇良知良能，而又能知敬畏小心之義者，

〔註33〕王邦雄主編《中國哲學史》，空中大學出版社，第630頁。

顯然能夠充分融攝宋明儒門，以及理學與心學的學習範疇。〔註34〕

　　然而如何處學習範疇認知上的轉折，尤以陸王心學以及程朱理學的營壘，往往勢如水火，門派之爭，道統之爭，也易於在「正統」、「異端」之間混淆；此又為學統上易犯的通病，龔鵬程屆此有其感慨：

> 同時代人相處聞見，有許多人的實際存在對應經驗與關係；絞纏在
> 這些關節中，對人物的理解，較為親切，但也較受夾絆糾扯，看得
> 較真切而又常不真切。如高攀龍指責陽明不是儒學，同樣地，劉蕺
> 山也說高氏是禪學。……為什麼他們都只從對方的著作中看到對方
> 擁有自己所反對的那些東西，而不能發現彼此相同相似之處以相欣
> 賞呢？這其中難道沒有猜疑、競勝等心理因素？難道不是由於行跡
> 疏隔、學派分異，遂令其不能相知？〔註35〕

此一曲折，自然會有更多不相干的謬誤，以及歧出的問題，正本清源的方法，誠為上述學習範疇的揭示，以清楚將眾家學說予以相應的範疇定位，並且建立多元參照的向度，避免黨同伐異的意識型態，才能挺立真正究元決疑的學統精神。遺憾的是「王學末流」者，往往流於「情識而肆」，或「玄虛而蕩」的習氣，一者猖狂，一者蹈虛；許多書院講會淪為口實，甚且書生間遊談無根，束書不觀之風，已然去道日遠，遑論學統的求真精神。再者明末科舉，官學積弊極深，朝政之頹敗已非一日之寒。有鑑於此一王學末流之弊，東林書院乃在顧憲成、高攀龍主持教風之下，乃有兩大教學宗旨的確立，其一乃外向以「裁量時政」作為經世關懷的表現；其二乃在內向的學理傳習上，以「朱學」濟王學末流之病，企圖蔚為去濁揚清的學統，以暢徹陽明良知之學為人「假借」之謬誤。此一正視學習範疇的盲點，進一步廓清世道的發心，身值在內憂外患的時局中，實為難能可貴卻是「未濟」的教育理想：

> 東林學者，一方用力於自修，一方亦關心世道，而欲辨世間君子小
> 心之善惡，於是發為是是而非非之評論。……是以終不免重他人之
> 是非善惡，而忘乎自己一面之是非善惡。於是，君子與小人乃交相
> 激盪，彼此各是其是而非其非，各好其好而惡其惡，而在表現對他
> 人之好惡時，且不免矯激而流為慘刻；最後，東林之氣節，亦竟與

〔註34〕參見蔡仁厚《儒家心性之學論要》，文津出版社，第257～258頁。
〔註35〕龔鵬程《晚明思潮》自序，學生書局。

明社俱亡矣。〔註36〕

以「朱學」濟王學末流之病，對於學風的矯正，成果斐然，學界早有定評；然而以節義相高，固然是彌足珍貴的情操，但是表現在君子與小人之辨，各是其是而非其非，各好其好而惡其惡的結果，就不免落入價值判準的進退失據，也牽涉到黨派屬性與公共議題之間，顯然不能純就批判世相的治標一途所能解決。經年久痼的「病灶」，務須如實而真切地施以藥石及體察，才能兼收「拔本塞源」以及「為學本源」的效果。

劉蕺山與黃宗羲兩位書院師生，正是在東林學風與東林黨爭的基礎上，扮演了明末清初之際，如何重新勘定宋明以來書院「學習範疇」的既存問題，並且有效還原「三統之學」的基源問題，作為書院經世的具體回應。他們所關切的盲點已不純然是「王學末流」的學派問題，而是整個書院教育哲學的體檢及重塑，成就一「由心而身，由內而外，由本而末」的作聖之功，以浙東的經世與經史「實學」，取代上述君子小人「是是非非」之泛論；此一制高點的視野，相較於蹈虛與麻木不仁的學風，實有發聾啟瞶的寓義。

二、劉蕺山與證人書院學習範疇的勘定

王陽明在稽山書院「尊經閣記」一文中，曾經直截地揭示了他的學統理念，可作為書院教育哲學中「經典觀」的獨立思考，他主張「六經者非他，吾心之常道也！」因此：

▲《易》也者──志吾心之陰陽消息者也。

▲《書》也者──志吾心之紀綱政事者也。

▲《詩》也者──志吾心之歌詠性情者也。

▲《禮》也者──志吾心之條理節文者也。

▲《樂》也者──志吾心之欣喜和平者也。

▲《春秋》也者──志吾心之誠偽邪正者也。

相較於朱熹以五經、四書為教材，看重其為學次第的「學習歷程」意義而言，陽明心學所崛發的「為學本原」理念，更能體現出究元決疑的取向；唯有如此，學習範疇的探討及實踐，才能守住學習的目的以及價值的根源。此一意蘊，在劉蕺山的教育哲學中，針對學習範疇的勘定及實踐，更有一番徹上徹下的成果。在宋明理學的發展史上，蕺山的「誠意慎獨」之學，一般咸認為

〔註36〕蔡仁厚《儒家心性之學論要》，第259頁。

是理學的殿軍；在學術慧命的承先啟後上，尤有關鍵性的地位，牟宗三即判
其為宋明理學之融攝性綱維，亦即通過程明道之圓教模型與胡五峰、劉蕺山
之綱維，乃能進窺聖人「以仁發明斯道」之「渾無罅縫」與「天地氣象」，此
一格局的恢廓，自有一番儒者證教的莊嚴，牟宗三故謂宋明理學開展之趨向，
當以濂溪、橫渠、明道為一組，伊川、朱子為一組，象山、陽明為一組，五
峰、蕺山為一組。而以論、孟、中庸、易傳為標準，大學是另端別起，非由
論孟一根而發。此九人間之脈絡，牟宗三以圖象表之如下：

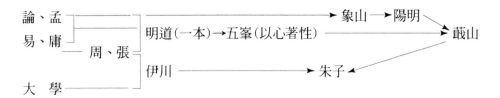

　　蕺山生平於王學「始而疑，中而信，終而辯難不疑餘力」。對程朱的
　　「理」先「氣」後說，以及「義理之性」、「氣質之性」說亦持異議。
　　顯見對于朱子一系未有融攝好，亦無積極之關係。雖在雲霧駁雜之
　　中，然其剛維之實不可撝也。此亦經過六百年之磨練，不期而轉出
　　此境，此恐或亦非蕺山之所始料與所盡能自覺也。〔註37〕

學統之傳承自有其所以然之理，劉蕺山即是透過學統的勘定過程，同時達到
教育問題勘定的意義。其學說格外強調「袪妄還真」，「復性」與「證人」之
學的宏旨，殊非偶然；惟有具體的在教育哲學上有效地疏通去礙，學術的立
意與傳統，才有可能在積弊中貞下啟元，牟氏言其義理綱維的堅實且不可撝
之理，根據遂在於此。

　　蕺山之學的體悟，同時也相應於他在書院教育的講學宗旨，〔註38〕他先

〔註37〕牟宗三《心體與性體》，學生書局，第413～415頁。

〔註38〕劉宗周，字起東，號念臺，學者稱蕺山先生，山陰人。幼從外祖章穎學，長
　　　　師許孚遠。萬曆進士。官行人。上疏為東林辯路；旋告歸。天啟初，起為禮
　　　　部主事，轉光祿寺丞，歷尚寶少卿、太僕少卿，稱病回籍。起為右通政，固
　　　　辭不就，被削籍。崇禎初起為順天府尹，次年告歸。召為工部左侍郎，旋又
　　　　告假離京，以疏核首輔溫體仁，再次削籍。崇禎十五年，以被召，入京任左
　　　　都御史。因召對忤旨，又革職歸。福王監國於南京，起原官，疏陳時政，不
　　　　為所用，乃告歸。南京、杭州相繼為清兵所破後，絕食而死。嘗謂：「盈天地
　　　　間一氣而已矣」，「非有理而後有氣，乃氣立而理因之寓也」，「氣質之性即義
　　　　理之性，義理之性即天命之性，善則俱善」。其學「以慎獨為宗」。曾講學於

後於證人、蕺山及東林書院講學。其立說乃以慎獨為宗，在究元決疑的體悟上，主張「天向一中分造化，人從心上起經綸」的視域，以開示其門人：

> 無事，此慎獨即是存養之要，有事，此慎獨即是省察之功。獨外無理，窮此之謂窮理，而讀書以體驗之；獨外無身，修此之謂修身，而言行以踐履之。其實一事而已。知此乎者，謂復性之學。〔註39〕

在其書院講學會語中，更懇切叮嚀前來講會的同志，如何持學修身的關目：

> 莫懸虛戡三教異同，且當下辨人禽兩路。

> 古人成說如琴譜，要合拍須自家彈。

本文所以強調劉蕺山立教講學，尤重學習範疇的勘定，而不在道統問題上作過多的詮釋，此一「勘定」的命意，乃格外重視教學的三大脈絡：

> ▲其一為學習動機的勘定
> ▲其二為學習內容的勘定
> ▲其三為學習成果的勘定

（一）學習動機的勘定

在這三步勘定的歷程中，如何通過學習範疇以豁顯本體問題、關係問題，以及規範現實的作用，才能充分完成其「證人復性」、「怯妄還真」的教育目標。此一動機的勘定，實相應於王陽明「刊落聲華」的教旨，蕺山更進一步拈出為學放心的「體證親切法」：〔註40〕

> ▲身在天地萬物之中，非有我之得私
> ▲心在天地萬物之外，非一膜之能囿。
> ▲通天地萬物為一心，更無中外可言
> ▲體天地萬物為一本，更無本心可覓。

在他的審視之下，在書院教學的過程中，無論是讀書、靜坐、會講、講會、或者具體的日常應酬，以及事功實踐，其中所以刻刻自覺體證者，工夫不外乎此番心性之學的義理。如何有效對治世俗的謬說妄見，乃致於蹈虛不實的學風，此皆歸本於學習動機的問題。《明儒學案》中即載明末講會時風的情況，以及劉蕺山苦心孤詣的講學歷程，黃宗羲記曰：

東林書院、首善書院與會稽證人書院等處。著作被編為《劉子全書》、《劉子全書遺編》等，樊克政，《中國書院史》，文津出版社，第185頁。
〔註39〕《明儒學案・蕺山學案》，里仁出版社。
〔註40〕同上，第1518頁。

始雖與陶石梁同講席，為證人之會，而學不同。石梁之門人，皆學佛，後且流於因果。……義甚不然其言，退而與王業洵、王毓蓍推擇一輩時名之士，四十餘人，執贄於先生門下。……先生之學，以慎獨為宗，儒者人人言慎獨，為先生始得其真。〔註41〕

慎獨者，不僅要不愧屋漏，更是中庸「誠意」之教的步步「歸顯於密」，〔註42〕一者在於破斥現象以及時風的去道日遠，二者在於學習本體的自性圓足，無所依傍，因此而言「慎之工夫，只在主宰上，覺有主，是曰意，離意根一步，便是妄，便非獨矣。故愈收斂，是愈推致，然主宰亦非有一處停頓，即在此流行之中，故曰『逝者如斯夫，不舍晝夜』。蓋離氣無所為理，離心無所為性。」此義昭然若揭，則蕺山之學所以較陸王心學更顯精微處，正是其究元決疑的用心所在。蕺山晚年所作之《人譜》，正可見其學習範疇的綱領：正篇──「人極圖說」：以無善而至善，心之體也，以言立人極之道；續篇──「證人要旨」，揭示作聖工夫的六大節次：〔註43〕

1. 凜閒居以體獨
2. 卜動念以知幾
3. 謹威儀以定命
4. 敦大倫以凝道
5. 備百行以考旋
6. 遷善改過以作聖

又列「紀過格」：微過、隱過、顯過、大過、叢過、成過，分屬前六項之失，有賴逐一勘過，正本清源。蕺山於會語中即常提撕警覺受學之人：「吾輩偶呈一過，人以為無傷，不知從此過而勘之，先尚有幾十層，從此過而究之，後尚有幾十層，故過而不已，必惡。謂其出有源，其流無窮也。」此一學旨看似拘礙，然其求實之學，即已超軼於一般世俗之營構之心、緣著心、生滅之心，故能由學習動機的戡定上，以立學習主體的自覺，無所罣礙。而這一組工夫節次，已然是陽明的「四句教」在心、意、知、物上的定義，作進一步的發揮，而「紀過格」的立意，則一秉書院家鑑世的本色，予以縝密的檢証。蕺山之學所以著力於教育歷程的整體檢討，乃有鑑於世風，學風的道德意識

〔註41〕《明儒學案・蕺山學案》，里仁出版社，第1512頁。
〔註42〕蔡仁厚《中國哲學史大綱》，學生書局，第247頁。
〔註43〕《劉子全集・人譜》，台灣華文書局，第164頁。

不足，而揭示以「誠意慎獨」之學，作為道德意志，通過規定、收攝良知之教，進而調整「格物窮理」支離學養之病，並且批判「王學末流」的檢證至為嚴格：

> 今天下爭言良知矣，及其弊也。猖狂者參之以情識，而一是皆良；
> 超潔者蕩之以玄虛，而夷良於賊，亦用知之過也。〔註44〕

德性之知與認知之知，皆有其弊端，不僅只於王學內部分化的問題，事實上和王陽明同時的另一位書院家湛若水，就已體察到孤標良知的宗旨本身，恐怕已有其學理未盡的盲點，在究元決疑的信念上，陽明與甘良兩派之間的主張固有學統上的「同異」之見，但湛若水針對「致良知」教的嚀，實已發蕺山之先見之明：〔註45〕此又為陽明學說本身性格上的既存問題，不能不加以分辨。

湛若水的批評乃針對陽明解「格物」之說為「正其念頭」，此說固新，但其指出「念頭」之正否，未有必然的理據所在，並且未能有效保住良知良能的發用，利於假借以及學人捨難求易的心態，此點正是王學末流蹈虛或流於情識的所在，相對於此，湛若水的書院教育，乃以體認「天理」之鳶飛魚躍之境，為其心法，因此可以不偏廢學問的思辨篤行之功；其後蕺山之學所以力主「意念之別」，也正援此湛若水的批判而有進一步開展：

> 致知云者，蓋知此實體也，天理也，至善也，物也，乃吾之良知良能也，不假外求也。但人為氣習所蔽，故生而蒙，長而不學則愚。故學問思辨篤行諸訓，所以破其愚，去其蔽，警發其良知良能者耳，非有加也，故無所用其絲毫人力也。……若徒守其心，而無學問思辨篤行之功，則恐無所警發，雖似正實邪。〔註46〕

此一分判十分重要，方能確立學習動機的一貫與必然，以及避免種種與學習

〔註44〕《劉子全集‧人譜》，〈證學雜集〉，第441頁。

〔註45〕兄之訓格為正，訓物為念頭之發，則下文誠意之意，即念頭之發也，正心之正，即格也，於義文不亦重複矣乎？其不可一也。又於上文知止能得為無承，於古本下節以修身說格致為無取，其不可二也。兄之格物云正念頭也，則念頭之正否，亦未可據，如釋、老之虛無，則曰「應無所住而生其心，無諸相，無根塵」，亦自以為正矣。楊、墨之時，皆以為聖矣，豈自以為不正而安之？以其無學問之功，而不知所謂正者，乃邪而不自知也，其所自謂聖，乃流於禽獸也。夷、惠、伊尹、孟子亦以為聖矣，而流於隘與不恭，而異於孔子者，以其無講學之功，無始終條理之實，無智巧之妙也。則吾兄之訓，徒正念頭，其不可者三也。《明儒‧甘泉學案》，第886頁。

〔註46〕同上，第887～888頁。

宗旨不相應的流弊。當我們在申論學統教育哲學的內涵時，就必須肯認書院中的心性教育，恰與理學的義理關係，同為解釋與解決「形上教育」、「知識教育」、以及「價值教育」的互為關涉的問題，所謂「三統之學」的認知基礎，也有賴於學統上學習範疇的勘定，才能具體詮釋此一教育哲學的意涵。在這一個理論環節上，劉蕺山的貢獻及立意，尤為重要。

（二）學習內容的勘定

劉蕺山針對書院學習範疇的勘定，依本文的考查，可以其「證人之意」，以及「讀易圖說」的一組圖式，作為其教育哲學的揭示，〔註47〕此一組圖式，簡列如下：

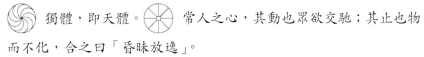

獨體，即天體。　　常人之心，其動也眾欲交馳；其止也物而不化，合之曰「昏昧放逸」。

靜存動察之象。　　靜存動察之訛。　　看未發氣象之說。

周天三百六十五度四分度之一，而其中為天樞。天無一息之不運，至其樞紐處，實萬古常止卻無一隙縫子，是其止處。其下一圈，便是小人閒居之象。　圖中有一點，變化無窮。

此一系列圖式與揭示，體現了蕺山之學的旨趣，尤其強調吾人之主靜立「人極」以合「太極」，攝「太極」之義於「人極」，一始一終，終始相生，有如一圓之象。唐君毅即推許此一究極之理境，實為宋明理學的圓成，亦即融攝了周子的「太極圖說」以來的學統綱維，將於穆不已的天道，不外于此心之性，故人之成聖即為人極之立，則天人之道備焉，劉氏的「人極圖說」，即可視為宋明儒學在此一思致上消融者。〔註48〕

「人極之道」，即已遙契周濂溪、朱子以來，針對形上教育的探索，純就「圖式」脈絡上的遞變，〔註49〕也可以視為是義理上勘定、開展、消融的歷

〔註47〕《明儒・甘泉學案》，第 1585、1558 頁。而劉氏藉「圖示」來闡發其學的方法，在《劉子全書》中的〈讀易圖說〉全文中皆有運用，可參考之。
〔註48〕唐君毅《中國哲學。原教篇》，學生書局，第 492 頁。
〔註49〕周濂溪的「太極圖說」圖示：王邦雄主編《中國哲學史》，第 521 頁。

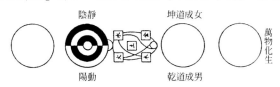

程，然則劉蕺山乃積極地將此形上認知，作為趨向道德意志，以及人倫範疇上「具體理分」如何兼具「超越而內在」的義理圓熟，就以其「讀易圖說」的內涵，觀其推致人極的理念：

> 天有四時，春夏為陽，秋冬為陰，中氣行焉；地有四方，南北為經，東西為緯，中央建焉：人有四氣，喜怒哀樂，中和出焉。其德則謂之仁義禮智信是也。是故元亨利貞，即春夏秋冬之表義，非元亨利貞生春夏秋冬也。左右前後，即東南西北之表義，非左右前後生東西南北也。仁義禮智，即喜怒哀樂之表義，非仁義禮智生喜怒哀樂也。又非仁義禮智為性，喜怒哀樂為情也；又非未發為性，已發為情也。〔註50〕

蕺山講學，首重「證人」宗旨，乃以天地萬物一體言仁，意圖刊落種種主客對立的隔膜之見，因此慎獨即是致中和，「今人以一膜言心，而遺其耳目口鼻四肢皆備之心者，不知心者也，證人之意，其在斯乎？學者若於此信得及，見得破，天地萬物本無間隔。」繼而可言「不須推致，不須比擬，自然親親而仁民，仁民而愛物，義理智信一齊俱到此，所以為性學也。」此一理境的揭出，自然已較周濂溪太極圖說的命題：「主靜立人極」，亟求與「天地合其德，日月合其明，四時合其序，鬼神合其吉凶。」尤有積極而自律性的價值取向，尤以不復囿於傳統易學的規模，自鑄偉辭，「慎獨」之學以兼攝「先天之易」與「後天之易」的全旨，甚能朗現其學概括宋明理學的企圖及用心。〔註51〕

　　〈讀易圖說〉一者明其「人極」理念的義理，二者在於揭示「慎獨」之教的立意，以及兼攝理學幾大主要範疇的視野，尤以勘定《大學》、《中庸》

劉蕺山「人極圖」，乃收於他的《人譜》；見《劉子全書》，第161頁。

〔註50〕《明儒‧蕺山學案》，第1585頁。
〔註51〕君子仰觀於天，而得先天之易焉。「維天之命，於穆不已」，蓋曰天之所以為天也。是故君子戒懼所不睹聞，此慎獨之說也。至哉獨乎？..........惟君子時發而時止，時返其照心，而不逐于感，得易之逆數焉。此之謂「後天而奉天時」，蓋慎獨之實功也。（《明儒‧蕺山學案》，第1586頁）。

以降「慎獨」之說的詮釋系統，據此批導出一系列學統問題的檢證，楊祖漢遂認為慎獨之教，實顯蕺山之學，乃以「超越的性理」，作為心性之學的超越意識，以立人極之精神。〔註52〕

從心而性，由自覺而超自覺，復由人極以統太極，此一推致的過程，實為本文立論所指出的，書院教育的根本理念一「三統之學」，莫不以「人統」作為「學統」和「事統」的「精神淵源」，而三統之間的兼攝或轉入，也必以「人統」為依歸，否則即已喪失了「基源問題」的探索意義，無關教育哲學的思維及詮釋。而在蕺山學的定位中，我們更能明白的一點，也就是明代書院「講會」制度的推廣及發皇，不僅較南宋書院家之間針對學術問題的「會講」（如「鵝湖之會」、「朱張之會」等）尤有建樹，更可貴者，在於講會中同志之間或探究人倫，或講明心性修身之學，率皆以申論「個人義理」的體會，以印證「聖人境界」為依歸。參與「講會」之中，所謂的哲學問題，已然不是純然隸屬於那一位專屬的大師，抑或學派的專利，也不必全然推尊于孔孟道統的象徵，在講會的傳習與認知取向上，論道者可以豪語：「古人成說如琴譜，要合拍須自家彈」（蕺山），「從心悟入，從身發明」（王龍溪〈聞講書院會語〉），「吾輩今日之講明良知，求親親長長，而達之天下，卻因何而來，正是了結孔子公案。」（羅近溪〈盱壇直詮〉）

這些直截了當的論點，其中關切的，實為拈出孔門以來「成己之學」的人統精神：「古之學者為己，欲得之於己也；今之學者為人，欲見知於人也。」（伊川語）其中分野，成己之學始於自我心靈的真切把握，其終乃在「成物」，而為人之學，妄情與執著皆未能有所修持，終至於「喪己」，此一對舉，即能表線在書院教育哲學「致知格物」、「窮理居敬」之學中，有所開示：此一特點，也實為中國哲學的底蘊所在，一經揭出，所謂的聖人本義就能豁顯：

> 聖人，只是個充分完足了自己的人，並非外在於人的權威者。只有
> 外求現實經驗及形上意理的哲學系統，才會預設神或上帝的存在，

〔註52〕劉蕺山（宗周）認為大學所說的慎獨和中庸所說的慎獨不同，而且他對二處慎獨的解釋和朱子所說的不一樣。劉子認為，大學的慎獨，是從誠意說的，是「心宗」，中庸的慎獨，是從天命之性說的，是「性宗」。所謂誠意之意，劉子認為，是好善惡惡之意，這意是善的，與有善有惡的受感性影響的「念」不同。這好善惡惡之意是淵然有定向的，見善便好，見惡便惡。故意中是蘊藏著知善知惡之知在的，這知便是良知。良知可照察我們內心最隱微的私欲。參見楊祖漢著，《中庸義理疏解》，第114頁。

以提供人能充分完足的依據。在中國哲學中則無此問題，亦無此必
要，因為如此必然無法使人充分成就自己，最多只能令人成為一名
喪失存在根源的疏離人。〔註53〕

據此而言「觀復，以見天地之心」，即能貞定人性人心根源的所在，所謂哲學之
「理」，「乃是關涉人存在之相互主體性真理，不是客觀真理，所以人內在至
善，也就是人人相互之體性實存的肯認，人過其主體心靈的修養工夫，也就同
時開顯了世界，成就了人生境界」。此一相互主體性的體證，也是透過「成己一
成物」的歷程而來，在明代書院的講會教育中，東林書院即是稟承以此精神，
作為同志之間提撕警策的信念，通過講演、討論、質疑、辨難，可使「累歲月
而不得」解決的問題，得以「相悅以解」。這就證明「一人之見聞有限，眾人之
見聞無限。」也證成了「自古未有關門閉戶獨自做成的聖賢」，而「聖賢」的學
問不過是「眾人」學問的集大成，所以「自古聖賢未有離群絕類孤立無與的學
問。」〔註54〕因此「學統」中所學者，即是如何成就「人統」及「事統」的價
值，相推相引，相漸相摩，「究元」者，「決疑」者也，率皆承此而來。

劉蕺山的教育哲學，即以前述的「人極」作為存在性根源，而主體價值
世界的提昇，則端賴於學習範疇的勘定。此一理境與推論的程序，筆者試圖
就其「證人之意」的系列圖式，作為此一環節詮解的進路，並兼攝相關的教
育內容，以作為書院學統理念的主幹。在其推論上，乃由種種「學弊」之批
判，以表現學習認知上普遍的盲點，作為探討的起點，遞進申論其引導的方
式，以及表現理學教育的過程，並逐步證立書院教育在形上教育、知識教育、
價值教育「三位一體」的基本模式。蕺山之學實可視為十分完備的一個示範，
今分幾大關目加以論說：

1. 價值與認知上基本觀念的釐清

常人之心，其動也眾欲交馳；其止也物而不化，合之曰「昏昧放

〔註53〕龔鵬程《文學與美學》，業強出版，第 56 頁。
〔註54〕東林書院的講會制度與學理，參見（《東林書院志》卷二）他們認為，自古以
來的所謂「聖賢」，都不是天生的，而是從「眾人」中學習來的，是集一鄉、
一國之「善士」講學，「收而為吾之善」。所謂「聖賢」，如果是代表一個人的
智慧的話，不過是通過「善學」好問，把「眾人」的智慧集中他一人而已。（《東
林書院志》卷三「顧涇陽先生東林商語上」）。顯見學問須大家幫扶、相推相
引，相漸相摩，方可日進而高明光大。《嶽麓書院集》，第 275 頁。

> 逸」。周天三百六十五度四分度之一，而其中為天樞，天無一息之不
> 運，至其樞紐處，實萬古常止，卻無一隙縫子，是其止處，其下一
> 圈，便是小人閒居之象。

此圖雖論常人之心的通病，實已切入學統上認知上的盲點，因此首揭常人之
病，蓋援以提醒學人在治學求知上，不容流於輕易放失或偏執不化的學弊。
在認知取向上，亦當知所歸宿，而非一意橫攝性地吸收知識，無從自覺轉化，
去道日遠。此一開宗立教，乃有感於宋明理學自身內部既存的學習盲點，因
此學人之病和世俗之病，同有「拔本塞源」上的寓意：

$$
\begin{array}{l}
\text{常人之心}\left[\begin{array}{l}
\text{動－眾欲交馳－放逸－情識}\\
\text{止－物而不化－昏昧－支離}
\end{array}\right.\\
\qquad\qquad\quad\text{－玄虛}\\
\text{獨體之知－知止}\qquad\qquad\qquad\text{得其天樞}
\end{array}
$$

　　劉蕺山鑑於有明一代，理學教育不僅需要在外對抗佛、道二家，力主「道
統」的努力上，有所過度偏執，繼而就算是理學教育內部，也有程朱一系和
陸王一系的對立問題。因此在疏通「學統」的工作上，實有必要指出學習
和認知上的盲點，以剖辨學理和人格修養上，未能充分合一的問題；一如人
心的認識及涵養，倘使未能確立價值與認知的基本目的，徒然襲取成說俗
見，或者修持上的方便法門（如王學末流的「現成良知」流弊），則易流於蹈
虛、或任性；或者一味地窮理格物，不能在為學本原上，有所獨立思考，則
陷溺於支離之病，上述此三大病象（情識、支離、玄虛），其針砭之心可謂直
截了當：

> 後儒喜言心學，每深求一步，遂有識心之說。又曰：「人須自識其真
> 心。」或駁之曰：「心能自識，誰為識之者？」余謂心自能識，而真
> 處不易識，真妄雜揉處，尤不易識正須操而存之耳。所示存久自明
> 是也。若存外求識，當其識時，而心已亡矣。故識不待求，反之即
> 是。〔註55〕

又如指斥學人支離之病，實有悲慨：

> 後之學者，每於道理三分之：推一分於在天，以為天命之性，推一
> 分於萬物，以為在物之理，又推一分於古今典籍，以為耳目之用神。

〔註55〕《明儒・蕺山學案》，第1567頁。

> 反而求之吾心，如赤貧之子，一無所有，乃日夕乞哀於三者。而幾
> 幾乎其來舍焉，客子之過逆旅，止堪一宿，所謂疏者，續之不堅也。
> 當是時，主人貧甚，尚有一點靈明，可恃為續命之膏，又被佛氏先
> 得之，則益望望然恐，曰：「我儒也，何以佛為？」并其靈明而棄之。
> 於是天地萬物，古今典籍，皆闕亡，而反求其一宿而不可得，終望
> 門持以死。寧為牛後，無為雞口，悲夫！〔註56〕

性理之學的支離，其病況已不下於先秦道術已為天下裂的窘態，尤其「心」、
「性」、「理」之分化，其末流可想而知。再者批判學人蹈虛之病，尤為儒、
佛之辨的一大關目，立場仍以「理」之分殊所在，作一警策：

> 釋氏之學本心，吾儒之學亦本心，但吾儒自心而推之意與知，其工
> 夫實地，卻在格物，所以心與天通。釋氏言心，便言覺，合下遺卻
> 意，無意則無知，無知則無物。其所謂覺，亦只是虛空圓寂之覺，
> 與吾儒體物之知不同；其所謂心，亦只是虛空圓寂之心，與吾儒盡
> 物之心不同。象山言心，本未嘗差，到慈湖言無意，分明是禪家機
> 軸，一盤托出。〔註57〕

因此蕺山學旨，首重「證人之旨」，乃在於勘定教學上，易為「人惑」的癥結
所在，尤其流行一時的狂禪學風，以謂「聖學入手，只在妙悟，學都從悟中
來。」的觀念，皆易流於輕忽實學與內聖工夫的把握；同裡，孜孜訖訖於典
籍與物理的純知性探索，也終會有「無源之水」的浩歎，在獨立思考的意義
上，此三大病況（情識、支離、玄虛），乃顯示前述圖象上的兩大盲點：

> ▲ 其一為「學理」與「工夫」未能一貫一，而有「物而不化」的弊
> 端。
> ▲ 其二為學習「目的」混淆一而有「小人閒居」的困境。

蕺山肯認了書院教育當為一「由內而外，由本而末，由體而用」一以貫之的
學問及理境，因此折衷歷來書院家無論是「居敬窮理」、「涵養察識」，或「隨
時隨處體認天理」，或云率皆「打合一處」的主張；一以貫之，還他如何將性
理與天地自然規律一一到位，其「一貫說」，委實痛快：

> 盈天地間，萬事萬物，各有條理，而其條理貫通處，渾無內外人己
> 感應之跡，亦無精粗大小之殊，所謂一以貫之也。一本無體，就至

〔註56〕《明儒·蕺山學案》，第 1528 頁。
〔註57〕同上，第 1514 頁。

> 不一，會得無二無雜之體，從此手提線索，一一貫通。纔有壅淤，
> 便與消融，纔有偏枯，便與圓滿。時時澄徹，處處流行，直將天地
> 萬物之理，打合一處，亦更無以我合彼之勞，方是聖學分量。此孔
> 門求仁之旨也。〔註58〕

而如何達到「金針一撥，宿障全消」的效果，就勢必揭示為學本原的所在。
否則只云「打合一處」，其所歸宿的理由及目的，實為學習範疇上，必需反芻
與不斷推敲的所在。此圖所云：「其中為天樞，天無一息之不運，至其樞紐處，
實萬古常止，卻無一隙縫處，是其止處。」乃揭示了「由太極到人極」的認
知歷程，實有一根源性的歸宿所在，亦即簡括為「天樞」一義，而此樞紐即
為「知止」的本質。劉蕺山自謂：「天樞轉於穆，地軸恒於中央，人心藏於獨
覺。」即將天、地、人三才之理，統攝歸一，而此覺，即為蕺山哲學中「意
根」理論的提出，作為道德意志的主宰所在：

> 人心徑寸耳，而空中四達，有太虛之象。虛故生靈，靈生覺，覺有
> 主，是曰意。此天命之體，而道教所從出也。〔註59〕

「意根」的勘定，實本於《大學》「誠意」之教的本色，即言君子所以自謙、
慎獨的反求諸己工夫；以其自律性對治「小人閒居」無所不至的弊端。其立
意乃有綜結書院教育中，由「主靜立極」（周濂溪）、「看喜怒哀樂未發以前氣
象」（李延平）、「居敬窮理」（程伊川）等系列教法的企圖。而更重要者，在
於勘定《大學》中「格物致知」說的一大爭議關目，一者即不滿意於朱子率
意增入《大學》一書本闕的「格致」傳文的義理，二者又認為王陽明一派以
致良知教兼攝「格致」說，猶有未盡之處，尤其是兩派之間的門戶之爭，造
成學統上流弊及代價甚鉅。因此主張以「誠意」之教，來統攝「格物致知」
的眾論，以「慎獨」來總合《大學》、《中庸》的心性之學共法。一者「知本」，
二者「知止」，在學統的勘定過程中，前者肯認王學中王一菴的「以意為心之
主宰」的學說，後者則以王艮所主的「淮南格物」說為定奪。因此於書院教
育在「究元決疑」的用心上，實有其相當的貢獻，所言「知止」，即云：「故
知道者，疏水曲肱，與金革百萬，用則同是用，體則同是體也。善乎知止之
說，其入道之門乎？艮其止，止其所也，止其所者，心臍之間，天理正當之
位也。此位運量無方，一掬不謂小，上天下地，往古來今不為大，何有於外

〔註58〕《明儒·蕺山學案》，第1592～1593頁。
〔註59〕同上，1520頁。

境乎？知乎此者，謂之知微，惟其無微非顯，是以無體非用，為其顯微無間，是以體用一原。」〔註60〕因是《大學》中所言「止於至善」者，即能彰明如何在具體理分上「為人君，止於仁，為人臣，止於敬，為人子，止於孝，為人父，止於慈，與國人教，止於信。」而能得其樞紐，不為外惑，反身而誠，則不假外求，「成己之學」的宏旨，莫不已此為歸趨。

參照在教育實踐的歷程中，劉蕺山「証人講會」的講學宗旨上，即顯其獨立思考的批判精神，特別在於講學宗旨上的堅持：

> 劉宗周與陶奭齡為學宗旨有別，劉氏主「慎獨」，而陶氏則近禪，大講因果報應之說，因而不久兩人就分道揚鑣了。劉宗周名其講會曰「證人」，並作《證人會約》（一作《證人社約》），會期定每月之三日，先後講後十一次，後學輯有《會錄》。石簣先生祠後改名為「石簣書院」。〔註61〕

再者即將此一講會的精神，落實於其後主持的「證人書院」，推動其「證人」學說。〔註62〕考其教育理念所在，唯有「證其所以為人」、「證其所以為心」，方能在根本上確立學習本質，而以「意根最微，誠體本天」的「體用一原」觀念，來作為「希聖希賢」與「究元決疑」精神的共同淵源。其晚年所勘定的《人譜》，亦秉其「人之所以為人」的一貫信念，作為學習範疇上的本體所在，也呼應著《大學》之教，所以言「大人之學」的義理規模；繼而在於「道學」（如切如磋者，朱熹所謂講習討論之事）及「自修」（如琢如磨，朱熹所謂省察克治之功）兩大旨趣上，皆能歸宿「止於至善」的理境，而不復淪為「道問學」與「尊德性」對揚，反而不能兼攝的盲點：

> 世言上等資質人，宜從陸子之學；下等資質人，宜從朱子之學。吾謂不然。惟上等資質，然後可學朱子，以其胸中已有個本領，去做零碎工夫，條分縷析，亦自無礙。若下等資質，必須識得道在吾

〔註60〕《明儒·蕺山學案》，第1549頁。

〔註61〕李國鈞主編《中國書院史》，第757頁。

〔註62〕同上：崇禎五年，55歲，講學於證人書院。證人書院原名古小學，始建於嘉靖九年，為祀宋儒尹焞（和靖）而建，俗稱尹和靖祠，年久圯廢。天啟四年，劉宗周思表彰尹和靖，謀于撫台王洽，募捐修葺，因遭學禁，工半而罷。崇禎五年，先生復與郡諸生具牒當事者，重建古小學，五月鼎新之享堂落成，乃大會生徒，發明伊、洛主敬之旨，倡「證人」學說，四方之士負笈就學，後將尹和靖祠改名證人書院。

心，不假外求，有了本領，方去為學，不然只是向外馳求，誤卻一
生矣。〔註63〕

此一指陳，即為劉蕺山對於為學者所下的一項門針，即「向外馳求說」，此說
乃其勘定為學價值，以及認知基本觀念時一貫的宗旨。唯有力主「反求諸己」
的工夫，則能深明道體本無內外，唯學者自以所好而自分內外，認知心的限
制即是流於支離，反而持養上未能有效制約，故為一路皆向外馳求，積習既
久，則學弊不僅自囿一己視野，許多學派之間的水火不容、追其病灶，皆不
外乎此理。更深一層的來說，學人的自覺也無由靈根自植，向外推致，在人
情事變上，也不能經緯其中。因此黃宗羲在《明儒學案》中，即肯定劉氏「誠
意」立說，以意為自覺所主，是其創見。今觀其「向外馳求說」，此一宏旨，
更是鞭辟入裡：

> 是故讀書則以事科舉，仕宦則以肥身家，勳業則以望公卿，氣節則
> 以邀聲譽，文章則以腴聽聞，何末而非向外之病乎？學者須發真實
> 為我心，每日孜孜汲汲，只幹辦在我家當，身是我身，非關軀殼；
> 心是我心，非關口耳；性命是我性命，非關名物象數。……於此體
> 認親切，自起居食息以往，無非求在我者，及其求之而得，天地萬
> 物，無非我有，絕不是功名富貴，氣節文章，所謂自得也。總之道
> 體本無內外，而學者自以所向分內外。〔註64〕

反覆潛玩其理，君子之道，所以闇然而自章，反求即是明珠在懷！也誠如王
陽明在「人統」教育哲學中，開示了「拔本塞源論」的教旨，咸有箇中若合
符節的體悟。

2. 教學方法的勘定及規劃

　靜存動察之訛。　　　看未發氣象之說。

　　這兩個圖式，乃劉蕺山勘定學人在治學及修養上，普遍襲取的型態。亦
即本體與工夫，知與行，體與用，涵養與省察，道與器，形上與形下，未發
與已發，道心與人心等一系列二元分立的範疇。在理學家的書院教育中，往
往都視為相對性或二分法的論題。此種認知型態的影響，就易導出了種種爭
議及見解上的失調，例如前述的理學體系的幾大問題：主從問題、本末問題、

〔註63〕《明儒・蕺山學案》，第 1545 頁。
〔註64〕同上，1577 頁。

定慧先後的爭議、同異分合的質疑等等，於焉形成哲學史上，宋明理學內部許多爭訟不已的命題及主張。劉蕺山在整體探勘的工作上，皆將此類爭執，簡而化約為這兩個圖式的「慣象」；而這樣二分法的認知型態，在義理上不僅未見精微，更大的弊端，則顯見於教學方法上，未能貫徹體用一原的大義，此尤為劉氏生平所痛陳的學風，據其子劉洵所編之《年譜》所記：

> 先生平日所見，一一與先儒牴牾。晚年信筆直書，姑存疑案。仍不越誠意、已未發、氣質義理、無極太極之說。于是斷言之曰：「從來學問只有一個工夫。凡分內外，分動分靜，說有說無，劈成兩下，總屬支離」。又曰：「夫道一而已矣。知行分言，自子思子始。誠明分言，亦自子思子始。已未發分言，亦自子思子始。仁義分言，自孟子始。心性分言，亦自孟子始。動靜、有無分言，自周子始。氣質義理分言，自程子始。存心致知分言，自朱子始，聞見德性分言，自陽明子始。頓漸分言，亦自陽明子始。凡此，皆吾夫子所不道也。嗚呼！吾捨仲尼奚適乎」？〔註65〕

劉氏的批判，實寓有「原儒」的本心及其「證人慎獨」教旨的色彩，以有效鑑別學人日趨分別與支解的傾向，並據此批導及回溯，使體用各安其位。才能於動靜之間，不入偏向及執見，「瞥起則放下，沾滯則掃除」，其系列論點，則統貫於劉氏諸「說」的勘定，《明儒學案》所載，即有如下數篇：〔註66〕

▲ 第一義說——學者須立志以確立思想上第一義做工夫，方見本領。

▲ 求放心說——論切己反觀，不放此心於一切安排。

▲ 靜坐說——論歸根復命，進乎自然的靜坐底蘊。

▲ 應事說——善練心法，以權度待物處事。

▲ 處人說——由人情事變之中，經緯五倫之事。

▲ 向外馳求說——道體本無內外，於此體認親切，皆大備於我。

▲ 讀書說——微論心即理之本旨，令學者直證本心。

▲ 氣質說——論中節之和，方為變化氣質工夫。

▲ 習說——以慎獨及復性工夫，作為對治一切習境、習見等缺失。

▲ 生死說——批佛老之生死觀，正視此一關頭，藉以理會天地萬物

〔註65〕《劉子全書（六）・年譜》，第3666～3667頁。
〔註66〕《明儒・蕺山學案》，第1573～1584頁。

之道。

▲天命章說——以慎獨之教，總勘理學學統之命題。

▲改過說——以勘過之本心，以及工夫，做為持養之胸懷。

▲良知說——總勘陽明心學的盲點及系列論題。

這一系列的任務，即在於有效「刊盡」理學教育中繁冗及支離的「聲華」，以證成其「誠意慎獨」的教育哲學，實為學統上的第一義。之所以言勘定，乃本於「諸儒之見，或同或異，多係轉相偏矯，因病立方，盡是權教。至于反身力踐之間，未嘗不同歸一路，不謬于慎獨之旨。後之學者，無從向語言文字生葛藤。但反求之吾心，果何處是根本一著？從此得手，方窺進步，有欲罷不能者。」（天命章說）在書院史的歷程上，蕺山之學也是承繼著東林書院的學風而來，一者正視世事的亂象，予以針砭，二者力矯王學末流，在講會中徒逞「玩弄光景」或「束書不觀」的流風，而欲以程朱之學濟之，或折衷朱陸兩系的義理。然而在「究元決疑」的立意上，終未能有效解決這些學統上的成見及痼疾，再者又因為晚明「東林黨爭」的惡果，士氣及學風不僅蒙受打擊，學派之歧見仍是壁壘分明。劉蕺山曾受高攀龍之邀，于東林書院講學，對於此一盲點，體會自深。觀其闡明「慎獨」或勘定學統，無疑地有其一番儒門「判教式」的心血，希望藉以還原心性之學的脈絡與本質，並對學統的流變，有其疏通去礙的宏旨，以示後學在入手處和實踐上，能有一貫而若合符節的體悟。觀其「天命章說」、「良知說」即可見此一學統上勘定的立意，其說乃力主幾大立場，據此判別諸家之病：

▲獨之外，別無本體，慎獨之外，別無工夫。

▲人心道心，只是一心，氣質義理，只是一性，靜存之外，更無動
　察，主敬之外，更無窮理。

▲大抵諸儒之見，或同或異，多係轉相偏矯，因病立方，盡是權教，
　至於反身實踐之間，未嘗不同歸一路。

此一宗旨，實為發聾啟聵之洪鐘，唯有本源上的勘定，書院教育的學統，才有其必然且充分的理據。劉氏在教學上也多有指陳。〔註67〕

〔註67〕 △或曰：有「氣質之性」，有「義理之性」則性亦有二與？為之說者，本之人心道心而誤焉者也。程子曰：「論性不論氣不備，論氣不論性不明，二之則不是。」若既有氣質之性，又有義理之性，將使學者任氣質而遺義理，則「可以為善，可以為不善」之說信矣！又或遺氣質而求義理，則「無善無不善」之說信矣！又或衡氣質義理而並重，則「有性善有性不善」之說

　　例如指出「性善」一義的混亂，乃在於宋儒區分「義理／氣質之性」，而慎獨的人統精神不彰，乃因輾轉於靜存和窮理的工夫。而誠意之說未能有效切合良知論，則已入於第二義的傾向。層層的戡定，即在破除學者在認知和實踐上，輾轉支離的通病，其禍患猶倍於漢儒之瑣碎及支解，故其慨言：「學不知本，即動言本體，終無著落。學者但知即物窮理為支離，而不知同一心耳，舍淵淵靜深之地，而從事思慮紛起之後，泛應曲當之間，正是尋枝摘葉之大者，其為支離之病，亦一而已。」劉蕺山固然有宏觀一代學統的識見，但其批判諸家立說，實為一「撥亂反正」的精神，其用意旨在一秉書院家「講明正學」的傳統，而將其「究元決疑」的獨立思考精神，透過前述的檢證工作，試圖在其書院教育中，如實地開顯，一體的完成。因此劉蕺山為學人指出一理想的治學與修身合一的方法，約之為「聖學喫緊三關」一作為融攝歷來書院家在教育方法上的良規，採截長補短，體用一原的理念，透過「人己關」、「敬肆關」、「迷悟關」，直探正學底蘊：〔註68〕

　　▲「人己關」：為己為人，只聞達之辨，說得大概已盡。後儒又就聞中指出許多病痛，往往不離功名富貴四字，而蔽之以義利兩言。除卻利便是義，除卻功名富貴便是道，此中是一是二，辨之最微。學者合下未開眼孔，只為己不足，故求助於人，豈知愈求助於人，愈不足於己乎？

　　信矣！三者之說信，而性善之旨復晦，此孟氏之所憂也。

△昔周元公著太極圖說，實本之中庸，至「主靜立人極」一語，尤為「慎獨」二字傳神。其後龜山門下一派，羅、李先生相傳口訣，專教人看喜怒哀樂未發時作何氣象。朱子親授業與延平，故嘗聞此。而程子則以靜字稍偏，不若專主于敬；又以敬字未盡，益之以窮理之說，又曰「涵養須用敬，進學在致知。」朱子從而信之，所學為之少變。遂以之解《大》、《中》，謂慎獨之外，另有窮理工夫，以合于格致誠正之說。仍以慎獨為動，屬省察邊事，前此另有一項靜存工夫。

△陽明子言良知，最有功于後學，然只傳孟子教法，于大學之說，終有未合。古本序曰：「大學之道，誠意而已矣；止至善之則，致良知而已矣。」宛轉說來，頗傷氣脈。至龍溪傳《天泉問答》，則曰：「無善無惡者心之體，有善有惡者意之動，知善知惡是良知，為善去惡是格物。」益增割裂矣。即所云良知，亦非究竟義也。知善知惡與知愛知敬相似，而實不同。知愛知敬，知在愛敬之中，知善知惡，知在善惡之外。知在愛敬中，更無不愛不敬者以參之，是以謂之良知。知在善惡外，第取分別見，謂之良知所發則可，而已落第二義矣。（《明儒·蕺山學案》，第1580～1584頁）。

〔註68〕《劉子全書（一）·聖學喫緊三關》，第301頁。

▲ 「敬肆關」：學以為己，己以內又有己焉。只此方寸之中，做得主者，是此所謂真己也。敬乎？

▲ 「迷悟關」：工夫卻從存養中來，非懸空揣控，索之象罔者也。故宋儒往往不喜頓悟之說。或曰：「格物致知，《大學》之始事，今以悟為終事，何也？」曰：「格致工夫，自判斷人己一關時，已用得著矣。然必知止知至以後，體之當身，一一無礙，方謂之了悟，悟豈易言乎？若僅取當下一點靈明，瞥然有見者，便謂之悟，恐少間已不可復恃。」

三大關目的裁示，實一貫於人統一章中言及的文化人格，則能於人倫日用，讀書舉業，或者默契道妙的修持中，時刻印證。另一方面在親身講學的歷程中，更將講稿整理成教材，如《讀易圖說》、《易衍》、《論語學彙》、《曾子章句》、《讀大學》、《中庸首章大義》、《人譜》、《原道》、《原學》、《證學雜解》、《家塾規》、《小學約》等，另輯有《聖學宗要》、《孔孟合璧》、《五子連珠》、《道統錄》等，大體而言，書院教育中主要幾類教育文獻、講義、語錄、學案、會約、會語、教約等大類，皆已全數囊括。因此在教學方法，以及學習內容的勘定上，劉氏可謂學統教育的全方位人師，例如其《家塾規》之內容，也相貫於前述聖學三關，人己、敬肆、迷悟等要領，尤其「慎獨」之自我規範性，更能體現無遺，裨益於書院由教育哲學在學規上的佐証。〔註69〕

〔註69〕（1）考德之要：儀容整肅。「視無窺，聽無傾，立毋跛，行毋翔，坐毋箕踞，凡無故不得廢衣冠」。「入市整容，處私褻必慎其獨」。禮遇尊長。出入要告假，「在學告于師，在家告于父兄」。遇師長于途，「則趨而揖」；遇相識「則揖」。「師長有事則服其勞，有令則奔走」。謙恭待人。「力矯浮薄之態，務以敦厚溫恭為載道之器」。「遇朋友有過誤，則相規相勸，務以求益」。「毋小嫌致畔」。慎言謹行，「毋議人短長，毋闚人私褻，毋傳人流言，毋習市語」。早晚靜坐三思，「常念一日所行不負三餐茶飯否」？「每食必讓，每飲必知節」。「首戒誑語及戲言戲動」。

（2）考業之要：溫書講讀，「早膳後溫書，」辰刻老師「開講」，「午膳後搜講書所及之時藝數篇，擇期佳者閱之，隨日積以成帙，時加溫尋」。晚上閱看史書，學誦詩歌。質疑問難。「質疑送難，務暢厥旨」。「有疑字則考，有疑義則乘閒相質」。「閒評古今道理，互相質難」。定時考課。每月「三、六、九會課，以二題為率，其法如有司考校，或量等高下，以示激動」。每月初一、十五，即「朔望考一月所立課程」。獎勤罰惰。按勤惰行賞罰。早晨要書功過冊，「昨日所讀何書，所行何事，所奏何功，所犯何過，一一登之無漏」。如果屢次違犯學規的學生，就要被開除學籍。詳見《中國書院史》，第762頁。

3. 教育的哲學基礎

 獨體，即天體。

　　蕺山之教在書院學統上有著「舊學商量加邃密」的工夫，「獨體」的揭示，不僅作為《大學》、《中庸》慎獨之說的集成，更是宋明理學在「道體」與「性體」的內涵上的圓成，前者乃顯儒門之教在本體的體悟上，「超越義」（天命、天道、誠、乾元、太極）的理路；后者則顯豁「內在義」（性、心、仁、良知）的貞定，源自程明道綜攝了「天理義」，含括了「天命、天道、誠、乾元、太極、誠體、神體、仁體、中體、性體、心體、寂感真幾」〔註70〕自家體貼而來，蕺山開示的「獨體」精神，更是進一步完成「以心著性，心學與性學合而為一」的義理綱維，蔡仁厚即歸納此一「獨體」之論，在儒家心性學上的定位：〔註71〕

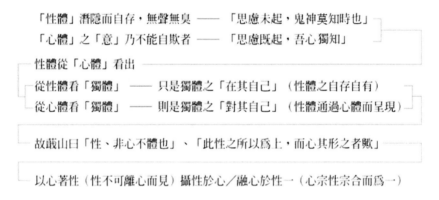

　　屆此而言，則「性」乃因心之「形著」而得以具體真實化，而亦不失其超越奧密性。而「心」一方面向裡收（攝知於意），一方面向上透（與性為一），則既見其甚深之根源，而又不失其形著之用。故能總攝《大學》與《中庸》在慎獨教育上的「心宗」與「性宗」色彩（參閱註52）。以有效疏通宋明理學內部彼此矛盾的認知取向，順此繼言工夫修養上的關目，則能秉持他所主張的「誠意」與「慎獨」之功，以斷妄根，參見劉氏所作的《人譜》與《聖學喫緊三關》，顯見此一環節，著墨極深。

　　強調為學之深切著明者，在於能具天理，且可復其初心，《大學》之教，所以言「止於至善」的大義，即言「止者，必至於是而不遷之意，至善，則

〔註70〕《儒家心性之學論要》，第280頁。
〔註71〕同上，第309～310頁。

事理當然之極也。」甚能相應於上述圖示蕺山強調「至其樞紐處，是其止處」的論旨。否則在比較於程朱一系和陸王一系的「格物致知」觀點時，往往皆有顧此失彼的偏見。蕺山「獨體」一義，實已兼攝了性體及心體的全義，不致淪為偏義，牟宗三故云其為「以心著性」之極成，此一心性全義當為：〔註72〕

（一）性體五義

性體義──性即是體。

性能義──性體能起宇宙生化與道德創造。

性理義──性體自具普遍的理則，性即是理。

性分義──性體所定之大分，當然而不容已，必然而不可移。

性覺義──性體寂感之神的虛明照鑑，即是心。

（二）心體五義

心體義──心、體物不遺，心即是體。

心能義──心之靈妙，能起宇宙生化與道德創造。

心理義──心悅理義，亦自起理義，心即是理。

心宰義──道德行為由心自主自律。（心宰亦即性分）

心存有義──心是實有（存有），心性是一。

而劉氏本人即言此一「獨體之教」，奠定了教育的哲學基礎：

獨體只是個微字，慎獨之功，亦只在於微處下一著子，總是一毛頭立不得也，故曰：「道心惟微」。心一也，合性而言，則曰仁；離性而言，則曰覺。覺則仁之親切痛癢處，然不可以覺為仁，正謂不可以心為性也。又統而言之，則曰心，析而言之，則曰天下、國家、身、心、意、知、物。惟心精之合意知物，粗之合天下國家與身，而後成其為覺。若單言心，則心亦一物而已。凡聖賢言心，皆合八條目而言者也，或止合意知物言。惟大學列在八目之中，而血脈仍是一貫，正是此心之全譜，又特表之曰「明德」。〔註73〕

其說的定義，據劉氏自解則謂：

「獨」字是虛位，從性體看來，則曰莫見莫顯，是思慮未起，鬼神

〔註72〕《儒家心性之學論要》，第 282～283。

〔註73〕《明儒・蕺山學案》，第 1516～1517 頁。

　　莫知也；從心性看來，則曰十目十手，是思慮既起，吾心獨知時也。

　　然性體即在心體中看出。

此番思致，不能單純視為「折衷」宋明理中程朱與陸王二系的對立，據牟宗三之判定，實為遙契了胡五峰「以心著性」一系本旨而來，並以天地本心一體言道，作為哲學的全譜：

　　天者，萬物之總名，非與物為君也；道者，萬器之總名，非與器為體也，性者，萬形之總名，非與形為偶也。一心也，而在天謂之誠，人之本也；在人謂之明，天之本也。故人本天，天亦本人。離器而道不可見，故道器可以上下言，不可以先後言。〔註74〕

則此說與程明道「盛言一本」的哲理，相互輝映，據之則「聖人之心」與「天地之化」如如為一，其哲學模式如下：〔註75〕

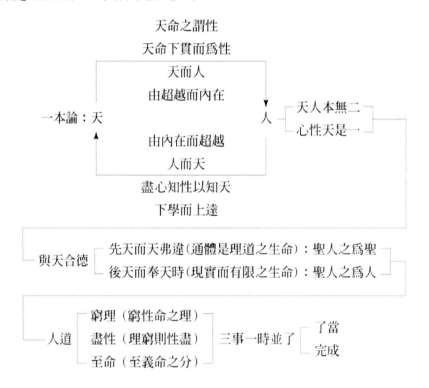

　　蕺山之教的哲學基礎，可謂在形上、知識、價值教育的整體上，有了一全幅性的歸納，亦即透過儒學本具的「超越意識」，以彰顯「道德的形上學」，

〔註74〕《明儒·蕺山學案》，第 1520 頁。

〔註75〕《儒家心性之學論要》，第 281 頁。

唯有從人倫日用之中，體證出其價值背後的形而上之實體一天理，方能以此「理」作為貞定人生之一切行為及規範。在書院教育中，往往以「五倫」作為實踐具體理分的德目所在，其中體證的價值，乃可謂為「即超越而亦內在」的覺證之路；知其所歸宿者，不採人格神一途，而以道德意志作為主宰，而形上道體的契悟，乃以人的「道德活動」和「宇宙的生化」，認為意義是相同的，並將道德實踐的本體（心性），視之為宇宙生化不已的本體、創造性的真幾。自中庸易傳以來，宋明書院家以迄當代新儒家，在教育的哲學基礎上，率皆以此進路，作為內聖外王之教的人文底蘊。劉蕺山則以「獨體誠意」之義理立教，也是承此起用，特別是教人於慎獨之中「終日乾乾，如對越在天」也。

4. 教育的實踐及其理想

 靜存動察之象。

此則圖式，乃在勘定前述劉式批判常人之心「物而不化」與學人之病「支離失本」的認知型態，因此以確立「獨體」作為教育的哲學基礎，而在具體實踐層面，則歸納此一圖式，作為理想的教育型態，既不流於主客分立，又能有所調適上遂，體證學習的本質及目的。劉蕺山即主張以「審幾」教育實踐上的獨立思考：

> 「幾」者動之微，不是前此有個靜地，後此又有動之著在，而幾則界乎動靜之間者。「審」如此三截看，則一心之中，隨處是絕流斷港，安得打合一貫？余嘗謂周子「誠神幾」非三事，總是指點語。大學止辨公私義利，而不分理欲天人，中庸只指隱微顯見，而不分前後動靜。此是儒門極大公案，後人憒憒千載於今。〔註76〕

此一指點微體的工夫，方能達到從心不踰，「百姓日用而不知，惟其定盤針時時做得主，所以日用得著不知之知，恍然誠體流露。」教化與學人氣質之變化，其理在此。是以劉蕺山以「人極」之道，總說其「證人復性」、「誠意慎獨」的教育哲學，方能在書院教育史上，儼然成為其后「蕺山學派」、「浙東學術」的先驅，誠有其學統上「究元決疑」的堅持。

　　綜觀此一組「圖示」的解讀，實可作為宋明理學的發展與探索中，由「理一分殊」到「知所歸宿」的歷程，自周濂溪的「太極圖」到理學體系的總綱，

〔註76〕《明儒・蕺山學案》，第 1532 頁。

中間經歷了學派分系的各家爭鳴，到劉蕺山的「證人」圖式，可謂一辯證與消融的結果；卻也可以闡釋書院家如何在「究元決疑」的理念中，不斷探索與揚棄，終能開展傳承有序的學風。

（三）學習成果的勘定

中國書院家所以可貴者，莫不以教育與學術之推究講明，作為入世的志業，因此書院學統的開展，率皆以「究元決疑」作為學術精神的鵠的，並以「師友講習」作為教育理想的推廓。書院本身即在辦學目的的界定，以及教學內容的抉擇上，促進了學派及學風的發展，也體現了書院學習成果的學統精神。例如陸象山講學所言：「韓退之言軻氏之死不得其傳，固不敢誣後世無賢，然直是至伊洛諸公得千載不傳之學，但草創未為光明，今日若不大段光明，更干當什事！」其開創心學一脈，志趣即見於是。又如開創湖湘學派的胡五峰，〔註77〕亦慨言：「永惟三代之尊，學制遍制乎家巷。爰從兩漢而下。友道散若煙雲。尼父之志不明，孟氏之傳幾絕。……斯文掃地，邪說滔天。愚弄士大夫如偶人，驅役世俗如家隸。政時儒之甚辱，實先聖之憂。今將尋繹五典之精微，決絕三乘之流遁。窮理既資于講習，輔仁式籍于友朋。」〔註78〕此一義蘊，也相應于朱熹昌言：「今書院之立，蓋所以宣究祖宗，興化勸學之遺澤，其意亦深遠矣。學于是者，誠能考于當時之學，以立其基，而用力于程張之所議者以會其極。」（〈與東策論白鹿洞書院記〉）是以書院之學愈加推致，學術的範疇、學統的分化及流變也就有「百川匯海」的大勢所趨；書院教育透過規約、講義、會講、講會等等系列的師生傳習活動，往往豐富了學習範疇的內容與觸角，綜觀劉蕺山在學統上整體勘定的志業，已然奠定繼往開來的地位。

劉氏的教育哲學以慎獨為宗，其學生及學風，尤有可觀之處，據〈蕺山同志考序〉以及〈蕺山弟子籍〉的整理，從遊者即眾，著名弟子有思想家黃宗羲、陳確、文評家王嗣奭、書畫家陳洪授、兵部尚書祁彪佳、熊汝霖等；

〔註77〕 胡宏，字仁仲，崇安人。胡安國之子。以蔭補右承務郎，秦檜當政，欲招其出仕，復書拒之。秦檜死後，又被召，以疾辭。長期隱衡山之下，學者稱為五峰先生。他早年曾師事楊時與侯仲良，「卒傳其父之學」，成為南宋理學中湖湘學派的主要創始人。紹興間，他亦曾講學於碧泉書院，並曾講學於道山書院。著有知言、《皇王大紀》、《五峰集》等，樊克政，《中國書院史》，文津出版社，第68頁。

〔註78〕 《五峰集》卷三，〈碧泉書院上梁文〉，第61頁。

再論其蕺山學派的影響，可以黃宗羲一系最為著稱，例如著名的史家萬斯同，經學家毛奇齡，文評家仇兆鰲，以迄全祖望所開啟的浙東學派；誠如章學誠在《文史通義》「浙東學術」中所說：「梨洲黃氏，出蕺山劉氏之門，而開萬氏兄弟經史之學，以致全祖望輩尚存其意。」的確評。而劉氏彼時講學處，在清代康熙時，又為後人闢為「蕺山書院」，以尊其遺澤。乾隆十三年，全祖望主蕺山書院講習，學者雲集，蕺山之學遂名震一時，可謂影響深遠。〔註79〕

推究劉蕺山學習成果的規模，何以如斯宏遠？不外乎通過上述學習範疇的層層遞進，彰顯其教育哲學的「知所歸宿」，同時表現在具體的學風上，又可以三大特點，作為書院教育實踐上的成就：

1. 由博學多識以及質疑思辨的精神，作為勘定學統的基礎

劉蕺山所身處的晚明時局，思潮與世運的交相陵替，純粹的學統已甚難開出，當時理學內部之分化又有程朱，陸王之對壘，陽明後學又有分化歧出的危機。再者社會人心之價值判準的混亂，已然不是「道統」一格所能導正。就以顧憲成主持「東林書院」時，已慨然有「與世為體」的吶喊，企圖扭轉學人的認知取向：「念頭不在世道上，即有他美，君子不齒也！」故於講會中多所裁量人物，訾議國政，亦翼執政者聞而藥之；遂以「清議」之旨，破斥其時講會「至於水間林下，三三兩兩，相與講求性命，切磨德義！」之不切實際。對照劉氏身值動盪的晚明思潮，代之以「誠意慎獨」主張，作為理學學統「究元決疑」之第一義，實有截斷眾流的立法精神。

蕺山其學乃確立一「究元決疑」的根本理念，並且以質疑思辨作為學者獨立思考的訓練，其學拈示一「獨體」，即是開示唯有「知止」所在，方可避免「支離」與「蹈虛」之病，此誠他的愷切叮嚀！因此蕺山之學以不以折衷朱陸之學，不做「調人」，乃以一不斷「質疑求新」的精神，作為至理。其言曰：「學貴日新，日日取生乎，一日剝換日，方不犯人間煙火氣」，是以學術格局得以開闊，他的學生黃宗羲、陳確也都能暢此本懷，固能卓爾成其一家之言，黃宗羲在《答董吳仲論學書》中所言：「昔人云：小疑則小悟，大疑則大悟……固將以求其深信也。彼泛然而輕信之者，非能信也，乃是不能疑也。」〔註80〕陳確作《大學辨》更有所揭示，認為是書「關係儒教甚巨，不

〔註79〕《中國書院史》，第760頁。
〔註80〕同上，第768頁。

敢不爭，非好辯也！」黃宗羲也欣賞陳確之風「其學無所依傍，無所瞻顧，凡不合于心者，雖先儒已有成說，亦不肯隨聲附和，遂多警世駭俗之論」（〈陳乾初先生墓誌銘〉）〔註81〕，顯見蕺山之學的啟示至深。

再者劉蕺山、黃宗羲、陳確一門師生，皆博學多識，在晚明心學以外的「博雅學風」之下，〔註82〕凡于經學、史學、天文、地理、律曆、象數、語言、文學、藝術、宗教等，皆有涉獵及積業，陳確即言其師「于五經諸子百家無不精究，皆有論述，蓋先生之學如洪鐘，大叩之大應，小叩之小應。」黃宗羲更以蕺山之教，為「醇乎其醇」的大儒。其具體的成果，更集中於蕺山學派所展現的「經史」與「經世」之學的成就。

2.「學案體」的思維，啟發了「經世」與「經史」之學的義理規模

蕺山教育中，「博雅」與「質疑」精神並重的成果，不僅針對理學有一全盤的體檢，試圖疏通書院教育的本源與宏規，其志業不純為建立學派，自成一家之言，而是關注於學術史的宏觀與具體實踐。尤其是深諳宋明以來各家學派的承遞、分合，以及透過「學習範疇」的勘定，諸家的路數、盲點與義理架局，大多能掌握全譜；因此與其說劉氏乃為宋明理學之殿軍，不如更進一步闡明了他在書院講學的歷程中，深知作為理想而開闊的思想教育，莫不以考鏡源流，索隱探頤之功，方能暢通為學的本源與目的。

劉蕺山更在於學術源流的掌握及體會中，更以學為「證人」作為教育宗旨，相應其「慎獨誠意」的學術宗旨；這一特點有兩大好處，其一在於以「宗旨」概括個人學說，更據此歸納、評騭前人學說之宗旨，由「宗旨」對觀「宗旨」，才能作有效進行學統的勘定及定位，而不流於墨守師說章句，終不出其範圍。並且由宗旨以進觀學術流變，至為省力，一如前文所探討的，諸家學術所側重的範疇、命題、論證的梗概，在學習上的特點與盲點的展示，即無所混淆，可收「提綱挈領」之功，此點在學統的勘定上，其擘肌分理的效果，至為顯見。例如論書院家往往避諱的「禪」學問題，即以朱子，象山，陽明三家的學理推究上，作一疏通，認為朱學「支離」之病，在於「存心」和「致知」分立；「兩事遞相君臣，迄無一手握定把柄之勢。」徒然於天下物理件件格過，而期於一旦「豁然貫通」之日，故有其義理上未能安立之失。而陸象山驟言本心，置窮理於第二義，當可濟朱子

〔註81〕《中國書院史》,〈大學辨〉並見《清儒學案新編（二）》，第 67 頁。
〔註82〕詳見龔鵬程《晚明思潮》一書，學生書局，第 343 頁。

之學的未見處，然於「本心」、「習心」之辨，未顯究竟，有待陽明發明「致良知」之說，以知「心之所以為心之理」，方顯道盡。此一戡定，合而觀之，實於諸家之於禪學的「迎拒」心態有關，卻又不能忽視其影響所在，蕺山故判曰：

> 朱子惑於禪而闢禪，故其失也支。陸子出入于禪而避禪，故其失也
> 粗。文成似禪而非禪，故不妨用禪，其失也玄。〔註83〕

又如勘定王陽明學派的「分化」問題，批判了學術本身往往在「傳承」上的通病：

> 然則陽明之學，謂其失之粗淺，不見道則有之，未可病其為禪也。
> 陽明而禪，何以處豫章、延平乎？只為後人將無善無惡四字，播弄
> 得天花亂墜，一頓攛入禪乘，於平日所謂良知即天理，良知即至善
> 等處，全然抹殺，安得不起後世之惑乎？陽明不幸而有龍溪，猶之
> 象山不幸而有慈湖，皆斯文之阨也。〔註84〕

因此他愷切地提醒學人「且擴開心胸，高抬眼境，上下古今，一齊貫串，直勘到此心此理，吾性吾命，纔無躲閃處，必有進步也。」此則乃倡明「宗旨」的重要，必有其還原及鑑別的意義，才不致「因噎廢食」，界限太嚴，拘泥太甚。故在其講義中，又有〈原心〉、〈原性〉、〈原學〉三篇，亦旨在疏通聖學的幾大關目，進而跨越學派間的既定視野。

「宗旨」觀的第二個意義，強調學人因宗旨而明個人工夫的持養與實踐，而不致學思不相貫穿，徒為耳目之學，也唯有學思知行並進，聖學中的體認才能自得而深有餘韻：

> 就性情上理會，則曰涵養，就念慮上提撕，則曰省察，就氣質上消
> 鎔，則曰克治。省克得輕安，即是涵養，涵養得分明，即是省克，
> 其實一也。皆不是落後著事。

這些工夫持養，不僅是教育上的幾大節目，更能在人生與時局遭遇上，顯其立場與大義，這點表現他在明亡時，以死節鑑世是一貫的：

> 先生謂祝淵曰：「人生末後一著，極是要緊，儘有平日高談性命，
> 臨岐往往失之。其受病有二：一是偽學，飾名欺世，原無必為聖賢
> 之志，利害當前，全體盡露。又有一種是禪學，禪家以無善無惡為

〔註83〕《明儒・蕺山學案》，第 1547 頁。
〔註84〕同上，第 1561 頁。

宗旨，凡綱常名教，忠孝節義，都屬善一邊，指為事障，理障，一
切掃除，而歸之空。故惑世害道，莫甚于禪。昔人云：能盡飲食之
道，即能盡生死之道，驗之日用之間，順逆之來，夢寐之際，此心
屹然不動，自然不為利害所奪矣。惟其平日『無終日之間違仁』，
故能『造次必於是，顛沛必於是』，工夫全在平日，不可不兢兢
也。」〔註85〕

戢山個人在這些方面的啟示，亦即是奠定於「學案體」的思維，體現在「經
史」和「經世」兩大層面的義理型態，前述宗旨觀的重要，即以此為具體表
現。劉氏個人「學案體」的思維即有《論語學案》、《人譜》以及《道統論》
等著作，具體地勾畫了以學案的思維型態，來鉤隱抉微，作為學人思辨以及
統整能力的訓練。此一教旨，在其教育歷程而言，其後學不僅青出於藍，多
所度越前人，誠可謂濟濟多士，蔚為明末清初以來書院教育的一大里程，黃
宗羲的《明儒學案》、《宋元學案》即是此一「學案體」思維，「發凡起例」的
貢獻。所謂講學，才能相輔相成，教學相長，以收觀瀾索源之效。

黃宗羲編訂《明儒學案》一書，乃以其〈師說〉為卷首，揭示其所承，
而以〈戢山學案〉作為壓卷之作，其中兼包眾派之說、相反之見，以確立理
想的學統精神，又如〈諸儒學案〉一章所收，有當時不滿陽明心學者，其批
判對立之言 論，也藉此比觀，其理念為「有此辨難，愈是以發明陽明之學，
所謂他山之石，可以攻玉也。」故于發凡中慨言：

學問之道，以各人自用得著者為真。凡倚門傍戶，依樣葫蘆者，非
流俗之士，則經生之業也。此編所列，有一偏之見，有相反之論，
學者於其不同處，正宜著眼理會，所謂一本而萬殊也。以水濟水，
豈是學問！〔註86〕

而戢山門人陳確的講明經世致用，也能彰顯此一學風的具體實踐，他在《葬
書・自序》中說：「知乎此（指對喪葬的改革）而推之日用，事事求實理實益，
不苟循虛名，即違道不遠矣，豈惟葬然哉？」他不僅關心農村喪葬陋俗的改
革，而且關心農民的所有疾苦。在《蒼天七章》中他大聲疾呼社會的不平等，
「嗚呼蒼天，農民何罪？赤日中田，焦發裂背。渴不得飲，飢不得食。憫其
將死，不敢云瘁。天復不念，降此大戾。」以自己無法解決民瘼與矛盾而苦，

〔註85〕《明儒・戢山學案》，第1564頁。
〔註86〕《明儒・發凡》，第18頁。

而痛不欲生。他滿懷深情地說：「吾輩不死，不官不農不圃，優游待盡，何異朽木！誠默默而生，無若諤諤而死。」〔註87〕

3. 挺立文化人格的宏規到具體理分的完成

劉蕺山的教育理想，則以人心的「誠意慎獨」為主宰，作為規定、收攝良知的歸宿；所以開啟的務實知本之學，即見乎學習範疇的勘定，以啟發後學在經世與經史的思考上，有其健全的視觀。清代書院家阮元在讀了全祖望的《經史問答》之後，給予此派的學風甚高的評價：

> 吾觀象山、慈湖諸說，以空論亂朱子，如海上神山，雖極高妙，頃
> 刻可見，而卒不可踐。萬（斯大，斯同）、全（祖望）之學，出於梨
> 洲而變之，如百尺樓台，實從地起，其功非積年工力不成。〔註88〕

而蕺山自身的實學成果，則有見於他以親身講學的體會，全面性將書院教育的原理、體系、源流及文獻，加以暢通，如《道統錄》、《人譜》以相較於朱熹的《伊洛淵源錄》，加上《論語學案》啟發黃宗羲、黃百家（黃宗羲之子）、全祖望是輩，在學案體例上的貢獻，《人極圖說》則總結了周濂溪《太極圖說》以來的儒家道德形上學，復以豐富而篤實的教學講義、會約、會語、教約等等。可見書院中統教育的「究元」精神，在他手中大體已完成了驗收的成果。而其后由黃宗羲、顧炎武、王夫之是輩的階段，乃不同於宋明儒之只重天理、性理、義理一層，轉向於看重天下事勢之理，以及古今文物之理，亦即由「內聖」轉「外王經世」之學，而蕺山實位居此一樞紐性地位，無庸贅語。

再者，就學統上「決疑」的一面，實取決於「具體理分」的完成，此一具體理分的探索，誠為理學所以名其為「理」的旨趣，而此一脈絡自孔門之教看重「正名」、「名實」問題以來，即為儒家聖人之學的一大關目，約言之即是「價值乃在於具體理分的完成」，勞思光的界說可作一詮釋：

> 「正名」一義，原屬於政治思想範圍；但此一問題稍作普遍化，即
> 轉為一涉及一般價值判斷原則之論點。日後宋明儒者暢論「理分」
> 時，即內通於道德生活，外及於政治原理。孔子本人雖尚未提出此
> 種完整理論，然在其言論中，亦已透露道德意義之理分觀念。此點

〔註87〕轉引自《中國書院史》，第773頁，而陳氏之《葬書》和〈蒼天七章〉，參見
　　　《清儒學案新編（二）》，第65、75頁。
〔註88〕《研經室二集》卷七。

可視為「義」觀念之引申。〔註89〕

此問題即涉及了價值意識的具體化問題，所言「決疑」，其理在此。蕺山遂曰：「惟其知止、知先、知本也，則謂之良知亦得。知在止中，良因止見。故言知止，則不必更言良知，……然則良知何乎？『知愛』而已矣。知『皆擴而充之，達之天下』而已矣。格此之謂之格物，誠此謂之誠意，正此謂之正心，舉而措之，謂之平天下。」

此一立說即承《大學》「止於至善」的「知止」教意，也同於王艮的「淮南格物」中的「安身說」，以及羅近溪的由「愛敬親長處」說良知，其共同點乃為人心的德行自覺以及具體落實，故有「當然處即是天理」的襟懷，此一襟懷的表露，必能在推廣於人或反求諸己上有所肯認，另一方在「義」之當然與「命」之限制上，亦能在憂患處安然處之，居易俟命。兼且能在「成己之學」或「義利之辨」等方面有所不疑，蕺山在戡定程朱派「格物窮理」一說時，即有其精闢的修正：

> 格物不妨訓窮理，只是反躬窮理，則知本之意自在其中。只是一箇良知，正須從意根查考，心源體認，身上檢點，家庭印證，國與天下推廣，這便是格物工夫，便是致知工夫。〔註90〕

這一理境的闡明，則能體會到何以書院中的理學教育，率以「內聖外王」為首大德目；唯有在人倫事務上篤實盡力，方有了然於心，無所虛歉的體會，蕺山之學特重「慎獨」的反省，所察識的也是如此，所謂人心之「安」與「不安」的問題，也正緣於此一「理分」的成就圓滿與否。此一關鍵把持得住，三教異同的問題，也就經得起考驗，劉蕺山在此即有徹上徹下的判語：

> 盈天地間，只是此理，無我無物，此理只是一個。我立而物備，物立而我備，恁天地間一物為主，我與天地萬物皆備其中。故言萬物則天地在其中，天亦一物也。《西銘》之意，就本身推到父母，又就父母以推到兄弟，方見得同體氣象，早已是肝膽楚、越矣。……禪家以了生死為第一義，故自私自利，留住靈明，不還造化。當是其果驗，看來只是弄精魂伎倆。吾儒既云：萬物皆備於我，如何自私自利得？生既私不得，死如何私得？「夕死可矣」，分明放下了也。〔註91〕

〔註89〕《中國哲學史》（一），第 127 頁。
〔註90〕《明儒·蕺山學案》，第 1549 頁。
〔註91〕同上，第 1557 頁。

「具體理分」的充分且必然性，誠是儒家在入世抉擇上的堅持，故有謂「自有五倫，而天下之人，皆經緯聯絡其中」。人情事變，應事接物，理分自在其中，蕺山欣賞周濂溪的豪語「天向一中分造化，人從心上起經綸」，殆非偶然也。

學習範疇不僅在倫理學上有其意義，並且有著鮮明的規範現實的作用，理學教育乃有實現倫理價值的教育觀念，都能以具體理分的實現，作為判斷的所在。

若就學思經歷的脈絡而言，劉蕺山的學風更是貫徹於他的一生，在從政、講學、以及為國殉難的志節所繫。在其幾度任官的職位上，不僅直言極諫，力辨國之根本，以及群小之為禍，不免因犯上而削籍為民，然上終不忘先生，臨朝而嘆，謂：『大臣如劉某，清執敢言，廷臣莫及也。』」〔註92〕尤以其得罪群小，甚及危及性命，仍顯其居夷處困的修持，據《明儒學案》載：

> 先生在丹陽僧舍，高傑、劉澤清遣刺客數輩跡之，先生危坐終日，無憚容，客亦心折而去。

而在國破之日，蕺山在具體理分上的抉擇，以及慨喟：

> 浙省降，先生慟哭曰：「此余正命之時也。」門人以文山、疊山、袁閬故事言，先生曰：「北都之變，可以死，可以無死，以身在削籍地也。南都之變，主上自棄其社稷，僕在懸車，尚曰可以死，可以無死。今吾越又降，區區老臣，尚何之乎？若曰身不在位，不當與城為存亡，獨不當與土為存亡乎？故相江萬里所以死也。世無逃死之宰相，亦豈有逃死之御史大夫乎？君臣之義，本以情決，舍情而言義，非義也。父子之親，固不可解于心，君臣之義，亦不可解于心。今謂可以不死而死，可以有待而死，死為近名，則隨地出脫，終成一貪生畏死之徒而已矣。」絕食二十日而卒，閏六月八日，戊子也，年六十八。〔註93〕

此一心影與理境，誠為書院史上，自嶽麓書院之文天祥以「正氣歌」慷慨就義，以及東林書院「一堂師友，冷風熱血，一洗乾坤」的志節，是一脈承遞的。然則蕺山之學的「既濟」之處，乃在於「具體理分」的完成，而其「未濟」之志業，乃下啟黃宗羲以「學案」體例及經世宏規，作為學統精神別開

〔註92〕《明儒・蕺山學案》，第 1509 頁。
〔註93〕同上，第 1511～1512 頁。

生面的典範。

三、黃宗羲的書院講學與學習範疇的完成

　　黃宗羲與顧炎武、王夫之作為明末清初的三大思想家，在學術史上已有其定評，尤其是他前承劉蕺山既有的人文關懷，表現在對於學術、教育、以及世事的具體理分上，有他深切的反省與領悟。此一內涵，實為師生間在文化人格陶冶上的潛移默化，黃氏自言：

> 始學于劉子，其時志在舉業；不能有得，聊備蕺山門人之一數耳。
>
> 天移地轉，殭餓深山，盡發藏書而讀之近二十年，胸中礙窒解剝，
>
> 始知曩日之孤負為不可贖也。〔註94〕

此番轉折，在於針對師說宗旨的還原以及把握，甚且就算在同門之間，看法與觀點上，容或有所差距，但在世事磨鍊的歷程中，許多的看法，勢必有其堅持及判斷。事實上在蕺山身後，能真切地將其「誠意慎獨」教旨，有所推廓與發皇者，也以黃宗羲為最。因此就以師生間的理分而言，黃氏在師生傳承的學統上，是毋庸置疑的，他一方面不僅正確地勘定了師說本色，並於康熙六年，會同姜希轍等人，恢復了紹興昔日蕺山主講的證人講會，第二年又於甬上（寧波）創辦證人書院，並且編訂了《子劉子行狀》、《子劉子學言》、《聖學宗要》、《證人會語》等蕺山學術教育文獻，作為推本其學的基礎。

　　另一方面更立足於書院自身的反省，試圖疏通明末以來的「講堂錮疾」，亦即「襲語錄之糟粕，不以六經為根柢，束書而從游談」，又如全祖望在《甬上證人書院記》所稱：「講學之風，以為極敝；高談性命，直入禪障，束書不觀，其稍平者，則為學究，皆無根之徒耳！」故以「經術」作為正本清源教育哲學。在其講學的經歷中，除了上述兩大書院之外，還設館於浙江桐鄉、海寧紹興等地，「大江南北，從者駢集」。此一講明經術的理念，即以蕺山學作為啟發的繼承，而以「經世致用」以及「經史兼重」作為原則，因此內容除了六經、四書、史書以外，並兼及了文學、天文、地理、六書、九章，以至遠西測量推步之學。這樣一個全面性的文化人格陶冶工程，最顯著的，莫過於在他長達主教八年的甬上證人書院。

　　此一書院的創立，是黃氏本人教育理想最顯著的一大實踐，甚且開啟了

〔註94〕黃炳垕《黃梨洲先生年譜》。轉引自李國鈞主編《中國書院史》，第770頁。

清代著名的「浙東之學」的義理規模，此一書院由創辦的動機，學習的宗旨，範疇，學思生活的內容，學習成果的貢獻及影響，實為書院史上理想的典範，最主要的特點為：

1. 書院的創立，乃源於士子自發性的風氣，以及講明正學的理想，而力邀黃宗羲前來主教，故有二十七位學子集體向黃氏請學之舉，由〈講經會〉的規模，擴充為書院。〔註95〕

2. 在學習宗旨及內容上，全然一貫於黃氏的教育理念，即使在當時受到不少輿論及毀謗的反面聲浪，士子仍堅持不懈。

3. 在學思生活方面，礙於清初嚴於查禁公開集會結社的壓迫，乃採行「因地制宜」的聚講方式，在克難而簡樸的形態下，反而有助於師友之情的提撕鼓舞。尤其是採行研究式的教學法，包括個人研義，共同集講，以及師友問難請益等型態，如門生李鄴嗣在《送范國雯北行序》所載：「一曰再集，先期於某家，是曰晨而往，摳衣登堂，各執經以次造席，先取所講復頌畢，司講者抗首而論，座上各取諸家同異相辨析，務擇所安。」〔註96〕

此一訓練方式黃宗羲甚為滿意，一者包容學生的特殊見解，二者培養了學人在學術上的獨立人格及識見：例如陳錫嘏對于黃宗羲的格物之論，就「頗不盡同」，又如董允璘主張王陽明的「四句教」法，而懷疑劉宗周「意為心所存」思想，作「劉子質疑」向黃宗羲請教，黃宗羲撰《答董吳仲論學書》解釋，但董允璘仍保持不同看法，認為「存固存，而發亦存也。」即便是黃氏之後無暇主教，其後學仍秉此一信念，仍力主講會之推廣。〔註97〕

4. 在學習成果與影響方面，主要在於深契學人之材理質具，不僅依宗旨使他們知所歸宿，另一方面卻也依因才施教的原則，使彼此長才皆能有所發揮與提昇。黃氏施教，雖然未有類似今天的分科教學，但是在無形的人格感化的力量上，卻有無比的魅力。在其主教的八年內，前來受學的有近七十人，他們多是主動前來，或為明末志士之後，或是父子，兄弟相承相繼，率怕以黃氏的風節與才學，視為教育的典範而不遠前來。濟濟多士，出類拔萃者尤多，亦甚令其開慰，在他的《陳夔獻墓誌銘》中即言甫上之學的英傑者有十五人：甫上學生，有以自見，如萬季野史學、萬充宗、陳同亮之窮經、躬行

〔註95〕李國鈞主編《中國書院史》，第 835 頁，可參見「陳夔獻五十壽」一文，收於《清儒學案新編（一）》，第 163 頁。

〔註96〕《杲堂詩文集》，轉引自李國鈞主編《中國書院史》，第 840 頁。

〔註97〕見《清儒學案新編（一）》，第 165 頁。李國鈞主編《中國書院史》，第 841 頁。

則張旦復、蔣宏憲，名理則萬公擇、王文三，文章則鄭禹梅清工、李呆堂續澤、董巽子、董在中涵雅、而萬貞一、仇滄柱、陳匪園、陳介眉且出而准的當時，筆削舊章。〔註98〕

這些高足弟子，不僅兼該了清初的史學、經學、哲學、文學等領域，其後私叔者如全祖望，以迄章學誠，率能以黃氏的「經術」宏旨，而下啟浙東之學的影響，並且兩人不僅是出色的學者，亦為清代著稱的書院家，此又為書院學統的一脈相承，薪火不息。

（一）黃宗羲寫作《明儒學案》的基源問題

黃宗羲的生平歷程，概為一家國亂離與個人自覺交光疊影的寫照，因此展現了士子在「亡國」與「亡天下」的兩大考驗中，如何取捨及自定矢向。明清之際的政局詭譎是不言自明的，期間文士階層閃現的智慧火花，卻不諦是近三百年學術史上的慧炬；顧炎武的抗懷當代，王夫之的幽悁微光、李二曲的深沈慨喟、方以智、朱舜水等一系列朗現乾坤的人物；黃宗羲無疑地是在這番因緣湊泊下，完成了個人哲學與思想配景，也走出了新的格局與氣象。然而此一過渡時期的思潮，反映的基源問題何在？明末以來知識分子「價值定位」的困境與盲點問題，一者關乎明末朝政的士崩魚爛，加以東林黨與魏忠賢集團的對立影響，價值自覺的安立不僅在此受到考驗，並相應於晚明思潮與社會變動的脈絡；此一特定時代「氛圍」下，「價值混亂」的表現即有了兩層互為環節的義涵，其一是知識分子「價值定位」的徬徨，其二則是「評價標準」的混淆：

> 當時的知識分子所面臨的最大問題，往往不是如何執著他們所一貫服膺的道德理想，而是如何在祖制、君主、同僚錯綜複雜的夾縫中，鞏固自己既有的地位。一些被目為「閹黨」的奸臣固不必多說了，即使是代表「正義」的「東林」、「復社」中人，也不免將黨同伐異看成比立身祈向來得重要，能堅守理想、至死不渝的為數寥寥。於是，君子、小人之辨，蛻而變成意氣之爭，堅守門戶，勢同水火；再加之以內憂外患，遂導致猿鶴俱泯，淪胥以滅。〔註99〕

士子集團的岌岌自危，不僅反映了現實的不堪與內心情志的矛盾，更表現了價值定位上的苦辛；於是黨爭、流賊陷闕、清兵入關這一連串的外緣考驗，

〔註98〕李國鈞主編《中國書院史》，第849頁。
〔註99〕林保淳《明夷待訪錄・導讀》，金楓出版社，第1～2頁。

可以想像在政體與文化意義上的糾葛，實非既有的道德準據，以及理想的願景所能概括的；無論是死節抑或歸順，都寓有通盤思考的必要，《明儒學案》的思考脈絡，正為此一時期基源問題的內在理路。

綜考黃宗羲寫作《明儒學案》的發生問題，大體上涵括了幾個層次：

（1）國仇家恨的際遇感（尤以其父黃尊素之蒙魏忠賢集團所迫害，以及其師劉蕺山的死節，不屈異代的殉命），在明清交替的世局中，尤見坎坷。

（2）明代既存的政經問題（例如祖制、相權、建都、兵制、科舉、賦稅等），直接影響了其寫作《明夷待訪錄》，也間接地提供了學案研究在整體時空思維的配景。

（3）異族的統治以及文化的正統問題，此即夷夏之辨的大關頭，不能不加以詳究。

（4）東林黨禍問題，下及東林餘緒（復社、幾社等黨爭）的影響及意義。

（5）王陽明心學的發展問題，觸及晚明思潮的變化，因此關步了儒學在異質思想的對待問題（佛、老思想的定位，特別是禪宗），以及本質思想（宋明理學）的內在理路問題。

此五大層次的發生論題，不僅深化了黃氏制作的憂患感受，也提供了獨立思考的基源問題，亦即如何透過學術思想一「史」的反省及撿擇，來批判晚明學風的流弊，包括政經問題的盤根錯節；復以亡國與亡天下的二重反省，黃氏選擇了以中原文獻的疏理、維護，以暢其文化慧命「貞下啟元」的本懷：

> 「蕺山死節，梨洲全活」；既不能死，則必有其可以活之道。梨洲晚年是把他的生命貫注在學術上面，而完成了他不朽的名著。〔註100〕

黃氏寫作的意圖，顯然地是以承續明儒學術的血路為旨歸，此則反映了他在對於「異質思潮」，即相對於儒學的佛、道二家，以及「本質思想」兩大脈絡的態度，我們透過《明儒學案》可以歸納其立據的觀念：

其一為異質思潮的對治問題。

其二為本質思想脈絡分判問題。（之於程朱理學與陽明心學，以及蕺山學判斷問題）

〔註100〕劉述先《黃宗羲心學的定位》，允晨出版社，第 178 頁。

在第一個論題中，事實上可說是整個宋明理學發展史上，共同視為一大關目，不容絲毫混淆及介入，揆諸宋明兩代之理學家莫不於此劃清界線，或以指摘敵派學風，參雜釋道二家與否，作為高下批駁的理由；此誠為歷來「正統」或「異端」二分法的反映，（如朱子視象山之學，有雜入禪學的批評）整體而言，實不足取，畢竟「影響」的問題，原本就難以絕對界定。譬如禪宗或佛學慣有的民間俗講、語錄、叢林、靜坐之風，和宋明理學的「書院」興起，存在著難分難解的淵源。更何況教法、話題、教學制度之間的互相關涉，純為方便之故。但在彼時，此一「外緣」或「本質」的影響問題，卻常互相混淆，盤根錯節，實有礙學說之間的疏理。因此在學案體例與思維上，我們可以了然「儒禪之辨」在各家之間勢如水火，這種「反應過度」的現象，其結果是「外緣」和「本質」既沒有有效地分別。此一時風下迄晚明以來，陽明後學遂有此反動，索性援禪入儒，或逕標異端了。

王陽明心學建構的義理間架中，兩者同異所在，相互發明而不相妨，《傳習錄》中申說已詳，但其後之流弊卻是陽明難以逆料；在這方面，黃氏和陽明的見解是相符應的：

> 而或者以釋氏本心之說，頗近於心學，不知儒釋界限只一理字，釋氏於天地萬物之理，一切（置之度外）更不復講，而止守此明覺；世儒則不恃此明覺，而求理於天地萬物之間，所為絕異。然其歸理於（天地萬物），歸明覺於吾心，則一也。向外尋理，終是無源之水，無根之木，總使合得，本體上已費轉手，故沿門乞火與合眼見闇，相去不遠。先生點出心之所以為心，不在明覺而在天理，金鏡已墜而復收，遂使儒釋疆界渺若山河，此有目者所共睹也。〔註101〕

此一推論過程，實可見黃氏試圖以還原問題的本質為旨趣，以便疏理二家異同，並予以價值上的分立，只要把握此一理解，進而檢索陽明後學的盲點，就能豁然朗現，不致重蹈宋儒以來，意識上無謂地糾結。

在第二個論題中，即涉入了黃氏之於新儒學的整體反省問題，此則論述不能不詳，劉述先指出包括三個脈絡的定位：〔註102〕

（1）對於朱子思想的批評。

（2）對於陽明思想的簡擇。

〔註101〕《明儒·諸儒學案》，第1110頁。
〔註102〕詳見劉述先《黃宗羲心學的定位》，允晨出版社，一書之歸納。

（3）對於蕺山思想的承繼。

《明儒學案》之於朱子學說的部份論點，主要針對其義理上「心性分立」的型態，有所質疑：

> 凡動靜者，皆心之所為也，是故性者（心之性），舍明覺自然、自有條理之心，而別求所謂性，亦猶舍屈伸往來之氣，而別求所謂理矣。朱子難言心統性情，畢竟以未發屬之性，已發屬之心，即以言心性者言理氣，故理氣不能合一。〔註103〕

在學術史的發展意義上，並不否認程朱學的價值，唯於心性論的義理規模上，朱學顯然不能在心性之間作一逆覺體證、調適上遂的融攝，僅能開出一心性對列的思想型態，「理」的定位，也只能叩契「性」的「祇存有不活動」之「形具義」（此即牟宗三判其為「心性分立」系的根由），斷非儒家心性學純粹貫一的層境。黃氏之於朱學將「致知」的純認知心靈，當作橫攝性的發展，終是不能相應。再者，學案中呈現了黃氏之於整個王陽明學派的評鑑，亦即是之於王學的本質理解，以及王學發展中的歧出轉向問題，有著如實的把握及撿擇。此一論題，其實正是近三百年學術史上，爭訟未定的盲點，黃氏據此提出其獨立思考的解析：

> 自姚江，則古來之學派絕矣。然「致良知」一語，發自晚年，未及與學者深究其旨，後來門下各以意見攙合，說玄說妙，幾同射覆，非復立言之本意。先生之格物謂「致吾心良知之天理於事事物物，則事事物物皆得其理。」以聖人教人只是一個行，如博學、審問、慎思、明辨皆是行也。「篤行」之者，行此數者不已是也。……先生所謂「致吾心之良知於事事物物也」四句，本是無病，學者錯會文致。彼以無善無惡言性者，謂無善無惡斯為至善。善一也，而有有善之善，有無善之善，無乃斷滅性種乎？彼在發用處求良知者，認已發作未發，教人在致知上著力，是指月者不指天上之月，而指地上之光，愈來愈遠矣。得羲說而存之，而後知先生之無弊也。〔註104〕

黃宗羲深諳其中的矛盾糾葛所在，試圖以還原王學的整體學思歷程，尤其思想家學說前後期的轉變，包括義理學上境界、功夫、體用上的嚴格界定，譬

〔註103〕《明儒・諸儒學案》，第1110頁。
〔註104〕《明儒・姚江學案》，第179～180頁。

肌分理。黃宗羲在王學的反省上，最主要的任務即是確認陽明「良知」之學的諦義，以及王學引發的兩大爭議「情識而肆」、以及「玄虛而蕩」。關於「良知」，《明儒學案》中申述極詳：

> 先生以聖人之學，心學也。心即理也，故於致知格物之訓，不得不言「致吾心良知之天理於事事物物，則事事物物皆得其理」。夫以知識為知，則輕浮而不實，故必以力行為功夫，良知感應神速，無有等待，本心之明即知，不欺本心之明即行也，不得不言「知行合一」此其立言之大旨。〔註105〕

在黃氏的廓清之下，陽明學以主體「德行之知」，遙契孔孟儒學之脈絡，區別「知識認知」以及「見聞之知」的分際，如此一來，遞進一層地剖析前述王學末流之蔽，就能達到獨立思考的要求。顯見王學的分化，在「天泉證道」中即已顯其端倪，「四有」、「四無」之辨，頓漸之教的施用，遂為日後明代書院講會之風的關切點，「玄虛而蕩」指陳的即是以王龍溪所標示的，當下現成之風為開端：

> 夫良知既為知覺之流行，不落方所，不可典要，一著工夫，則未免有礙虛無之體，是不得不近於禪。流行即是主宰，懸崖撒手，茫無把柄，以心息相依為權法，是不得不近於老。雖云真性流行，自見天則，而於儒者之矩矱，未免有出入矣。〔註106〕

象山之後不能無慈湖，文成之后不能無龍溪，而學術之盛衰，亦在此微妙的方寸；龍溪學因其根器，固能顯其高致，然其病亦在不能真切釐析與佛老之間本質上的分野，即前文論及，二者是否將理置之度外的論證。其風所致，人人誤以為境界為工夫，此其所以玄虛而蕩的因故也。綜考王學盛衰質變的脈絡，又可由王艮所代表的「泰州學派」，上承龍溪餘緒，下啟「情識而肆」流風的因果：

> 陽明先生之學，有泰州、龍溪而風行天下，亦因泰州、龍溪而漸失其傳。泰州、龍溪時時不滿其師說，益啟瞿曇之秘而歸之師，蓋躋陽明而為禪矣。然龍溪之後，力量無過於龍溪者，又得江右為之救正，故不至十分決裂。泰州之後，其人多能以赤手搏龍蛇，傳至顏山農、何心隱一派，遂復非名教之所能羈絡矣。……所謂祖師禪者，

〔註105〕《明儒・姚江學案》，第181～182頁。
〔註106〕《明儒・浙中王門學案》，第239～240頁。

以作用見性，諸公掀翻天地，前不見有古人，後不見有來者。釋氏
一棒一喝，當機橫行，放下拄杖，便如愚人一般。諸公赤身擔當，
無有放下時節，故其害如是。〔註107〕

在這一連串的反省之下，黃氏思想的確立，即以王學的檢擇為其根砥，復以
師承蕺山「慎獨誠意」之教為志。劉蕺山之學，針砭王學末流玩弄光景，跡
近狂禪的敗象，而以收拾人心，歸顯於密為深切的自持。並以「誠意」作為
對治龍溪「四無」的心、意、知、物命題，為其義理所在。對於良知之學的
修正，調融，尤有建樹。在學案體思維上的啟發與成果，也有助於黃宗羲進
一步的擴充及創造。

　　藉由前述層層開展的發生研究論題，略可明瞭黃宗羲在心學義理上定位
的過程，復次，關於本質問題的獨立思考，也勢必在前人反省的過程中，有
所更張，此則將由下節本質研究的論題，進一步加以剖辨。事實上蕺山之學
已然為新儒家哲學的殿軍，黃宗羲將《明儒學案》視為盱衡整個新儒學發展
的歸納，從另一個逆溯的角度看來，此一「歸納」的過程，事實上已成就了
黃氏個人學問的義理間架。

（二）《明儒學案》針對書院學統的獨立思考精神

　　索瀾觀源，黃宗羲之於《明儒學案》的心境，大體也是如此，試想有明
一代，學派風起雲湧，人性解放，思潮之多元，蔚然可觀，學說與個人價值
之定位，終究難以界定，本是見仁見智的判別；在這樣戲劇性的時代氛圍裡，
如何為儒學有效地疏鑿，好教涇渭分明，不容相混？

　　黃宗羲撰作學案的背景，蓋以親睹時代亂離的悲情下，汲汲探究何以時
局如斯的緣由，王學的檢擇即為其主要的進路，除了前述的分判工作之外，
更以王學的修正意義，作為其職志。因此他不像顧炎武一樣，徒然批評晚明
以來王門會講之風的流弊，而是修正其玄虛而蕩，情識而肆的極端，不因噎
廢食，而致矯枉過正。此一自覺實已於東林學派之顧憲成和高攀龍所代表的
學風中濫觴，下及劉蕺山並予以義理上的安頓，黃氏據此形成其治學上側重
工夫及實踐的局面，錢穆於此指出：

明儒最尊陽明，且謂天假之年，盡融其高明卓絕之見而底於實地，
則範圍朱陸而進退之，又不待言。學案卷首師說而於王門順應歸

> 寂兩派之爭，則顧袒江右羅念庵轟雙江側重本體一邊，蓋梨洲論
> 學兩面逼入其重實踐工夫，重行既不蹈懸空探索本體墮入渺茫之
> 弊，而一面又不致陷入猖狂一路，專任自然即認一點虛靈知覺之
> 氣，從橫放任以為道也，惟梨洲最要見解厥在其晚年所為明儒學案
> 序。〔註108〕

此一揭示，不再只是尋找義理上的談良知，談心意知物，而是如何提供具體的成績來詮表「理」、「事」上的不相妨礙，以及「心性即理」的證明，《明儒學案》即是他在究元決疑上的說明，也是奠基其人獨立思考的注腳。《明儒學案》的價值，學界早有定評，可謂是梨洲之學的心血所繫。簡而言之，其作已然有著學術史寫作上的貢獻。我們逕就書中《明儒學案‧發凡》黃氏自述其寫作理念的闡明，以觀其宏旨：

> 大凡學有宗旨，是其人之得力處，亦是學者之入門處。天下之義理
> 無窮，苟非定以一二字，如何約之，使其在我。故講學而無宗旨，
> 即有嘉言，是無頭緒之亂絲也。學者而不能得其人之宗旨。即讀其
> 書，亦猶張騫初至大夏，不能得月氏要領也。是編分別宗旨，如燈
> 取影，杜牧之曰：「丸之走盤，橫斜圓直，不可盡知，其必可知者，
> 知是丸不能出於盤也。」夫宗旨亦若是而已矣。故此編以有所授受
> 者，分為各案；其特起者，後之學者，不甚著者，總列諸儒之案。
> 學問之道，以個人自用得著者為真。凡倚門傍戶，依樣葫蘆者，非
> 流俗之士，則經生之業也。此編所列，有一偏之見，有相反之論，
> 學者於其不同處，正宜著眼理會，所謂一本而萬殊也。以水濟水，
> 豈是學問！〔註109〕

發凡起例，不容輕易錯過，黃氏力主宗旨之要，有其獨特的領會所在，晚明以來，而有四部哲學史的寫作，有鑑於此，他批駁前作周汝登之《聖學宗傳》為「攪金銀銅鐵為一器，是海明（即周汝登）一人之宗旨，非各家之宗旨也」，斥其雜以禪學，非屬純正之儒學著作；又評孫奇逢之《理學宗傳》：「鍾元（即孫夏峰）雜收，不復甄別，其批註所及，未必得其要領。」此其所以特重宗旨，罷詘門戶之見，乃別有其所以繫人心處的意圖。

　　「宗旨」之論，其實有幾點理由可作參考：其一是其深切體認到明季學

〔註108〕錢穆《中國近三百年學術史》上冊，台灣商務印書局，第26頁。
〔註109〕《明儒‧發凡》，第17～18頁。

說駁雜，百家爭鳴之際，若無宗旨作為明確之義界，易致混淆與是非之判準，王門後學儒禪之辨，殷鑑不遠；其二乃為宗旨既立，如網在綱，各家之傳習，流衍派生，瞭然若揭，思想上的爭議，盲點，就可以如實地判斷及定位，不致混淆及介入不相干的謬誤；復次，宗旨在另一個意義上，則為統整當時各家學說的特點，當時諸家多以書院講學，作為傳播及教育門人的型態，試由劉蕺山所記《陽明傳信錄》一文參證：

> 暇日讀陽明先生集，摘其要語，得三卷。……先生之學，始出詞章，繼逃佛、老，終乃求之六經而一變至道，世未有善學如先生者也，是謂「學則」。先生教人，吃緊在去人欲而存天理，進之以知行合一之說，其要歸於致良知，雖累千百言，不出此三言為轉註，凡以使學者截去之繞，尋向上去而已，是未有善教如先生者也，是謂「教法」。而先生之言良知也，近本孔、孟之說，遠溯之精一之傳，蓋自程、朱一線中絕，而後補偏救弊，契聖歸宗，未有若先生之深切著明者也，是謂「宗旨」，則後之學先生者，從可知已。〔註110〕

宗旨既已了然，進一步構作整體學術史時，方有提綱挈領之功；如此一來各家的彼此關係，以及特出價值所在，例如和程朱學、王學的關涉，抑或別出生面，方能純以系統性的解釋，包括如何處理歧出部份的論斷。

　　《明儒學案》不僅具備了自覺寫作學術史的概念，並且也形成了梨洲之學繼往開來的局面。此外黃氏在新外王的觀點上，又可以「經世」之學和「經史」之學兩個訴求，開啟實證的進路，前者可以《明夷待訪錄》為張本，後者以《明儒學案》系列一窺堂奧。此番外王論的基調，在傳統心學之外，著意於政治及社會問題，經世亦可致用，遂為中國傳統「士」階層的一劑針砭良藥。扭轉了受人詬病的清談之風。當時大套書籍的編纂、撰著，如《理學宗傳》、《明儒學案》，甚至《明文案》、《明文在》等，在傳述舊學、整理學術的外衣之下，他們都投傾注了經世的理想，並賦予了這些書籍以不朽的使命。陳子龍《皇明經世文編》，更逕直的以「經世」為名，道出了他們的雄心。〔註111〕

　　《明夷待訪錄》開出的格局，其學以經世為理念，下啟浙東學術之規模：《明儒學案》宗旨之教的義蘊，集大成於章學誠之學。另者其他方面的學

〔註110〕《明儒・姚江學案》，第 183～184 頁。
〔註111〕《明夷待訪錄・導讀》，第 10 頁。

術成果，梁啟超歸納梨洲的心血：

> 前明遺獻大率皆惓惓於國史梨洲，這段話足見其感慨之深，他雖不
> 應明史館之聘，然而館員都是他的後學，每有疑難問題，都咨詢他，
> 取決曆志則求他審正後纔算定稿；地理志則大半採用他所著今水經
> 原文，其餘史料經他鑑別的甚多，同作神道碑銘鏤舉多條，他關於
> 史學著述有重修宋史未書，有明史案一百四十卷已佚，有行朝錄八
> 種，一、隆武紀年，二、贛州失事記，三、紹武爭立紀，四、魯紀
> 年，五、舟山興廢，六、日本乞師紀，七、四明山寨紀，八、永曆
> 紀年，其餘如賜姓本末（記鄭成功事）海外慟哭記思舊錄等，今尚
> 存都是南明極重要史料，而其在學術上千口不磨的功績尤在兩部學
> 案。〔註112〕

經世器宇和經史實證的雙行，無疑地是之於黃宗羲學問上的積極實踐，此點
叩合著前文在釐析其學發生研究上的義理淵源，將在最後一節整體性評價梨
洲學的獨立思考時，作一細論。然而在學案本文中，除了側見黃氏之於考竸
諸家源流的意義之外，對於書院教育自身的評價又是如何？

關於東林事件的反省，實為宗羲切膚之痛，其父黃尊素即允為東林名
流，卻也同蒙黨禍之害。黃氏在此痛定思痛之餘，仍秉其獨立思考的一貫精
神，試圖還原明季以來「東林黨爭」的實然問題：

> 東林講學者，不過數人耳，其為講院，亦不過一郡之內耶。……乃
> 言國本者謂之東林，爭科場者謂之東林，攻逆奄者謂之東林，以至
> 言奪情姦相討賊，凡一議之正，一人之不隨流俗者，無不謂之東林，
> 若似乎東林標榜，遍於域中，延於數世，東林何不幸而有是也？東
> 林何幸而有是也？然則東林豈真有名目哉？亦小人者加之名目而已
> 矣。論者以東林為清議所宗，禍之招也。子言之，君子之道，辟則
> 坊與清議者天下之坊也。夫子議臧氏之竊位，議季氏之旅泰山，獨
> 非清議乎？清議熄而後有美新之上言，媚奄之紅本，故小人之惡清
> 議，猶黃河之礙砥柱也。熹宗之時，龜鼎將移，其以血肉撐拒，沒
> 虞淵而取近日者，東林也。毅宗之變，攀龍髯而藉螻蟻者，屬之東
> 林乎？屬之攻東林者乎？數十年來，勇者燔妻子，弱者埋土室，忠
> 義之盛，度越前代，猶是東林之流風餘韻也。一堂師友，冷風熱血，

〔註112〕梁啟超《中國近三百年學術史》，台灣中華書局，第48頁。

　　　　洗滌乾坤，無智之徒，竊竊然從而議之，可悲也夫！〔註113〕

過去評論東林黨爭問題時，我們每每著眼於顧憲成、高攀龍此一書院集團，如何在講學中裁量、清議，形成明末朝野對立的局勢，甚且歸咎為明季傾覆的主因；在這一點上，實則犯了史事過度化約的理解。黃氏於此推論中，不以私人情感為前提，代之以於事於理的剖析，還原東林事件在政爭底下的本質問題，亦即東林之議政，並非偶然。一者為士人清議之風的表露，但在此背後是或有隱而未顯的因故？此即涉及了學派上的理由，《明儒學案》何以特立〈東林學案〉一節，顯見東林事件的發生與影響，黃宗羲稟承學案思維的向度，必須進行學理上的疏通與定位，才不會倒果為因，混淆論證的脈絡。

　　進一步透過此學案附錄該派的哲學文獻，明瞭東林學派在王學末流修正上，務實的見解及成績，並由此體現東林師生的經世理念，發而為言，筆削時政，「一堂師友，冷風熱血，洗滌乾坤」，東林之流風餘韻，正是儒者入世精神的魅力。再者由東林書院所揭示的經世理念，本文將歸屬於「事統」教育哲學一章，作為書院教育的另一典範。

　　《明儒學案》一書中，翔實而全面地整理了大量的明儒教育的原始文獻，並對諸家之淵源，事蹟皆能如實地展示。明代學說之推廣與傳播，實結合其時書院教育制度之興盛有關，在內向的意義而言，形成了儒家思想教育的原理，外向而言，成為社會傳播上的具體規制，書院成為儒學客觀化、形象化的中介角色；由學案中纂輯大量的各派語錄、學規、會約、會語，可以傳神地體驗洙泗之濱的孔門遺風，如何在明代昌盛的邊際效應，此則可分為三點細說：

　　　　○ 其一作為書院教育講學的表現及紀實。

　　　　○ 其二作為明儒教育哲學的詮釋及歸納。

　　　　○ 其三作為相應於《明夷待訪錄》〈學校篇〉的補充。

明代書院上承宋代遺緒，並且在制度上益臻完善，而有講會之制，作為對外演講，實有民間教化上的意義。不僅組織完備（可以東林會約為代表）且能深入人心，例如王門二大高足王龍溪、錢緒山，所推廣之講會，感化號召之盛，誠為講學史上的高峰：

　　　　先生林下四十餘年，無日不講學，自兩都及吳、楚、閩、越、江、

─────────────────────
〔註113〕《明儒・東林學案》，第1375頁。

浙，皆有講舍，莫不以先生為宗盟。年八十，猶周流不倦。〔註114〕
無日不能講學。江、浙、宣、歙、楚、廣名區奧地，皆先生與龍溪
迭捧珠盤。年七十，做頤閒疏告四方，始不出遊，二年十月二十六
日卒，年七十九。〔註115〕

又如透過講會中記錄的「會語」，體驗這些書院家在講學過程中，何以蔚為明
季理學的特色，例如王龍溪之會語，乃以証第一究竟義為本：〔註116〕

△涓流積至滄溟水，拳石崇成太華岑，先師謂象山之學得力處全在
積累，須知涓流即是滄海，拳石即是泰山。此是最上一機，不由
積累而成者也。（靚峴臺會語）

△立志不真，故用力未免間斷，須從本原上徹底理會。種種嗜好，
種種貪著，種種奇特技能，種種凡心習態，全體斬斷，令乾乾淨
淨從混沌中立根基，始為本來生生真命脈。此志既真，工夫方有
商量處。（斗山會語）

這些紀實性的文獻，可視為明儒在教學原理上的表現，此即黃氏所以看重「宗
旨」之立教，以及各家師承門戶的系統。學案中無論在敘述人師們的生平行
誼，抑或講論文章中，率皆悉心地標明其教學、治學的眉目，以豁醒學思，
啟益甚巨，實非一般官學與科舉體制下的教學處境所能抗衡。黃氏所以暢
言：「有明事功文章，未必能越前代，至於講學，余妄謂過之」的豪語。譬諸
陽明的「致良知說」、「破心中之賊」論、「天泉與弟子證道」，以及湛若水「隨
時隨處體認天理」之教，王艮的「樂學歌」，蕺山的「慎獨」之教，不僅皆有
宗旨，更有具體之教育模式及學習情境，在學案中屢見不鮮，例如王龍溪於
會語中，倡導王門的悟入有三種教法：

師門嘗有入悟三種教法，從知解而得者，謂之「解悟」，未離言
詮；從靜中而得者，謂之「證悟」，猶有待於境，從人事鍊習而得
者，忘言忘境，獨處逢源，愈搖蕩愈凝寂，始為「徹悟」。（寬川別
語）〔註117〕

又如陽明論為學工夫的點撥，亦顯鮮活：

教人為學，不可執一偏。初學時心猿意馬，拴縛不定，其所思慮，

〔註114〕《明儒‧浙中王門學案》，第238頁。
〔註115〕同上，第225頁。
〔註116〕同上，第242頁。
〔註117〕同上，第253頁。

多是人欲一邊，故且教之（靜坐息思慮）。久之，俟其心意稍定只懸空靜守，如槁木死灰，亦無用，須教他省察克治。省察克治之功則無時而可閒，如去盜賊，須有箇掃除廓清之意。無事時將好色好貨好名等私慾逐一追究搜尋出來，定要拔去病根，不復起，方始為快；常如貓之捕鼠，一眼看著，一耳聽著，纔有一念萌動，即與克去，斬釘截鐵，不可姑容，與他方便，不可窩藏，不可放他出路；方是真實用功，方能掃除廓清。到得無私可克，自有端拱時在。雖曰「何思何慮」，非初學時事。初學必須思省察克治，即是思誠只思一箇天理，到得天理純全，便是「何思何慮」矣。〔註118〕

此一理路也相應於王學自謂「拔本塞源」的主張，黃氏採擇了這些文獻的用意，即同時涵括了學術及教育上的雙重意義，此點則可以與他在《明夷待訪錄》中〈學校篇〉表現的立論最為鮮明：

學校，所以養士也。然古之聖王，其意不僅此也，必使佑天下之具皆出於學校，而後設學校之意始備。非謂班朝，布令，養老，恤孤，訊馘，大師旅則會將士，大獄訟則期吏民，大祭祀則享始祖，行之自辟雍也。蓋使朝廷之上，閭閻之細，漸摩濡染，莫不有詩書寬大之氣，（天子之所是未必是，天子之所非未必非，天子亦遂不敢自為非是），而公其非是於學校。是故養士為學校之一事，而學校不僅為養士而設也。〔註119〕

此一揭示，乃大加批判邇世學校立法之本意不彰，政風、世風之衰微，同理可証。唯有學校制度作為人文精神之挺立，經世之學才可以行之久遠，設若學校制度不彰之時，書院等體制外的講學，也不得不因應而起，但其共同點所在，皆為型塑為學術上清議的力量：

於是學校變而為書院。有所非也，則朝廷必以為是而榮之；有所是也，則朝廷必以為非而辱之。偽學之禁，書院之毀，必欲以朝廷之權與之爭勝。其不仕者有刑，曰：「此率天下士大夫而背朝廷者也。」其始也，學校與朝廷無與；其繼，朝廷與學校相反。不特不能養士，且至於害士，猶然循其名而立之何與？〔註120〕

〔註118〕《傳習錄》，金楓出版，第30～31頁。
〔註119〕《明夷待訪錄‧學校》，第47頁。
〔註120〕同上，第47頁。

「學校」與「講學」之相輔互濟，正是此一學統教育哲學的意涵，就實踐層次而言，「學案體」的啟發，也寓有「教育哲學平衡表」的效用，可作為書院家比較教法、教材，以及衡量學術傳習上的許多關目。梨洲於此透過學案的整體性思考，作為教育反思上的具體張本；蕺山死後，黃氏代為主持證人書院，蕺山學之後光，以及浙東學術的開展，可謂是宋明儒學一路血脈。

　　綜觀黃宗羲在學案構作中，展現的文化關懷，可以側寫師生在文化人格的影響上，之於才性、性情與志業的潛移默化，此誠「學統」兼攝「人統」教育哲學的理想。如論陽明、徐愛之師生情誼，猶如孔顏之間寫照：

> 先生為海日公之婿，於陽明，內兄弟也。陽明出獄而歸，先生即北面稱弟子，及門莫有先之者。鄭元錫皇明書云：「自龍場歸受學。」非其後與陽明同官南中，朝夕不離。學者在疑信之間，先生為之騎郵以通彼我，於是門人益親。陽明曰：「曰仁，吾之顏淵也。」先生嘗遊衡山，夢老僧撫其背而嘆曰：「子與顏子同德，亦與顏子同壽。」覺而異之。陽明在贛州聞訃，哭之慟。先生雖死，陽明每在講席，未嘗不念之。酬答之頃，機緣未契，則曰：「是意也，吾嘗與曰仁言之，年來未易及也。」一旦講畢，環柱而走，歎曰：「安得起曰仁於泉下，而聞斯言乎！」乃率諸弟子之其墓所，爵酒而告之。〔註121〕

師生之情，方生方死，方死方生，其間流露的性情，點明徐愛之為陽明的知音，二者側記陽明惜才之真切雋永。又如論王襞繼其父王艮之學的書院志業：

> 王襞字宗順，號東崖，心齋仲子也。九歲隨父至會稽，每遇講會，先生以童子歌詩，聲中金石。陽明問之，知為心齋子，曰：「吾固疑其非越中兒也。」令其師事龍溪、緒山。先後留越中幾二十年。心齋開講淮南，先生又相之。心齋沒，遂繼父講席，往來各郡，主其教事。
> 歸則扁舟於村落之間，歌聲振乎林木，恍然有舞雩氣象。〔註122〕

再如衡論東林書院大會天下志士的盛會，以及顧憲成反流俗，倡清議的神態，以及院內師友的學風：

> 戊戌，始會吳中同志於二泉。甲辰，東林書院成，大會四方之士，

〔註121〕《明儒・浙中王門學案》，第221頁。
〔註122〕《明儒・泰州學案》，第718頁。

一依白鹿洞規。其他聞風而起者，毘陵有經正堂，金沙有志矩堂，荊溪有明道書院，虞山有文學書院，皆奉珠盤，請先生蒞焉。先生論學，與世為體。故會中亦多裁量人物，訾議國政，亦冀執政者聞而藥之也。〔註123〕

以及平民出身的泰州學人韓貞，神異的傳奇及生命力：

韓貞字以中，號樂吾，興化人。以陶瓦為業。慕朱樵而從之學，後乃卒業於東崖。粗識文字。有茅屋三間，以之償債，遂處窯中，自詠曰：「三間茅屋歸新主，一片煙霞是故人。」年逾三紀未娶，東崖弟子釀金為之完姻。久之，覺有所得，遂以化俗為任，隨機指點農工商賈，從之遊者千餘。秋成農隙，則聚徒談學，一村既畢，又之一村，前歌後答，絃誦之聲，洋洋然也。〔註124〕

一系列鮮活靈動的人物姿容，煥發而為儒門中溫潤抑或傲岸的風致，無論這些人物在學術、歷史上的爭議為何，黃氏仍忠實地將這些靈魂的精彩所在，自成一番描寫。在這樣的觀照之下，教育哲學上的啟蒙，最終仍能昇華為一種人格審美上的欣趣，黃宗羲寫活了這些人的學問，《明儒學案》也無形中成就了生命美學的歸趨及證成。

（三）「學案體」與學統理想的設定

　　黃宗羲身體家國亂離之變滅，於末世滄海橫流的命定桎梏中，有著沈鬱的詩心及信念；發而為文，走雲連風，不僅外向地斬截俯首異族的可能，更積極地轉為內向思索的長考，自鑄偉辭，期於來日完成個人學術慧命的延續。

　　《明儒學案》固為其畢生學力的代表，前文已略敘其梗概，在學術史研究上的價值，誠如梁啟超之評價：

著學術史有四個必要的條件，第一敘一個時代的學術須把那時代重要各學派全數網羅，不可以愛憎為去取，第二敘某家學說須將其特點提挈出來，令讀者有很明晰的觀念，第三要忠實傳寫各家真相，勿以主觀上下其手，第四要把個人的時代和他一生經歷大概敘述，看出那人的全人格，梨洲的明儒學案總算具備這四個條件。〔註125〕

〔註123〕《明儒·東林學案》，第1375頁。
〔註124〕《明儒·泰州學案》，第720頁。
〔註125〕梁啟超《中國近三百年學術史》，第49、50頁。

梨洲之學案體例提供的獨立思考，有了遞近一層的二度思考，亦即傳主其人整體學問之歷程，是否有一定之程序可以理解？再者，其學說在客觀意義上而言，是否確乎完成了文化定位？前者觸及了我們之於梨洲學案的方法論問題，後者則是關涉了學理內容的意義和影響問題。在〈明儒〉本文中，黃氏乃採行「三段式」的論証法，作為他為「學案體」奠定的基本規範，《明儒學案》苦心擘畫寫定的過程中，實有一鮮明的訴求，本文透過基源問題研究法的向度，認為當是「原儒」的歷程以及判準問題，並依此試擬一簡表如下：

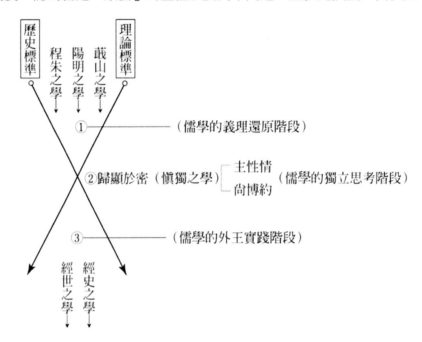

「學案」作為一學術史研究的模式，蓋以後設之角度，反思「儒學」義理上如何廓清此「理」的貞定，一者反映了儒學自先秦以來發展的實然問題，二者提供了儒學如何因應新時局，採行的應然問題；前者即是黃氏強調學有宗旨的立論色彩，並歸宿在「原儒」的環節，黃氏於此體認甚深：

> 學問之事析之者愈精，而逃之者愈巧……夫一儒也裂之為文苑，為儒林，為理學，為心學，豈非析之欲其極精乎？奈何今之言心學者，則無事乎讀書窮理。言理學者，其所讀之書，不過經生之章句。其所窮之理，不過字義之從違。……不見長短天崩地解落然無與吾事，猶且說同道異自附於所謂道學者，豈非逃之者之愈巧乎？……某雖學文而不能廢夫應酬，窮經而不能歸於一致。洒掃先

師戴山之間，而浸淫於流俗。弦急調衰，不知九品人物，將來何
等。〔註126〕

顯見「原儒」的意向，其人欲重治「文苑」、「儒林」、「道學」於一爐，對治
後學務求支解，「小學而大遺」之病，所以另言：「讀書不多，無以證斯理之
變化，多而不求於心則為俗學」，此一原理的把握，即可言明儒學的實然意
義。然而論及應然問題，黃氏即主學術、事功一統，「源頭既清，波瀾自闊」，
其學格局之大，誠為以經世之學涵括經史之功，作為外王實踐上的基礎，全
祖望評其為：

> 以濂洛之統，綜會諸家，橫渠之禮教，康節之數學，東萊之文獻，
> 艮齋止齋之經制，水心之文章，莫不旁推交通，連珠合璧，自來儒
> 林所未有。〔註127〕

錢穆更肯認其格局立象：

> 梨洲所謂儒之大全將以經史植其體、事功白其用、實踐以淑之身、
> 文章以揚之世，其意趣之闊大、規模之恢偉，固足以掩顧顏而上之
> 矣。〔註128〕

續論梨洲之學的意義及影響，涉及了我們「知人論世」必具的態度，勞思
光指出，當涉及理論之「開放」及「封閉」成份。〔註129〕在此一界說下，
梨洲之學的「封閉成份」，實為其命定際遇下，所不能免卻的因素，全祖望
認為：

> 先生之不免餘議者則有二：其一則黨人之習氣未盡，蓋少年即入社

〔註126〕《南雷文定前集卷一‧留別海昌同學序》，轉引錢穆《中國近三百年學術史》，
　　　　第29頁。

〔註127〕全祖望〈梨洲先生神道碑〉，見於《鮚埼亭集》，卷十一，四部叢刊初編縮本，
　　　　第129、130頁。

〔註128〕同上，第30頁。

〔註129〕勞思光《中國哲學史》三下，第896頁。一個理論如是接觸到人生的真問題
　　　　的，則它必含有一些有普遍意義的成份；另一方面，這個理論既成為一個具
　　　　體理論，也就一定有某些受特殊制約的成份。有普遍意義的成份……因此可
　　　　稱作「開放成份」；另一面受特殊的歷史、社會、心理等等條件的制約成份，
　　　　則其功能在特殊條件變化時即不能保持。這即可稱為「封閉成份」，一個理論
　　　　之「封閉成份」最容易失效，因此歷代抨擊前人學說的論辯，大半都落在這
　　　　種「封閉成份」上……我們如果能認真區別一理論的「開放成份」及「封閉
　　　　成份」，也就不致於只曉得去攻擊前人理論的失效部份，而不會承受那些有普
　　　　遍意義的成績了。

　　會，門戶之見深入而不可猝去，便非無我之學。其一則文人之習氣
　　未盡，不免以正誼明道之餘猶留連於枝葉亦其病也。〔註130〕

由此一局限而觀，黃氏其學的規範，誠是為其環境背景所致，然則不使學問
精神所囿限。其心性之學的義理規模，雖始終無由跨過蕺山學的型態，卻得
以在於「歸顯於密」之際，不獨收攝如此，進一步開展義理的實踐層面，此
則為其「開放成份」，簡言之有如下三點意義：

　　▲ 其一為學術史的研究及寫作模式。

　　▲ 其二為經世之學的張本。

　　▲ 其三為經史之學的理念及方法經驗。

第一點可以謝國楨之見解為參考：〔註131〕

　　其編纂之方法及其組織之特長，約有數端：

　　（一）將有明一代儒林為有宗旨有系統之排比，而以陽明蕺山為
　　　　　宗，若網在綱，全書前後均有照應。

　　（二）洞見各儒者之宗旨，而能用最簡單之語綜括而出之，提要勾
　　　　　玄，纖屑無遺，尤為梨洲之創見。

　　（三）搜輯有明一代儒者之載籍，抉擇至精，亦非易事，而能分別
　　　　　其事實，辨別考訂其年代，分析其一生前後之思想，而明其
　　　　　思想之變遷，於陽明景逸（高攀龍）諸傳均能見之，在一定
　　　　　程度上，已掌握學術思想發展之規律，而具有科學研究之方
　　　　　法。

　　（四）為研賾為理，苟於其理之未當，雖於其崇尚之陽明學派，亦
　　　　　為辨析明理，不為阿護之辭，不惜立論以闢之。

第二點則可以《明夷待訪錄》為代表，其論旨雖以明代一季的政體、制度、
社會經驗為取資所在，卻不自限視野，見其〈原君〉、〈原臣〉諸篇，闡發民
本，民主思想，對近代梁啟超、孫中山之革命啟蒙，尤有新見。其他關於取
士，學校問題的見解，也有治標及治本上的裁奪。

　　第三點則直接下啟了清代學風的脈絡，「浙東史學」的一脈相承，考證之
學的借鑑，不可不謂之為梨洲的啟迪及發用：

　　或問事功氣節，果可與著述相提並論乎？曰：史學所以經世，固非

_____

〔註130〕《鮚埼亭集‧答諸生問南雷問學術帖子》外編，卷四十四，第993頁。
〔註131〕轉引自劉述先《黃宗羲心學之定位》，第160～161頁。

空言著述也。且如六經，同出於孔子，先儒以為其功莫大於《春
秋》，正以切合當時人事耳。後之言著述者，舍今而求古，舍人事而
言性天，則吾不得而知之矣。學者不知斯義，不足言史學也。整輯
排比，謂之史纂；參互搜討，謂之史考；皆非史學。〔註132〕

鄺士元更歸納了梨洲史學的特點所在，約有如下四長：〔註133〕

1. 注重搜求史料。
2. 注重表志。
3. 修正地理曆法。
4. 注重組織與條例。

然則歷史的弔詭及反諷，我們固然肯認梨山學之集大成格局，實為數百年來
理學之圓成階段，但是驗諸史實卻不得不有所感慨，明清之際大學問家們如
顧炎武、黃宗羲，皆能以經世之發願，痛下學風針砭之處方，且慨然以「神
州共命」的絕世之姿，完成學問與人格審美上的至高層境，但下啟的有清一
代學風，卻是一大悖反，劉述先的謂嘆，可為此做一綜理：

但梨洲繼蕺山倡內在一元之論，轉手而為乾初、東原之說，乃整個
由宋明心性之學脫略了開去；同時梨洲固為長於文獻、考據之學
者，則其對於新時代風氣之形成，亦多推波助瀾之功。然而這並不
是梨洲所期望的「貞下啟元」走的那一條道路。結果梨洲的確終結
了一個時代，也下開了一個時代。但他要終結的，並不是所終結的
那個時代，他要下開的，也不是所下開的那個時代。此所以梨洲之
不能不為一個富於悲劇性的人物。〔註134〕

但是無論如何，中國書院的學統教育理念，確乎是在劉蕺山與黃宗羲的教育
實踐中，完成了全面性的總結，知所歸宿的意向，仍是「三統之學」的一
貫信念。即便是清代學風的轉向，乃有其主客觀之間的因素，但在學統遞交
的歷程中，仍有不少有心的書院家如全祖望、章學誠、阮元、張之洞等人，
試圖在體制內有所改革，表現在書院學習範疇的內容上，容或有所損益。但
大體而言，仍不出一學統的梗概，唯一有賴鑑別的，乃是書院彼此講學的
「宗旨」是否相應成違背了「人統」此一精神淵源。此一判準的立據，就是

〔註132〕章學誠《文史通義》，漢京出版，第524頁。
〔註133〕鄺士元《中國學術思想史》，里仁出版社，第616、617頁。
〔註134〕《黃宗羲心學之定位》，第178、179頁。

在於書院一但納入官學與科舉的體制下，是否會有變質，或是恪守「宗旨」初衷。

第二節　「學統」教育哲學的主要表現特點

書院教育的傳習與傳播，基本上乃與學術思想的流變以及開展，若合符節，並且形成了教育史上眾多的教育文獻以及主張。說明了對待學術問題時，不能忽略了學派傳承、學風推廣，乃致於學說本身中，有關於「究元決疑」的書院教育，不能忽略其中繁複的人際問題與人物評騭的觀念。

這個層面，顯然已非純然客觀的知識問題，卻深入地縮結了中國學人在看待學統問題的心態，尤其是奠基於私學傳統的書院教育，在師生傳習、授業、解惑的生活中、學統教育哲學中，格外側重陶鑄文化人格理想上的一大指標，這也是「學統」必兼攝「人統」的思考取向。儘管是在朱熹、王陽明，以迄劉蕺山、黃宗羲等書院家，究心於書院學習範疇的探索，其歸宿也不外乎為人的主體並予以「立法」，亦即具體理分的勘定，並進一步擴充為規範現實的作用，「止於至善」的諦域，也是源此而來。

在學統教育哲學的表現上，書院之間的互動與關涉，不是孤立而絕緣的，不同學派相互辯難、申論所產生智慧的火花；在教育哲學的關懷下，書院中的「會講」精神，至為體現了學統理想的色彩。「學案體」思維之下的學術源流，以及統系的分判，進而在書院師生傳習的生活中，形成的讀書經驗與教學成果驗收，也是作為書院學風所以取代了過去私學型態，以及彌補了官學以及科舉流弊的處方，才得以傲岸地與佛教、道教在社會傳播上分庭抗禮。此一客觀化的表現，皆為學統理念在長期挖深織廣的探討中，啟沃有志之士所成就的局面。

一、會講型態的開啟與創造

書院教育哲學中的學習範疇，開展的廣度與關懷的深度，其實是體現在學術的獨立自主，以及教學相長的自由論學風氣中；因此不論是強調宗旨、或是著重傳承，此一學統上的「究元決疑」精神，往往也表現在書院之間「互為主體」的關係（一如書院師生在教學相長中的意義），此一特點，尤以「會講」的風氣，最具啟發性，允為教育史上的佳話。

所謂的「會講」，實包含兩種性質的書院教學活動，其一為學派之間的聚

會，共同切磋學說的同異與看法，以收同道砥礪之功效。其二作為書院內的學思訓練課程，以培養學人心得報告，以及相互駁辯的經驗，以收同儕輔正的寓意。前者可以朱子、象山的「鵝湖之會」為代表，後者則可以黃宗羲在甬上証人書院的教學方式為特點，但兩者之間，實同為建立一理想的學問規準，亦即是以「究元決疑」的信念，作為教育目的的追求。奠定了書院在學術史上的地位。書院中幾番重要的會講（以及其後形成的講會制度），在教育和學術上的影響，更寓有深遠的意義。

學派之間的會講，實有助於學術的交流，因此「會講」觀念的形成與實際，在書院教育型態的開展上，實有遞進一層的積極性意涵，已非純然地固守學館或精舍式的學人生活基調，代之以彼此問難、辯論的聚會，作為知識與心靈互動深刻的遇合。許多臨場的反應，據題引申的抒發，以及營造的情境，實可名為「哲學的氛圍」。且書院多在名山大川之間；書院家的言談風姿，加上各派學術宗旨的高下短長，往往一經交會就互放光芒，實為儒林中的盛會與高潮；特別是南宋以來理學學派，各張門戶、自立新說的局面，更是先秦諸子以來，難得一見的人文自覺高峰，理學諸子皆有各自主講的書院作為營壘，所以透過會講以光大儒學，尤有學統上正面的立意。

書院史上最早的會講風氣，乃肇端於朱子和張栻的「嶽麓之會」（南宋乾道元年），地點即在張栻主持的嶽麓書院中，也代表了朱子一脈和湖湘之學，在南宋時的一大交集，朱子特地攜門人造訪，兩人雖素為學友，但在義理上仍各有主據，因此兩大書院家的登堂開講，在當時誠為一大盛事。聽者眾多「一時輿馬之眾，飲池水立涸」，隨行學生范念德有言「二先生論中庸之義，三日夜不能合」，〔註135〕可見問難之深切。此番的朱張會講，旨在為中庸以來的「中和」問題，還有太極大義，此二大關目不論是朱學體系（中和原本即有新舊之說的進展），或是在宋明理學之中，皆有重要的里程碑價值。兩人在會期中的互相啟發與鼓舞，也銘感在心，可以兩人的相互的和詩為証：〔註136〕張栻在《賦別晦庵》一詩中說：「遺經得抽繹，心事兩綢繆，超然會太極，眼底無全牛。」朱熹在和詩中也談到：「昔我抱冰炭，從君識乾坤。始知太極蘊，更妙難名論。」「謂有寧有跡，謂無復何存。惟忘酬酢處，特達見本根。萬化自此流，千聖同茲源。」看來，他們對這個問題討論得很契合，體

〔註135〕王懋竑《朱子年譜》卷一下。
〔註136〕轉引自楊布生《中國書院與傳統文化》，湖南教育出版社，第85頁。

會很深。朱熹后來回憶說：「今日氣象，大根大本被群小壞八九分。在長沙與敬夫語此，幾至隕涕。」這個「大根大本」，就是指他們討論的「太極」。

朱張兩位大師旨在「相與講明其所未聞」，故在申說之間，兩人在學術見解上更臻精闢，也相互佩服與推崇。張栻本人「既見朱熹，相與博約，又大進焉。」此種會講對於學生的影響，更有重大的助益及啟示，而朱、張兩人也因此訂交為畢生不渝的盟友，經常往返於湘江的渡口，當地百姓更為此名為「朱張渡」，以紀念這一段佳話。〔註137〕

此會之後八年，朱子又應呂祖謙之邀，和陸象山、陸九齡兄弟等人，大會於江西鵝湖寺，是為著名的「鵝湖之會」，此次講會，學人共聚一堂，更開啟了朱、陸二家，日后各張理學旗幟的學術局面，在教育史和思想史上影響至鉅。會中前後的因緣、遇合中的會詩、會期中的談鋒所及，皆不容調停，據理直抒，可謂精彩無比，而呂祖謙擔任的主持人角色，更肩負學說定奪的色彩。

這一會期中，主要爭議的關目，計有兩派教育宗旨、易經中「復」、「履」、「謙」等九卦之序，以及延申出來的學術立場與主張。此一會講旨在折衷會通兩家之異同，呂祖謙的用心可謂良苦；在九卦之序的看法上，陸象山之暢言自成體系，朱、呂二公大服，無異議，但於教育哲學的見解上，則為一大相持不下的敵對狀況，此即「博」與「約」孰先孰后的爭議，並據此而有「太簡」與「支離」弊端上「見仁見智」的立場。

> 又云：「鵝湖之會，論及教人。元晦之意，欲令人泛觀博覽，而後歸之約。二陸之意，欲先發明人之本心，而後使之博覽。朱以陸之教人為太簡，陸以朱之教人為支離。此頗不合。先生更欲與元晦辯，以為堯舜之前，何書可讀？復齋止之。趙劉諸公，拱聽而已。發明之說，未可厚誣。元晦見二詩不平，似不能無我。」

> 元晦書云：「某未聞道學之懿，茲幸獲奉餘論，所恨匆匆別去，彼此之懷，皆若有未既者。然警切之誨，佩服不敢忘也。還家無便，寫此少見拳拳。」〔註138〕

顯見這一關目未能有效溝通消解，再加上陸氏兄弟在會中的歌詩寓有「留情傳註翻榛塞，著意精微轉陸沉」以及「易簡工夫終久大，支離事業竟浮沉」

〔註137〕余秋雨《山居筆記》中，「千年庭院」一文，爾雅出版社。
〔註138〕《象山先生全集‧年譜》，台灣商務，第498頁。

〔註 139〕的譏評，朱子顯然未能釋懷，是以演為日后兩家在「尊德性」和「道問學」認知上的爭議，此為會講中的遺留問題。但與會者皆在會後深有感發，如陸九齡「幡然以鵝湖所見為非，甚欲著實看書講演」，且私下與朱熹過從無礙。而陸象山雖顯勝場，卻也有所感觸。〔註 140〕

擔任主持者的呂祖謙，對於此次盛會的評價有謂：「元晦英邁剛明，而功夫就實入細，殊未易量。子靜亦堅實有力，但欠開闊。」〔註 141〕實針對兩家的風格有其把握，特別是針對象山主見太過的看法，有進一言：「嘗為子靜詳言之，講貫通譯，乃百代為學通法，學者緣此支離泛濫，自是人病，非是法病，見此而欲盡廢之，正是因噎廢食。」〔註 142〕他所主張的教育觀點，實欲結合兩家之長，且「去病不去法」，方能不入偏見，但可惜此會之後，仍不免餘波盪漾，兩家在書信往返與門人言行之間，顯然皆有未能暢懷之處。

淳熙六年，陸九齡親自造訪朱子於鉛山，此次晤談，旨在一解會中未竟之感，且相談甚歡，尤其此一聚會，更促成了日后書院史上針對「學規」教育的設計，兩人在討論儒門教化的看法時，有一段重要的對話：

> 陸子壽言，古者教小子弟。自能言能食即有教。以至灑埽應對。皆有所習。故長大則易語。今人自小即教做對。少大即教作虛誕之文，皆壞其性質。某嘗思欲做一小學規，使人自小教之便有法。如此亦須有。先生曰，只做禪院清規樣亦自好。〔註 143〕

這段觸發，即借鑑於禪門清規的生活教育哲學，而有意據此改良為一套適用於儒家書院教育的藍本，因此在是年朱子復建白鹿洞書院的整體設計上，著名的「白鹿洞書院學規」，乃應運而生。

此會之後陸九齡即因病辭世，且朱子的摯友張栻也死於此期，朱子之哀慟自是筆墨難書，因此在淳熙八年而有陸九淵造訪朱子一事，即有另一著名的「白鹿洞之會」，會中朱子不避前嫌，除了為其兄書一墓誌銘外；更力邀陸

〔註 139〕《象山先生全集・年譜》，第 428 頁。
〔註 140〕至於陸九淵，雖然朱子年譜說：「子靜自執所見，不合而罷。」又說：「子靜終身守其說不變。」但從他祭呂伯恭時說：「追維曩昔，粗心浮氣，徒致參辰，豈足酬義？」（象山全集卷 26）則似悔鵝湖之會，把自己不能虛心靜氣當做一生恨事，又據朱子答呂伯恭書說：「子靜近日講論，比舊亦不同，但終有未盡合處，幸其確好商量，亦彼此有益。」（文集）
〔註 141〕《宋元學案・東萊學案》，世界書局。
〔註 142〕《宋元學案・東萊學案》，世界書局，第 947 頁。
〔註 143〕《朱子年譜》，第 75、76 頁。

象山升講席，與院生暢談「君子喻於義，小人喻於利」一章，作為學人提撕之警策，其大旨為：

> 子曰。君子喻於義。小人喻於利。此章以義利判君小人。辭旨曉白。然讀之者苟不切己觀省。亦恐未能有益也。九淵平日讀此。不無所感。竊謂學者於此。當辨其志。人之所喻。由其所習。所習由其所志。志乎義。則所習者必在於義。所習在義。斯喻於義矣。志乎利。則所習者必在於利。所習在利。斯喻於利矣。故學者之志不可不辨也。〔註144〕

此番開示，乃批判科舉功名之下的士子，皆己喪失立志之大本大節，而淪為聲名場上的卒子，恍無自覺自信可言；陸子發言敷暢明白，直指人心，固多能切中學人深痼之病，聽者莫不竦然動心，感人至深，因此會後朱熹更以其「講義」，刻石於院中，以表相契之處。

此一會講確立了不同學派之間，可以透過此種學術型態，作為彼此勘定及激勵的學風，影響了許多重大的學說發展，尤其是見解上的「同」、「異」問題，更可藉此以多方面的觸發；就以南宋的會講影響而言，朱、陸二人所共同的教育哲學認知，即在於以講明正學，希聖希賢的「人統」精神上，取得共識，即為「義利之辨」、「君子小人之辨」上的肯認；但兩人的差異卻表現在學統上的認知，亦即是「博與約」、「太簡與支離」上的詮釋，進而影響了日後兩派在教學、讀書、作學問上的一系列的「朱陸之辨」，此即前文所提及的，在中國學統上，「人物評騭」往往形成凌駕一切的認知取向，尤其是兩派在「尊德性」和「道問學」上的不容調停，尤為會講之後的遺留問題：

> 朱子答項平甫書有云：「大抵子思以來，教人之法，尊德性，道問學，兩事為用力之要。今子靜所說是尊德性，而某平日所聞，卻是道問學上多。所以為彼學者，多持守可觀，而看道理全不仔細。而熹自覺於道理上不亂說，卻於緊要事上多不得力。今當反身用力，去短集長，庶不墮於一邊耳。」象山聞之，曰：「朱元晦欲去兩短合兩長，然吾以為不可。既不知尊德性，焉有所謂道問學？」〔註145〕

顯見這一爭訟未決的差距，也就成為宋明理學上的一大公案，朱子以為象山盡廢讀書之義而求易簡，有近禪學之譏，而象山認為朱子教人純然讀書窮理，

〔註144〕《朱子年譜》，第97頁。
〔註145〕《象山先生全集·年譜》，第501頁。

而不明本心本性之大本，兩人學說和教風的差別，實已在鵝湖一會中業已埋下了嚴重的伏筆。儘管日后在書信或學生、學友之間，容或有些直接或間接的對話，但皆不能有效解決此一爭議，因此「朱陸異同」的看法，即為理學上和書院教育的一個重要斷層。

　　基本上，所謂的「同異」問題，遠比認知上的「是非」問題複雜許多，尤其是牽涉到「學說」與「人格」之間的微妙關係，並且中國哲學在內涵上往往強調德性主體與境界型態的思致，所以在學理的判別上，就勢必很難以純粹客觀的邏輯解析方式，作一全然客觀的判定，學術史上類似的問題就有很大的討論空間，例如孟子和荀子的定位，就有很多不同的認知上或價值上的判斷問題，而朱、陸二家的爭議，也是如此，例如朱子所評象山「脫略文字」或「盡廢讀書」的觀點，也與事實不符：

> 象山說：「某從來勤理會，長兄每四更一刻起時，只見某在讀書，或檢書，或默坐，常說與子弟以為勤，他人莫及。今人卻言某懶，不曾去理會，好笑。」他甚至還說「後生唯讀書一路」，但「所謂讀書，須當明物理，揣事情，論事勢」。一日，季兄復齋問他在何處做功夫，他答道：「在人情、事勢、物理上做些工夫。」〔註146〕

因此陸子讀書，乃一貫強調究元決疑，而以具體理分（兼具了人情、事勢、物理三者）的推致作為生命主體的學問，而非以著書，或純然知識性的研討為歸宿，強調先立其大，本心當下認取，而其學又以孟學之直截為宗，朱子也常嘆象山門下「多持守可觀」，又可作為其教風的表現。相對於此的朱學規模，雖可謂為學術「集大成」的局面，其刻苦自勵，究心於學術的積累與推廣，可謂不遺餘力，其鵝湖答詩所謂「舊學商量加邃密，新知涵養轉深沈」，可謂心影自寫，且朱子特別在讀書心得和為學工夫上，投注了畢生的心血，這點可以其後學所編定的《朱子語類》中，以比觀其學術架局的精彩和宏偉。廓士元在此一分殊上，即認為朱陸之別，乃在於「客觀的觀念論」與「主觀的觀念論」的不同，〔註147〕朱學的中心命題在於「性即理」也，而陸學則導出「心即理」也的命題：兩者的分野，在於「心」的定位是否作為在人的主觀意識和事物之間的第一義存在。此一分別也是學統上「究元決疑」精神的表徵。牟宗三和蔡仁厚的見解，也甚具此義，即是探討兩家的關鍵，端賴於

〔註146〕《象山先生全集・年譜》，語錄，第399頁。
〔註147〕廓士元《中國學術思想史》，第359頁。

「哲學」上的義理疏導，才能豁然開朗；其關係如下：〔註148〕

	性－理（形上）	◎性即理，亦只是理，屬形而上，超越而普遍。
朱子：≠		◎心不是性，亦不是理，而是氣之靈，屬形而下。
	心－氣（形下）	◎心性二分，心與理亦析而為二。
	性 ＼	◎心即是性，性是理，心亦是理。
象山：‖	理	◎心性不二，心理不二，性理亦不二。
	心 ／	◎心、性、理三者同質同層，可以畫等號。

據此可知癥結所在，乃於「心性是否合一」的一大關目，兩家學說是否可以會通，其焦點當以此為憑藉，但朱陸顯然在此有一不容交涉的認知，朱學乃承伊川一系的思考，而象山乃取孟子一系的本心自足，不由外鑠的思致，在「哲學」上無從會通，故終成兩個不同的義理系統，蔡仁厚認為這是兩家在義理上的分野，也是自成體系的所在；而所謂「博約」的問題，雖可在「教育」一環中加以疏通，但在「哲學」上顯然已經是早有「定見」，因而象山也不取朱子「截長以補短」式的見解。

再者，所謂的「尊德性」和「道問學」；在中庸的義旨上本為「二而一」的脈絡，但一經兩家揭出，詮釋和實踐上卻就形成了爭議，象山所謂的「既不知尊德性，焉有所謂的道問學」，乃同為他的「心學」立場，以「尊德性」是為學人第一義，而此一論斷，已非孰先孰后的問題，而是「相干」與否的問題，倘若二者不相干，則道問學就有「支離」之病，無由相契生命主體，則為蕪雜不究竟的學問，只能算是知識之學，據此象山實為力保「人統」兼攝「學統」的主張，而朱子於此卻只能強調「涵養需用敬，進學在致知」的工夫，蔡仁厚遂指出此一缺點：

> 朱子為學極有勁力，但其勁力，始終只落在「涵養須用敬，進學在致知」而敬的工夫，又只是精神之凝聚收斂，其本身並無內容，不能生發價值創造之力量，更不是價值創造之本源。朱子既未能反到本心充沛處，以肯定本心之道德創生義，則其所謂「深懲痛警」，仍然是不切肯綮，不夠力量的。〔註149〕

這也是何以他始終不相契陸子所謂的「易簡」原則，尚且此一誤差，又導出

〔註148〕蔡仁厚《宋明理學·南宋篇》，學生書局，第257頁。
〔註149〕同上，第265頁。

日後朱子指斥陸學為禪學的批判，同異之間，實已愈行愈遠：

> 蓋老拙之學。雖極淺近。然求之甚艱。而察之甚審。視世之道聽塗
> 說於佛老之餘。而遽自謂有得者。蓋嘗笑其陋而譏其僭。豈今垂老
> 而肯以其千金易人之敝帚者哉。陸氏之學。在近年一種浮淺頗僻議
> 論中。固自卓然非其儔匹。其徒傳習。亦有能修其身。能治其家。
> 以施之政事之間者。但其宗旨本自禪學中來。不可揜諱。〔註150〕

這一實例，在「教育」上的差別，也實與「哲學」上的立場一貫而來，例如
陸象山在其精舍式的教學生活中，既不立規約，師生生活的重點和教法也
直以本心當下認取為主，不一昧偏重於知識性的傳習，乃以簡易、樸實作為
理念：

> 或問先生之學。自何處入。先生曰。不過切己自反。改過遷善。又
> 曰。吾之學問，與諸處異者，只是在我，全無杜撰。雖千言萬語，
> 只是覺得他底在我不曾添一些。且又曰：吾之與人言，多就血脈上
> 感動他。故人之聽之者易。〔註151〕

其師生相處或觀書、或撫琴、或乘興得時，徐步出遊，或教以涵養、讀書之
方，皆以直截痛快為度，而不強調課程與規目，與其心學教旨一致，乃在求
己自立、理分具足：

> 先生居山多告學者云：汝耳自聰，目自明，事父自能孝，事兄自能
> 弟，本無少缺，不必他求，在乎自立而已。學者於此，多有興起，
> 有立議論者，先生云：此自是虛說，此是時文之見。常曰；今天下
> 學者。有兩途。惟樸實與議論耳。毛剛伯必疆云：先生之講學也。
> 先欲復本心，以為主宰。既得其本心，從此涵養，使日充月明。讀
> 書考古，不過欲明此理。盡此心耳，其教人為學，端緒在此，故聞
> 者感動。〔註152〕

像這樣的書院生活型態，即和朱子的書院教育，如立規約、課程、為學次
第、著述、師法、強調祭祀、道統等系列教育內容，有很大的不同。明代黃
百家（黃宗羲之子）在勘定兩家教風時，乃有其定評：

> 陸主乎尊德性，謂先立乎其大，則反身自得，百川會歸矣。朱主乎

〔註150〕《朱子年譜》，第 132 頁。
〔註151〕《象山先生全集・年譜》，第 510 頁。
〔註152〕同上，第 509、510 頁。

道問學，謂物理既窮，則吾知自致，瀚霧消融矣，二先生立教不同，

然如詔入室者，雖東西異戶，及至室中則一也。〔註153〕

再者，類似的會講之風，例如淳熙十五年的第二度「鵝湖之會」，即為重要的書院家陳亮所邀請，而期望與朱子與愛國詩人辛棄疾三人共商世事與學問，唯朱子失約未至，僅陳、辛兩人相晤暢談，「鵝湖同憩，瓢泉共酌，長歌相答、極論世事，逗留彌旬」。〔註154〕

兩人前后以〈賀新郎〉〈破陣子〉詞牌酬答數日，多寄感時憂國的悲情與英雄詞風，如辛詞有謂

▲ 賀新郎（懷陳同甫）

把酒長亭說，看淵明、風流酷似，臥龍諸葛。何處飛來林間鵲，蹙踏松梢殘雪。要破帽、多添華髮。剩水殘山無態度，被疏梅、料理成風月。兩三雁，也蕭瑟。〔註155〕

而陳之酬作，亦有其經世偉願：

▲ 賀新郎（酬辛幼安，再用前韻見寄）

離亂從頭說，愛吾民、金繒不愛，蔓藤纍葛。壯氣盡消人脆好，冠蓋陰山觀雪。虧殺我、一星星髮。涕出女吳成倒轉，問魯為齊弱何年月？丘也幸，由之瑟。

斬新換出旗麾別。把當時、一椿大義，拆開收合。據地一呼吾往矣！萬里搖肢動骨。這話把，只成痴絕。天地洪爐誰扇鞴？算于中、安得長堅鐵。泗水破，關東裂。〔註156〕

兩大胸懷大志，因此相聚鵝湖，頗有知音相惜相重的心情。淳熙十四年，高宗趙構死，以力主抗金救國的士子，如陳亮一輩乃有經世的希望，有意通過辛、朱兩位「四海所系望者」在鵝湖一會，共商大計，雖朱子錯失此舉，否則此番會講，當大有可觀。爾後辛棄疾在祭陳亮之文中追憶「而今而後，欲與同甫憩鵝湖之清陰，酌瓢泉而共飲，長歌相答，極論世事，可復得耶？」〔註157〕且陳亮乃代表了南宋「事功學派」的書院家，在教育哲學上具有「推

〔註153〕《宋元・象山學案》，第1068頁。
〔註154〕李才棟《江西古代書院研究》，江西教育出版社，第182頁。
〔註155〕辛稼軒〈賀新郎・懷陳同甫〉，收於《稼軒詞》卷一，四部備要，中華書局本，第4頁。
〔註156〕陳亮《龍川文集》卷七，〈賀新郎・酬辛幼安，再用前韻見寄〉，第8頁。
〔註157〕轉引自《陳同甫的思想》，辛稼軒悼陳同甫文，第159頁。

倒一世之智勇，開拓萬古之心胸」的「成人」理念，主張「實事實功」的教
育目標，因此在學風上和朱子曾有「王霸義理」之辨，此又為書院教育哲學
上，一個同異問題上的分歧：

> 同甫以文雄浙中。自負王霸之略，任俠豪舉。先生與書，箴其義利
> 雙行，王霸并用，且謂漢唐行事，非三綱五常之正，以風切之。同
> 甫有書辨難。先生累與書。極力開諭。同甫雖不能改。未嘗不心服
> 焉。〔註158〕

朱子即慨言他在學統上的立場「海內學術弊，不過兩說，江西頓悟（指象
山）、永康事功（即陳亮），若不極力爭辯，此道無由得明」。可見朱熹在學理
上的執見，往往夾雜著人物評騭上的成見。在他的年譜上，朱門後學即特別
標有「陸學之非」和「陳學之非」兩章，可見影響之深，相對於此，陸象山
的體認則較為持平，其門人在編其年譜時，即有一則提醒：「當時先生與晦翁
門徒俱盛，亦各往來問學，晦庵門人乍見先生教門不同，不與解說無益之文
義，無定本可說，卒然莫知所適從，無向辭去，歸語師友，往往又失其本旨，
遂起晦翁之疑，良可慨嘆。」〔註159〕

　　這種態度上的分野，即已開啟了日后「朱陸之辨」到「朱陸之爭」的學
統弊端，這雖是后話，但也說明了唯有「會講」的風氣大行，則一切的學術
觀點，才有更多交流、修正的機會。否則一意地獨持偏見，則誤解、扭曲和
人身攻擊，實為教育理想上的不智之舉。因此歷來書院家莫不看重會講的功
能及效果，例如南宋的「四明講會」，即由象山門人和呂祖謙之弟呂祖儉共同
主持：

> 時明州諸先生多里居。慈湖（楊簡）開講于碧沚，沈端憲（沈煥）
> 講于竹洲，絜齋（袁燮）則講于城南之樓氏精舍，惟舒文靖（舒璘）
> 以官游出，先生（指呂祖儉）以明招山中父兄中原文獻之傳，其于
> 講院無時不會也。〔註160〕

而朱子所主的白鹿洞書院，更保有此一遺風，如後學在此處的努力：

> 新安朱侯在建橋白鹿洞之東南陬，面直五老，溪流甘潔，未之名。
> 同游江西張璪、羅思、姚鹿卿，閩張紹燕、潘炳，郡人李燔、胡泳、

〔註158〕《朱子年譜》，第133頁。
〔註159〕《象山先生全集・年譜》，第510頁。
〔註160〕《宋元學案・東萊學案》，第952頁。

> 繆惟一「會講」洞學畢。相與歌文公之賦，特名流芳。既揭楣間，
> 因紀岸左。〔註161〕

此一型態日后更逐漸形成定式，一者延伸為明代大行的「講會」制度，如王陽明和湛若水的系列書院；一者則固定為書院中的教學訓練活動，除了黃宗羲的証人書院之外，清代的白鹿洞書院，更明定「會講有期」的專章：

> 今擬于課文外，每月以初六、十一、廿一、廿六四日，為會講之期。每會于已刻齊集講堂，終未刻而罷。以五人為率，人講書一章。主講就所講之書問難揚榷。有奇共賞，有疑共析……習，即習其平日之所講。交互發明相觀，而善于以尊所聞，行所知，德業有不進于高明光大者乎？即非會講之期，各有所，無妨不時相商。〔註162〕

這種師生之間，強調主動性質疑問難的理想，更可收教學相長的收益，有類於今日研究所的課程內容，又如味經書院的會講規定：

> 中設正位遙尊諸大憲培養士類，俾士子常知敬感，不忘本源。旁設山長、監院各坐，諸生左右侍立聽講。僕忝主講席自愧學力淺薄，然諸生果知踏實用功，即奉一心為嚴師，僕亦未必無一長之助。若執經問學，有意习難，以窺僕之淺深，甚至面加詆牾，暗出匿名揭帖，僕當登時辭退，決不自取羞辱，并致貽笑學憲。〔註163〕

除此之外尚有「會談」，所謂「半月內或一次，或二三次，不拘日數，中間兩邊設山長、監院坐，東西間設長凳，分坐諸生，或發明數日欲言理，或間論古今言之所在，不拘不束，尤為得益。」更有相輔相成之功，這裡也可以體察出院中師生相處上的密切與關懷，而非官學中，師生在學思生活上的僵化與疏離，誠為私人講學中一貫保持的理想。

　　在會講之風的餘韻之下，除了成為書院教育的定式之外，儼然像「朱陸異同」這樣的遺留問題，也每每成為學派之間相互攻詰的課題，這個癥結也勢也有所開導，在文化人格理想的陶鑄上，才能兼收全功。清代的有志之士，遂在鵝湖舊址，建立「鵝湖書院」，其立學一者秉持「希賢希聖」的心願，以光大后學，在教育哲學上，也以「調和」朱陸之偏，還原會講本色，作為志

〔註161〕丁鋼《書院與中國文化》，上海教育出版社，第56頁。
〔註162〕靖道謨《唐翊書院續規》，轉引同上。
〔註163〕《味經書院志》，教法第五上。轉引同上，第57頁。

趣，其院長鄭之僑即有「朱陸異同論」，以揭示諸生：

> 故夫廣大而精微，高明而中庸，與夫故與新，厚與禮，皆德性之體
> 也。致之盡極之道之，其溫其知其敦其崇，皆問學以尊夫德性也。
> 如此則知與行合矣，擇與執合矣，戒慎恐懼貫乎其間矣。夫舍德性
> 而言問學則失之支離，舍問學而言德性則入于空寂，理無精粗，學
> 無內外，又何有異同之可言。〔註164〕

因此後學之各張門戶之見，不僅於學無補，且治絲益棼，皆非書院講學的理
想，會講本意乃在求於朋友間「商求印証」的助益，尤以「人統」與「學統」
之提撕及成長為本，他期勉鵝湖書院的教育宗旨，乃以「人統」兼攝「學統」，
則同異之見，即可會通無礙，其闢喻為：

> 今至執朱陸異同之說，呶呶置喙，至使理學之壇劃為鴻溝，能善自
> 得師者，又何忍過分門戶若此。且夫門戶之說，由堂奧而後名也，
> 有堂而後有門，有門而後有戶，門戶不一而光明正大之堂則一也。
> 聖賢之道殆如堂然，而或以知入，或以行入，此即入堂之門戶也。
> 得一門戶以入堂，雖有先後之異、勞逸之殊，而總足以窺見宗廟之
> 美，百官之富，又何至如異端。〔註165〕

鄭氏更編定了「鵝湖講學會編」，將歷來書院家在鵝湖遺風上的詩文講論予刊
定，作為會講傳統的紀念，並施以學規及教育內容，其用心良苦，又得為學
統上的理想作一印証。

　　會講之一立意，除了教學活動和學派攻錯上的貢獻之外，筆者認為最大
的啟發，在於「人物評騭」之間，促成的正面文化人格影響，例如朱子何
以成就其綜觀百代的學問規模，除了志同道合的盟友呂祖謙和張栻之外，儼
然像陸象山和陳亮，以及其他敵對觀點的學人，所予以的激發，更足以考
驗其人其學的韌性及氣度，黃百家在為朱子定其學案總評時，即予以充分的
確認：

> 百家謹案：紫陽以韋齋為父，延平、白水、屏山、籍溪為師，南軒、
> 東萊諸君子為友，其傳道切磋之人，俱非夫人之所易姤也。稟穎敏
> 之資，用辛苦之力，嘗自言曰：某舊時用心甚苦，思量這道理，如
> 過危木橋子，相去只在毫髮之間，才失腳便跌下去，可見先生用功

〔註164〕鄭之僑《鵝湖講學會編》下，廣文書局，第377、378頁。
〔註165〕同上，第382～383頁。

之苦矣，而又孜孜不肯一刻放懈，其為學也，主敬以立其本，窮理
以致其知，反躬以踐其實，而博極群書，自經史著述而外，凡夫諸
子佛老天文地理之學，無不涉獵而講究也，其為間世之鉅儒，復何
言哉。〔註166〕

透過會講觀念來為「文化人格」的理想內涵作一詮釋的話，當以呂祖謙的學
統精神最為諦當，〔註167〕全祖望以「陶鑄同類，漸化其偏，宰相之量也」，作
為東萊學案的贊語，可謂傳神，相對於朱子畢生與人苦爭執辨的歷程，呂氏
為學及教育，率以其「麗澤書院」的命意相連貫，側重「朋友共學」之益，
朱子言其人其學「德宇寬洪，識量閎廓，既海納而川渟。豈澄清而撓濁，矧
涵濡於先訓，紹文獻於故家。又隆師而親友，極探討之幽遐。」很能表彰他
的兼容並蓄之風，因此他的生平既不為家學所囿，且以書院家的經世器宇，
有心結合朱、陸等義理之學，又能欣賞金華和永康等一系「事功之學」，並以
學友之心，調停兼收各家之長，也提醒各家之偏，正是他的優長。

例如他給朱子的意見：

▲ 論義理、談治道、闢異端、不容有一毫回避屈撓。至說自己及朋
友。只當一味斂縮。

▲ 學者氣質各有利鈍，工夫各有淺深，要是不可限以一律，正須隨
根性，識時節，箴之中其病，發之當其可。乃善固有，恐其無所
向望而先示以蹊徑者，亦有必待其憤悱而後啟之者。

▲ 論學之難。高者其病墮於元虛。平者其末流於章句。二者之失。
高者便入於異端。平者浸失其傳，猶為惇訓。故勤行義。輕重不
同。然要皆是偏。〔註168〕

〔註166〕《宋元・晦翁學案》，第 852 頁。

〔註167〕呂祖謙，字伯恭，學者稱東萊先生，金華人。先世河東人，後徙壽春（今安
徽壽縣）、開封，自曾祖始居婺州（治今浙江金華）。初以蔭補入官，後舉隆
興進士，又中博學宏詞科。曾任太學博士、祕書郎、著作郎兼國史院編修官
等。卒諡「成」。他自幼深受先世「中原文獻」之學的影響，後師從林之奇、
汪應辰、胡憲。其學以調和朱、陸，倡導經世致用，並重視歷史研究為特徵。
由他所創立的學派被稱為「婺學」（又稱「呂學」）或金華學派。它曾講學於
麗澤書院，又曾講學於東陽縣石洞書院，並曾與朱熹同編《近思錄》於寒泉
精舍。著作還有《東萊左氏博議》、《春秋左氏傳說》、《大事記》、《歷代制度
詳說》、《東萊文集》等，樊克政《中國書院史》，台灣文津出版社，1995 年，
第 70、71 頁。

〔註168〕《宋元・東萊學案》，第 943～944 頁。

這些觀點很能深中教育歷程的慣象，也是提醒朱學在開導及啟發學人時的要領，而且呂氏強調大凡學人的缺點，多在「喜與同臭味者處，殊欠泛觀廣接，故於物情事理，多所不察，而根本滲漏處，往往鹵莽不見」。這點也是落實在他開啟會講學風的信念所在，又如他給事功派的意見：

▲ 謹思明辨，最為急務，自昔所見少差。流弊無窮者。往往皆高明之士。（與陳傅良）

▲ 辭章古人所不廢，然德盛仁熟，居然高深。與作之使高濬之使深者，則有間矣。願更留意於此。登高自下，發足正在下學處，往往磊落之士，以為鈍滯細碎而不精察。（與陳亮）

這些都是友直之語，也同於他給象山的意見「學者徒能言其非，而未能反己就實，悠悠汩汩，無所底止，是又適所以堅彼之自信也。」他本人即是一個強調行有不得，當反求諸己，且外有齟齬，必知內有窒礙，所以反觀內省的功夫極為看重的謙謙君子，但也並非一個純然調和眾說的好好先生。誠如前言所及，他在論義理、談治道、闢異端的立場，可是不容有一毫迴避屈撓，此又為他在為人持守上的大節，但是在學術和教學上的包容度，又實為他家所不及，鵝湖之會的立意，即是一個事實。特別是在此會之前，他和朱子於寒泉精舍共同商訂《近思錄》的過程中，就十分看重如何系統性看待北宋諸家在理學統緒上的開展與貢獻，尤其是在平章學術的立場上，呂氏的意見十分重要，例如朱子原意並不以伊川的《易傳》義理採入，認為不如論孟中庸之教，來得平實易於接引後學，〔註169〕但在此一認知上，呂祖謙卻格外看重「義理本原」的開啟與揭示，以為有助於學人識其梗概，故「列之篇端，特使知其名義，有所嚮往而已。」（近思後引）所以今本的近思錄中，〈易傳〉占了 106 條，這便是他的意見，也藉此體現他在教育哲學上看重文化人格上健全視觀的色彩。對於學統的陶鑄及發揚，在他眼中的「道統」，乃是強調「道體」一義，而非純然只是立象而已，且當知其所歸宿。一以孔子所立的人統精神為據，則此一學統精神，才是真切地相應於究元決疑的本色，黃東發有謂：

蓋理雖歷萬世而無變，講之者每隨世變而輕易，要當常以孔子為準的耳。孔子教人以孝弟忠信躬行為本。至子思則言誠、至孟子則言性，已漸發其祕，視孔子之說為已深。

〔註169〕《朱子年譜》，第 58 頁。

> 一議論出，一士習變，至晦庵先生出，始會萃濂洛之說，以上達洙
> 泗之傳，取本朝諸儒議論之切於後學者，為近思錄，然猶以無極太
> 極陰陽造化冠之篇首，則亦以本朝之議論為本也。東萊先生乾道四
> 年規約，以孝弟忠信為本，明年規約，以明理躬行為本。〔註170〕

因此呂氏講學宗旨，乃以「爭校是非，不知斂藏收養」作為學人針砭之方，
尤其是如何批導事理，使人心悅誠服，方能達到講明正學，而不淪為門戶之
爭，此點又為朱、陸兩人所不及，是以學養方能與人情、物理相浹洽：

> 持養之久，則氣漸和，氣和則溫裕婉順，望之者意消忿解，而無招
> 咈取怒之患矣。體察之久，則理漸明，理明則諷導詳款，聽之者心
> 喻慮移，而無起爭見卻之患矣。更須參觀物理，深察人情，以試驗
> 學力，若有窒礙齟齬。即求病源所在而鋤去之。〔註171〕

這一特質，就是何以東萊之學，雖主中原文獻的教旨，並能兼他家之特長，
且並世學人對於呂氏人格敬重的緣故，作為一個強調講學淑世的書院家，在
「人格」和「風格」上的一貫性，是構成了人統與學統是否彼此兼攝，而能
相輔相成的理境，呂祖謙不僅身體力行，更以書院講學一事，作為根本上解
決生活、學習、時務與風俗的一項公器，這個信念，又足為會講精神的擴充
與理想。

> 欲求繁冗中不妨課程之術，古人每言「整暇」二字，蓋整則暇矣，
> 微言淵奧，世故崢嶸，愈覺工夫無盡。嘗思時事所以艱難，風俗所
> 以澆薄，推其病源。皆由講學不明之故，若使講學者多其達也自上
> 而下，為勢固易，雖不幸皆窮，然善類既多，氣燄必大，薰蒸上騰。
> 亦有轉移之理。雖然，此特憂世之論耳，中天下而立，定四海之民，
> 所性不存，此又當深致思也。〔註172〕

「整暇」之義的全譜，即是同時兼備了書院教育哲學中，以學規、學約、講
義、會講以及其後講會等教學單元，進一步結合了祭祀象徵上的潛移默化之
功，鼓舞學人在書院生活中，有其持守與推致，所以會講型態的產生，對於
儒學體質的更新與創造，在朱子、張栻、象山和呂祖謙等人的努力之下，實
已開啟了嶄新的局面。

〔註170〕《宋元‧東萊學案》，第 951 頁。
〔註171〕同上，第 948 頁。
〔註172〕同上，第 948 頁。

二、學術源流與學派統系之分辨

　　書院教育哲學在學統上的特點，除了學習範疇的看重以及學說同異上的強調之外，更具體展現在源流與學派統系上的分判問題；因此在淵源上，書院家們除了以遙契孔孟「原儒」，作為道統的立據之外，更嚴分「異端」與佛道各家，作了涇渭分明的對立。學派之間的區分和批判，也多是此一信念的延申而來；這個傾向，也表現於書院教育中「講明正學」的學問基調，自從朱子在刊定《近思錄》、《伊洛淵源錄》以及《河南程氏遺書》以來，這個學統淵源上的立場，就有著鮮明的態勢。繼而新儒家的推尊「四書」，取代了「五經」在學術與教育上的價值取向，此又為宋代以後學術史上的一大關目，此外陸象山格外推尊的孟子學大義，又陶鑄了儒家「心學」的傳統，嗣後在陳白沙、湛若水、王陽明手中發揚光大。然則在「四書」的內部，又有著「大學」的版本問題，程朱一系的「改本」和陽明一系的推尊「古本」之間，又有門戶和義理上，相持不下的爭議。

　　凡此種種見解與現象，一者表現了書院剋就教育哲學上的原理，以及修養工夫上，以及教學內容設計的各有偏重。二者則形成了看重學派分系的史觀問題，考鏡源流、平章學術，成了「究元決疑」理念的一個展現層面，是以自宋代以來，書院教育中每每在教學之餘，不忘在評騭人物中涉及了學術的史觀探討，如「朱陸之辨」、「邵雍與道家之辨」、「陳白沙王陽明與禪學之辨」、「王龍溪的四無之辨」、「王學末流之辨」、「東林黨禍之辨」等等，不一而足，但是這些批評，往往易流於成見與師承所囿，較無客觀性學統的視野及比較，所以在體現理想學統精神的旨趣上，又當以「學案體」的形成與教學，較具說服及影響力。張君勱即推崇晚明以來產生的四大學案，實已具備了哲學史的視野，亦即周汝登的《聖學宗傳》、孫奇逢的《理學宗傳》、黃宗羲的《明儒學案》，以及黃氏及其后人合力刊定的《宋元學案》，張氏認為這些學人在憂患中，綜理學術的苦心，實有完成一「哲學平衡表」的想法，以供自己批判以及評價思想的作用，〔註173〕這一平衡表的立意，其實就是側重學術源流，以及學派統系的思維方式，並且兼重著人物評騭的旨趣而來。尤其「理學」此一學問特質，即含攝著認識、形上、心理、道德、教育、倫理等範疇，如何有效地達到「究元決疑」的目的，並且幫助文化人格的教育上，完成一均衡而客觀的宗旨，此又為學案體思維在書院教育中的理想，黃公偉

〔註173〕張君勱《新儒家思想史》，弘文館出版，第411頁。

認為此一學案體的思維，當以滿足兩大要件為目標：〔註174〕

▲ 其一為「人物評騭」方面：以學派中首要人物為中心，綜合其人生平言論重點，如書翰、語錄、專著、載籍所有加以分類綜要，然後再作分析比較功夫。進而在理學家與學派背景出處上，其特色與影響不可忽視，才能達到由「人物」到「學派」比較上的明晰概念。

▲ 其二乃就學說的「同異離合」關係，考察及批判其因果變化，因此從原始學說以見其起源特色，從「末流」以見其流傳影響弊端，以及從異時反對派尋求其缺點，由流傳之「家學」、「弟子」以見其先後變化優點，皆為重要的角度。

因此他肯定全祖望在《宋元學案》中的立意，亦即是由「學侶」、「講友」以見學派之異出，從「同調」及「私淑」以求殊途同歸之關係，再從調和、修正以知異學的融通統一，這些展向就比較充分而圓滿。

這兩大目標，在學案體的演進上，不失為一個評價及詮釋上的矩矱，因此《明儒》和《宋元》兩大學案中，普遍慣用的「三段式結構」，即是照應全局的重要骨幹，也是他在學術史上尤有貢獻的立意所在。《宋元學案》在體例上，亦恪守黃宗羲在《明儒學案》裡的基礎，而進一步予以擴充。尤其是書在浙東學術的傳承上，有他重要的意義，前後經歷了黃宗羲、黃百家父子、全祖望、全氏弟子、何凌漢、王梓材、馮雲濠等人或整編、或刻印，又經戰火與許多波折，最後在何凌漢之子書院家何紹基〔註175〕的大力襄助下，於清道光二十六年告竣，慧命相續的志業，實為學術史上珍貴的一頁。〔註176〕

黃宗羲在此一學案工程中的發凡起例，除了在釐定卷帙次第上，有其草創的勾劃，以為嚆矢，在論定諸家學術時，亦有幾大要點，有助於學統之勘定：

〔註174〕黃公偉《宋明清理學體系論史》，第26～27頁。

〔註175〕何紹基（1799～1873），字子貞，號東洲，晚號蝯叟，道州（今湖南道縣）人。道光進士。官翰林院編修，曾出任四川學政。去官後，相繼主濟南濼源書院、長沙城南書院、浙江孝廉堂講席、能詩文、工書法、精律算，嗜《說文》考訂之學，旁及金石、圖書、篆刻。為晚清宋詩運動的重要倡導主之一。著有《惜道味齋說經》、《說文段注駁正》、《東洲草堂文鈔》等，樊克政《中國書院史》，台灣文津出版社，1995年，第260、261頁。

〔註176〕詳見陳祖武《中國學案史》第五章，文津出版社。

　　1. 全書乃確立以北宋胡瑗、孫復、石介發端，強調此三先生於新儒運動上的里程碑意義，因此〈安定〉、〈泰山〉兩學案（石介乃附此），即為宋明理學之源頭，此一見解，已超過了朱熹在《伊洛淵源錄》上的道統觀，而此三先生在教育和書院發展上的影響，尤為深遠，實已為「理學」與「書院」的結合上，有其批導性的意義，所以也可視《明儒》為一「教育哲學平衡表」之故也。例如胡瑗的「蘇湖教法」重視經世之學，孫復立泰山書院，尊嚴師道，石介闢異端，抗懷當代，率皆為日後書院家所景從，因此這一淵源十分重要，尤其是黃氏甚不滿意宋史分立「道學」和「儒林」兩傳，是為不知原儒大義，且不明學術源流之故，其言曰：

> 周程諸子道德雖盛。以視孔子則猶然在弟子之列。入之儒林。正為允當。今無故而出之為道學。在周程未必加重。而於大一統之義乖矣。通天地人曰儒。以魯國而止儒一人。儒之名目。原自不輕。儒者成德之名。猶之曰賢也。聖也道學者。以道為學未成乎名也。猶之曰志於道。志道可以為名乎。欲重而反輕。稱名而背義。此元人之陋也。〔註177〕

因此黃宗羲據以判定，本期理學實導源於三先生始，周、程、張、朱之學乃緣此而開展。

　　2. 論定「朱陸異同」的一大公案，黃氏尊信王陽明所主的「朱子晚年定論」的見解，其深體晚明以來東林學人，之於朱陸之間的調和與爭訟，故以理想學統之確立，當就朱陸之學的「共法」所在立論，以求后學不流入門戶之爭，此點乃顯其有意以人統兼攝學統的立場：

> 先生之學，以尊德性為宗……。紫陽之學，則以道問學為主。……先生之尊德性，何嘗不加功於學古篤行，紫陽之道問學，何嘗不致力於反身修德，特以示學者之入門各有先後。……二先生同植綱常，同扶名教，同宗孔孟。即使意見終於不合，亦不過仁者見仁，知者見知，所謂『學焉而得其性之所近』。不睹二先生之全書，從未究二先生之本末，播糠眯目，強附高門，淺不自量，妄相詆毀。彼則曰我以助陸子也，此則曰我以助朱子也，在二先生豈屑有此等庸妄無謂之助已乎！〔註178〕

〔註177〕《宋元・泰山學案》，第 70 頁。
〔註178〕《宋元・象山學案》，第 1067～1068 頁。

在此一認知下，他對於後學或末流的立場就十分嚴峻，例如批判楊簡不能真切傳承象山之學，而有蹈虛扭曲失其傳的歷史責任，即以學術史家的立場予以筆伐，並檢討到教育實踐過程中，往往實有不盡理想的感慨：

　　黃宗羲晚年，雖有志於結撰此一工程浩大的學案，惟年事已高，書稿眉目粗得，即告齎志以沒，唯其子黃百家善繼其志，早在黃氏講學甬上証人書院以來，即與萬氏兄弟等，親炙其經史學的陶冶，因此接手主持學案的第二階段工作，在拾遺補闕、闡發父說，和全局論定的格局上，有其心血與成果，在學統的立意上，有幾項貢獻：

　　1. 確立胡瑗學統在教育哲學上的地位，以作為文化人格理想的典範，黃百家補足了〈安定學案〉中門人資料，計有三十四人，並為此下一注腳，以胡氏教學，作為宋明理學之典範：

> 安定先生初教蘇、湖，後為直講，朝命專主太學之政。先生推誠教育，甄別人物，有好尚經術者，好談兵戰者，好文藝者，好尚節義者，使之以類群居講習。先生時時召之，使論其所學，為定其理。或自出一義，使人人各對，為可否之。或就當政事，俾之折衷。故人皆樂從而有成效。歐陽廬陵詩曰：「吳興先生富道德，誘誨子弟皆賢才。」王臨川云：「先取先生作梁棟，以次收拾椳與楔。」蓋就先生之教法，窮經以博古，治事以通今，成就人才，最為的當。自後濂、洛之學興，立宗旨以為學的，而庸庸之徒反易躲閃。是語錄之學行而經術荒矣。

　　2. 以全局在胸的素養，勘定諸家源流，例如評議〈龜山學案〉，即以揚時之學統，上承二程之教，下啟朱子之學，實為繼往開來的樞紐，此一見解遠較其父，推尊謝上蔡更接近南宋理學開展之事實，又如論定朱陸之爭，百家更有綜觀學術的能力；〈象山學案〉謂：

> 二先生之立教不同，然如詔入室者，雖東西異戶，及至室中則一也。何兩家弟子不深體究，出奴入主，論辯紛紛，而至今借媒此徑者，動以朱、陸之辨異，高自位置，為岑樓之寸木？觀《答諸葛城之書》云「示諭競辯之論，三復悵然。愚深欲勸同志者，兼取兩家之長，不輕相詆毀。就有未合，亦且置勿論，而力勉於吾之所急。」又《復包顯道書》：「南渡以來，八字著腳理會實工夫者，惟某與陸子靜二人而已。某實敬其為人，老兄未可以輕議之也。」世儒之紛紛競辯

朱、陸者，曷勿即觀朱子之言。〔註179〕

這一論斷，可謂宏闊，萬斯同嘗力邀百家續修明史，有謂「吾學博於汝，而筆不及汝」乃肯認百家史筆辭鋒，深得乃父之傳，因此在今本的學案中，他即載有二百一十條案語，〔註180〕義蘊規模，實已奠定了《宋元學案》的骨幹所在，且也相埒於其父在《明儒》中的諸家學術「總論」，甚且大家風範，又如他所究心的〈金華學案〉（後改為〈北山四先生學案〉），即統攝此一源統：

> 勉齋之學，既傳北山，而廣信饒雙峰亦高弟也。雙峰之後，有吳中行、朱公遷亦錚錚一時。然再傳即不振。而北山一派，魯齋、仁山、白雲既純然得朱子之學髓，而柳道傳吳正傳以逮戴叔能、宋潛溪一輩，又得朱子之文瀾，蔚乎盛哉！是數紫陽之嫡子，端在金華也。〔註181〕

並肯定了金履祥的《論孟考証》的獨立思考精神，藉以抨擊盲尊朱學的弊端，以為學統的底蘊所在：

> 仁山有《論孟考證》，發朱子之所未發，多所牴牾。其所以牴牾朱子者，非立異以為高，其明道之心，亦欲如朱子耳。朱子豈好同而惡異者哉！世為科舉之學者，於朱子之言，未嘗不錙銖以求合也。乃學術之傳，在此而不在彼，可以憬然悟矣。〔註182〕

大體而言黃氏父子之的努力，已粗具規模，而其後私淑弟子全祖望，〔註183〕乃一秉浙東學術的志業，以及他在書院教育上的理念，將《宋元學案》的董理工作，建構為一體系較為完備的學術史稿，他一方面重視表彰鄉邦文獻，其勤於鈔撮經史的積業，先后主持紹興蕺山書院和粵東瑞溪書院，作育人才，宋元學案實為其畢生心影所繫，除了當年在《明儒學案》之刊刻上，

〔註179〕《宋元‧象山學案》，第 1068 頁。

〔註180〕《中國學案史》，第 172 頁。

〔註181〕《宋元‧北山四先生學案》，第 1546 頁。

〔註182〕同上，第 1552 頁。

〔註183〕全祖望（1705～1755）字紹衣，號謝山，鄞縣人。乾隆進士。選庶吉士，因忤大學士張廷玉（1672～1755），散館時被列為最下等，以知縣用，遂辭官歸。先後主紹興蕺山書院、肇慶端溪書院。治學私淑黃宗羲，精研經史，尤熟於明清之際史事。曾將黃宗羲《宋元學案》稿補輯百卷，又七校《水經注》，三箋《困學紀聞》、《鮚埼亭集》、《經史問答》、《讀易別錄》等，樊克政《中國書院史》，台灣文津出版社，1995 年，第 251 頁。

有所致書商榷外，〔註184〕表現出他諳於經史的功力，也成為接手黃氏父子未竟事業上的第一人選，並應聘重定黃宗羲遺書，傳承上的意義重大，不言可喻。

全氏在學案上的業積，在基本的卷帙編訂上，大致兼該了修定、補本、次定、補定等瑣煩的工作，以求釐定一貫的效果，〔註185〕經他續補者，十居八七，工程可謂艱鉅，尤其是考鏡諸家源流，統系分疏上的定奪，非有精深的學養與慧見，則不能駕御多方，此點尤為浙東史學所擅長。全氏以提綱契領的原則，撰就各案〈序錄〉，實為《明儒》「總論」遺意，其序錄百條，貫通宋元二代的百卷巨帙，可謂善於導引之功，除了在黃氏父子的學統詮釋基礎外，他在論述宋元之際的「和會朱陸學術」的一大轉折脈絡，尤有究心，這也是宋元之際學統觀的一項指標，其中吳澄、鄭玉可為代表：〔註186〕特別是元代儒家，在中原板蕩之際，猶能肩恪守文教使命，興辦書院，以續洙泗之風，此又為學案所以編纂的用意，以明學統之流變。

所謂學案體的三段式結構，大體上未有改變，一方面置「序錄」於首，並在總體上依時代順序編次，又以「案主」為中心，突出了他的意匠所在，即以「講友」、「學侶」、「同調」、「家學」、「門人」、「私淑」、「續傳」分目，詳實地，歷述學統的遞嬗，從而突出了宋元學術側重「師承」，「淵源」的特點，這又為此一學案在全氏手中的一番嚐試，往往一個較重要的學案中，案主、嫡傳、再傳、三傳、續傳已達數十人之譜，而時代跨度之大，也有所觀，例如胡瑗乃北宋初年人，而其續傳汪深，已入宋元之際，相去二百數十年，此點固為全氏疏理學術的用心所在，但冗長所在，也不免有疊床架屋之病，但其指出學統的特色，以及強調人物中心的旨趣，誠為本色當行，故學案刊例中有謂：

> 宋元儒異于明儒。明儒諸家派別尚少。宋元儒則自安定泰山諸先生。以及濂洛關閩相繼而起者。子目不知凡幾。故明儒學案可以無表。宋元學案不可無表。以揭其流派。〔註187〕

王梓材等人據全氏原意所作的圖表，皆列於各案之首，實可概括前述的「學

〔註184〕此一致書商榷梗概，詳見陳祖武《中國學案史》，第181～182頁。
〔註185〕同上，182頁。
〔註186〕同上，187頁。
〔註187〕《宋元・刊例》，第1頁。

譜」式傳承，例如著名的《東萊學案》，即可見其體大思精。〔註188〕

　　全氏在考索諸家關係上，可謂多方採集，表中或言傳承或互著別裁，他的史觀及體會，更應用在書院講學歷程中，他於《鮚埼亭集》外編中大量的造訪許多書院，也留心地方文獻，並復舉証人書院之會，以申蕺山之緒，他本人在端溪書院時，也「必與諸生講說學統之流派」，因此他的教育哲學，在究元決疑的信念中，尤其看重學術源流的訓練及獨立思辯。〔註189〕

　　這也說明了何以他將心力，畢集於人物傳承上的脈絡，則學統的源流，才能常保精神上的自主，進而開展慧命相續的學術，而不是徒守門師說，斵喪學術長流。在學統教育的實踐上，全氏可謂是理論與實際結合，因此他的志業雖仍無法完竣，但他的後學如盧鎬、蔣學鏞等，以及黃氏后人，或庋藏、或鈔謄、或補輯，皆能承其學案架局，下迄王梓材、馮雲濠、何紹基等人，才能在后續的基礎上，完成此一鉅作，他們在體例中，又增入了若干單元：

> 自全祖望《鮚埼亭集》及其外編中，摘取考論宋元學術的文字，分置各案相關處，以補脫略殘闕。最後，據全氏《序錄》，以《道命錄》為底本，補撰卷九十六《元祐黨案》、九十七《慶元黨案》。又參考史傳，補寫黃、全二家所闕案中人傳略，並就史實考訂及校勘等，加必要案語於各案之中。〔註190〕

此一前仆後繼的文化工程，遂形成了今日學統完備的《宋元學案》，其中參與者的眾多，也體現著儒家心燈的旦闇曰彰。書院家看重學術源流，以及統緒上的分判，一者在於勘定學統的流變，其二乃藉此確立其心目中理想的「文化人格」定位，不僅黃氏和全氏如此，其後清代諸家，在這一信念之下，繼起的幾部著作，大體上仍遵循著此一學統認知，作為學術問題上的指南與

〔註188〕此一圖表之解讀法，簡示為：

講友 學侶 同調	家學淵源	案　主
	門　人	
	私淑續傳	家學傳承

〔註189〕引自《嶽麓山書院一千零一十周年紀念文集》，第293～295頁，全氏在端溪書院講明學統之文獻，乃收於《鮚埼亭集・外編》，卷五十，第1451頁的「端溪講堂策問」。

〔註190〕《中國學案史》，第194頁。

定位。

　　清代的學術問題流變，實已不獨為「朱陸之爭」或是「王學末流之辨」的關目，而是繼起於乾嘉以來的「漢宋學術之爭」，此一論衡尤為清代書院發展的一個轉型，再加上官方將書院教育，納入體制管理的客觀局勢以來，書院家所能究心者，大體也只能在學術源流上作一批導與裁量的工作。誠如梁啟超所言，清代學術屆此並未超越理學而大步前進，只是作為一次「研究法的運動」，在考証之學全面壟斷的局勢之下，此類書院實為大宗，例如盧文弨所主的龍城書院，〔註191〕戴震所主的金華書院，錢大昕的紫陽書院，甚且「在紫陽至十六年，門下士積二千餘人」的盛況，段玉裁所主的壽陽書院，皆披靡一時；而姚鼐提倡的桐城派學統，則又一反時潮，也是透過書院教育，作為其觀念傳播的據點：

> 後主揚州梅花、江寧鍾山、徽州紫陽、安慶敬敷諸書院數十年。通經學，長詩文，為桐城派主要作家。宗奉程朱理學。指責漢學家「以專宗漢學為至，以攻駁程朱為能，……大為學術之害」。其論文，主張義理、考據、詞章三者「同為不可廢，……必兼收之，乃足為善」；以「神、理、氣、味」為「文之精」，「格、律、聲、色」為「文之粗」，將學習古文的過程概括為由「粗」到「精」，「終則御其精而遺其粗者」；又提出「陽剛陰柔」說，以區分文章風格。〔註192〕

然而真正觸及到問題的核心者，又當以繼承浙東學統的章學誠，在獨立思考的批判上，有其針砭與導正的見解，章氏歷主定武、清漳、敬勝、蓮池、文正諸書院，〔註193〕他的《文史通義》，即為在學統上自出機杼的張本，他強調

〔註191〕盧文弨（1717～1795），字紹弓，號檠齋，晚號弓父，人稱抱經先生，餘姚人，遷居杭州。乾隆進士。歷官翰林院編修、左春坊左允中、侍讀學士等，乞養歸。主講江、浙各書院，卒於常州龍城書院。生平潛心漢學，精於校讎。曾合經史子集三十八種，仿《經典釋文》之例，摘字校注，名曰《群書拾補》。自著書有《抱經堂文集》、《儀禮注疏詳校》、《鍾山札記》、《龍城札記》、《讀史札記》等，樊克政《中國書院史》，台灣文津出版社，1995年，第251頁。
〔註192〕樊克政《中國書院史》，文津出版，第254頁。
〔註193〕章學城（1738～1801），字實齋，會稽人。曾從山陰劉文蔚、童鈺問學，習聞劉宗周、黃宗羲之說，熟於明學朝政史末。入京，師事朱筠（1729～1781），得遍覽其藏書，且與名流交往、討論。朱筠珠任安徽學政亦從之，得交邵晉涵「1743～1796」等。乾隆進士。任國子監典籍。歷主定州定武、肥鄉清漳、水平敬勝、保定蓮池、歸德文正諸書院。後入主湖廣總督畢沅（1730～1797）幕。晚年歸浙。生平精研史學，曾修纂《和州志》、《永清縣志》、《亳州志》、

學人應有自己的定見「貴辟風氣，而不貴趨風氣」，他不主張簡單化地偏宋或偏漢學，這些都無由還原與貞定學術真諦，他指責漢學家「昧於知時，動矜博古」，其病在於「正患不求其義，而執形跡之末，銖黍較量，小有同異，即囂然紛爭，而不知古人之真不在是也。」（《文史通義，外篇二〈說文字原課本書后〉），他僅肯定考據只能作為治學的功力而已。又宋學的流弊，亦多為「空言義理以為功」：

> 其流弊，則於學問文章、經濟事功之外，別見有所謂道耳。以道名
> 學，而外輕經濟事功，內輕學問文章，則守陋自是，枵復空談性天，
> 無怪通儒恥言宋學矣。〔註194〕

因此他在《文史通義》中，特章「浙東學術」大義，以暢其理想的學統本懷，其前提乃以「宗陸而不悖朱」，作為學統之繼承：

> 浙東之學，雖出婺源，然自三袁之流，多宗江西陸氏，而通經服古，
> 絕不空言德性，故不悖於朱子之教。至陽明王子，揭孟子之良知，
> 復與朱子牴牾。蕺山劉氏，本良知而發明慎獨，與朱子不合，亦不
> 相詆也。梨洲黃氏，出蕺山劉氏之門，而開萬氏弟兄經史之學；以
> 至全氏祖望輩尚存其意，宗陸而不悖於朱者也。〔註195〕

此一疏導，乃在確立他心目中理想的文化人格教育哲學，亦即「言性命必究於史」，史學乃以經史為本，他的「六經皆史」的口號，也誠有意解消漢宋之爭的不全之見，故能兼重義理與人事；而一般時見的漢宋之爭，倘若不能予以確評及還原，實與爭訟長期的「朱陸異同」一樣，干戈門戶，乃千古桎梏之府，他理想中的學統傳承，也正是「講學必有事事，不特無門戶可持，亦且無以持門戶矣」，而浙東在這一點上，可作為學人的座標：

> 浙東之學，雖源流不異，而所遇不同。故其見於世者，陽明得之為
> 事功，蕺山得之為節義，梨洲得之為隱逸，萬氏兄弟得之為經術史

《湖北通志》等地方志，助畢沅編《續資治通鑑》，並編曾修纂《史籍考》。認為「道不離器」，強調「即器以明道」；倡「六經皆史」之說，指責漢學家「昧於知時，動矜博古」，批評理學家「空言義理以為功」，提出：「史學以經世，……學者不知斯義，不足言史學也」；並注重「史德」。又認為「方志如古國史，本非地理專門」，於方志之編寫體例亦具創見。著作被後人編為《章氏遺書》，其中《文史通義》為其代表作，樊克政《中國書院史》，台灣文津出版社，1995年，第255、256頁。

〔註194〕《中國學案史》，第217頁。

〔註195〕《文史通義》，第523頁。

裁。授受雖出於一，而面目迥殊，以其各有事事故也。〔註196〕

然而能夠儼然像章氏這樣同時兼重陶冶旨趣，又能真切勘定學統流變者，在清季委實不多，他的《文史通義》在當時也不能喚起多大的自覺性學風。反而是格外強調「漢宋對立」之見的著作及主張、喧騰一時，例如江藩的《漢學師承記》，〔註197〕即以漢學為宗，痛詆宋學之非：

> 宋初，承唐之弊，而邪說詭言，亂經非聖，殆有甚焉。如歐陽修之《詩》，孫明復之《春秋》，王安石之《新義》而已。至於濂、洛、關、閩之學，不究禮樂之源，獨標性命之旨，義疏諸書，束置高閣，視如糟粕，棄等弁髦。蓋率履則有餘，考鏡則不足也。元明之際，以制義取士，古學幾絕。而有明三百年，四方秀艾困於帖括，以講章為經學，以類書為博聞，長夜悠悠，視天夢夢，可悲也夫！〔註198〕

此舉無疑地以「排他性」作為維護漢學正統的立場，其后方東樹乃有《漢學商兌》力主宋學，〔註199〕兩派之爭，勢如水火，雖都切中了彼此學統中的「末流」之弊，卻未能照應到前述兩個學統要件的訴求，唯有其後唐鑑作《清學案小識》，〔註200〕才又為清代在學術體上較具系統性論述的原則，此書乃以恢復程朱學統，排斥陸王一系，作為平章學術原流的指歸，與清代熊賜履的《學

〔註196〕《文史通義》，第 324 頁。

〔註197〕江藩，字子屏，號鄭堂，晚號節甫，甘泉（今江蘇揚州）人。監生。少受業於余蕭客與江聲，得惠棟之傳。後被阮元聘為淮安麗正書院山長。博綜群經，尤深於漢儒訓詁，並熟於史事，擅古文，能詩詞。惠棟作《周易述》，未竟而卒，藩乃為《周易述補》以補成之，又著《國朝漢學師承記》、《國朝宋學淵源記》，以漢學為宗，貶抑宋學。著作還有《國朝經師經義目錄》、《爾雅小箋》、《隸經文》、《炳燭室雜文》、《江湖載酒詞》等，樊克政《中國書院史》，台灣文津出版社，1995 年，第 257 頁。

〔註198〕《漢學師承記》序，河洛圖書出版社。

〔註199〕方東樹（1772～1851），字植之，晚號儀衛老人，桐城人。從姚鼎受業於江寧鍾山書院。為姚門著名弟子之一。後客遊授經。入粵，被阮元聘修《廣東通志》。道光初，先後主廉州海門書院、韶州韶陽書院，又曾授經於阮元幕中，兼閱學海堂課文。旋歸里，歷主廬州廬陽書院、亳州泖湖書院、宿松松滋書院、咸豐元年，主祁門東山書院，卒於講舍。早年好文詞，中年究心義理之學，晚年醉心禪學。所著《漢學商兌》，極力排斥漢學，提倡程朱理學。著作還有《書林揚觶》、《大意尊聞》、《向果微言》、《儀衛軒文集》、《昭昧詹言》，樊克政《中國書院史》，台灣文津出版社，1995 年，第 258 頁。

〔註200〕唐鑑生平，參見本章第一節註 10。

統》一作相近，皆以「道統觀」的視野，作為「正統」和「異端」之間的分判，並據以指斥乾嘉考據學為「務外之學」。

是編乃由五大學案組成，以前三者為學統主幹。

（1）傳道學案——以傳承孔孟程朱之道者為宗。

（2）翼道學案——翼之者，其道可不孤也。

（3）守道學案——守道不渝者也。

（4）經學學案——借以抨擊考証之學也。

（5）心宗學案——詆斥心學一系，有異程朱者也。

唯是書乃先入為主，意存軒輊，因此在編纂上，不僅判準失去了學案體「學術平衡」上的功能，每每以人物評騭作為衛道之中心，實不能脫略門戶鬥爭之性格，不足為理想的學術史寫作圭臬，所以民國初年，徐世昌主持《清儒學案》之纂修，便否定了這一類著作的學術效應，此又為一不可不慎的史觀識斷。

綜觀這類型的著作及特點，可以明顯地體認到書院家透過「學案體」的思維及體例，作為他們在教育哲學上的一個安頓，一來可以明其傳承上的淵源，有譜系上的觀念，二來也可以和其他系統作一比較，有類於佛家的「判教」，〔註201〕比較理想的一面，又可促進學術史的體例與內涵，例如日后書院家梁啟超和錢穆的《近三百年學術史》，即是在前人的學術積業上，體現了他們較為健全的學統觀；至於淪為僵化的「道統觀」，即為鮮明地以「正統」和「異端」的二分法，來裁量學術，以偏概全地評騭人物，此點又更不足為教育哲學所取法。

三、讀書計劃與教學成果的歸納

宋明以來的書院教育，無論是標榜義理之學，或獨尊考証大旗，或者力主文學、經世等不一而足的學術取向，在學統上的共同特點，不外乎看重讀書的體會與成果傳述的表現。大致而言，整個書院教育的生活重心，也可以說是以讀書作為「究元決疑」的焦點，並延申為一系列關於讀書哲學、讀書

〔註201〕「判教」一義，乃謂判別教相，佛教傳入中國後，為求有效判別解釋佛陀一生所說教法之相，明佛陀之真意，是為佛學判釋上的一大關目，可詳參《佛光大辭典》，第 4602 頁，「教相判釋」一條，佛光出版社。而儒家內部之判教式實例，可參王財貴「儒學判教之基型」一文，鵝湖學誌，第十三卷。

生活規劃、教學成果的驗收。前述的學統淵源及分判的問題，也莫不輻輳於以「讀書」為中心，而「書院」之所以得其名號，也正是緣於讀書、藏書、教書、編書、印書等文教活動的關連而來。

正因為讀書的重要，而且堅持講學自由，教育獨立的理想，書院中的讀書哲學，就大異於以科舉、功名等世俗價值取向的讀書態度。科考、官學、書肆的那一套標準，顯然的成為書院教育所要對治及揚棄的盲點，僅管是元代以后書院逐漸有「官學化」的型態出現，但是在由讀書中強調自覺與樹立希賢希聖的本旨，仍是作為教育哲學上的主軸，尤其是程一系的書院教學，對於「讀書法」的格外看重，也形塑了此一學統獨特的精神。朱熹本人在儒家學術上「集大成」的文化積業，更是體現了讀書哲學在理論和實踐上，不容輕忽的成就，由朱子後人黎靖德所編成的《朱子語類》鉅製中，乃可作為朱子讀書法博涉多面，且取精用宏的重要文本。

朱熹的博學多識，以及他在書院教育上投注的心血，都與他個人在讀書心得和治學方法上的信持，本末一貫相輔相成，理學家讀書的態度，乃迥異於漢唐儒學訓詁，或魏晉清談一流，也不屑於科考士風的汲汲於名利聲場，要其歸宿，皆以呼應人統精神作為基調，而學統上「究元決疑」的理念，也是表現在此一「義理之學」所看重的「修身」、「思辨」與「實踐」三位一體的學問性格。尤其是宋儒以來，強調《大學》中的「格物致知」宏旨，無論是程朱一系的看重窮理與察識，或者陸王一系力主良知本心，讀書與為學之道，都是依據「格物致知」的詮釋，來作為人生抉擇與學術志業上的自我安頓，《中庸》所言的「尊德性而道問學」，其意脈所在，也與此相契，讀書一事，正是如何操持，反省與積累的必要功夫。朱子的讀書理論，更是歷來善讀書者遵循與採擇的經驗，其自論為學工夫，有謂「看文字須如法家深刻，方窮究得盡，某直是下得工夫」，此一深刻處，即表現在他針對於知識與學問的鍥而不捨，厚積薄發，並於「下學上達」的要領上有其堅持，視讀書為一嚴整而敬肅的大事，一如義理思辨不容有所滑失，間髮不容錯過：

> 讀書須讀到不忍捨處，方是見得真味。若讀之數過，略曉其義即厭之，欲別求書看，則是於此一卷書猶未得趣也。蓋人心之靈，天理在，用之則愈明。只提醒精神，終日著意，看得多少文字！窮得多少義理！徒為懶倦，則精神自是憒憒，只恁昏塞不通，可惜！某舊日讀書，方其讀論語時，不知有孟子；方讀書而第一，不知有為政

> 第二。今日看此一段，明日且更看此一段，看來看去，直待無可看，
> 方換一段看。如此看久，自然洞貫，方為浹洽。時下雖是鈍滯，便
> 一件了得一件，將來卻有盡理會得時。〔註202〕

他十分欣賞伊川著重窮理於事事物物的「格物」精神，而李延平的「融釋」
文字工夫，讀書必有心得，如在「晤前」，這一誠篤的態度，正是「道問學」
的本色當行：

> 為學之道，聖賢教人，說得分曉，大抵學者讀書，務要窮究大凡看
> 書，就是要看了又看，逐段、逐句、逐字理會，仍參諸傳解，使道
> 理與自家心相肯，方得。讀書要自家道理浹洽透徹。〔註203〕

此番讀書的要領在於主敬專一，內斂而敏銳地，審度字裡行間的意脈與相貫
訊息，而眼力尤為重要，特別是書冊本文的「縫隙處」，本文的脈絡與意義的
關節，才能提綱挈領，其理有言：

> 看文字，須大段著精彩看。聳起精神，樹起筋骨，不要困，如有刀劍
> 在後一般，須要透。擊其首則尾應，擊其尾則首應，方始是。〔註204〕

因此逐字逐句的笨工夫，以及專守一書讀徹，方換一書的原則，是朱子教人
的不二法門，也唯有如此，才能一改學人輕浮的習氣，而有「沈著痛快」的
心得，朱子即以「庖丁解牛」的譬喻，十分形象地說明他的讀書經：

> 學者初看文字，只得箇渾淪物事。久久看作三兩片，以至於十數片，
> 方是長進。如庖丁解牛，目視無全牛，是也。〔註205〕

這種精神，也唯有養成了時時提撕、謝絕俗累的心境，才能一探讀書真髓，
也只有痛下「入乎其內」的決心，才有「出乎其外」的心領神會，朱子慨言
讀書之道「須是一棒一條痕、一摑一掌血」，歷歷分明，不容差錯，其深刻處，
更如兵法或治獄之嚴肅：

> 看文字，須是如猛將用兵，直是鏖戰一陣，如酷吏治獄，直是推勘
> 到底，決是不恕，他方得。〔註206〕

所以朱子讀書，其律己如酷吏的用法深刻，一點都不講人情通融，尤以推勘
到底為要，義理之學的底蘊，更是如此，才能在尋繹其中「分殊」與「異同」

〔註202〕《朱子語類》，文津出版社，第 2612 頁。
〔註203〕同上，第 162 頁。
〔註204〕同上，第 163 頁。
〔註205〕同上。
〔註206〕同上，第 164 頁。

所至。儒家經典所尚的微言大義，又必仰賴擘肌分理的功夫，才能得其端倪、沈潛與耐性，實為此種讀書的基本功，義理之精熟，方有實效，因此，朱子在讀書的理念上，有四道要領的揭示：〔註207〕

  1. 寧詳毋略
  2. 寧下毋高
  3. 寧拙毋巧
  4. 寧近毋遠

唯能如此，才能有「遍布周滿」的奏效，且能照應義理與意脈的完整性，並從當下入手，獲致充分的意義領會，並且他也主張少看熟讀，不要以贊研立說為動機，當求反覆體驗，以埋頭理會，守而勿失的心念作個人的學養；而他在具體而長期的書院講學中，更有深切的體念，認為在引導學人「入手」時，在心態上當以「寬著期限，緊著課程」的原則，作為實踐。〔註208〕

這一設定正相坪於他在確立書院整體規劃中，由童蒙到成人學習的不同訴求，進而提出這一套把握原則，所以著名的「程董二先生學則」，也是此一信念的呼應；朱子手訂的「白鹿洞學規」中，強調的「審問」工夫，也是務求沈潛的深耕細作原則：

> 如今讀一件書，須是真箇理會得這一件了，方可讀第二件；讀這一段，須是理會得這一段了，方可讀第二段。少間漸漸節次看去，自解通透。只五年間，可以讀得經子諸書，迤邐去看史傳，無不貫通。韓退之所謂「沈潛乎訓義，反覆乎句讀」，須有沈潛反覆之功，方得。所謂「審問之」，須是表裏內外無一毫之不盡，方謂之審。恁地竭盡心力，猶有見未到處，卻不奈何。如今人不曾竭盡心力，只見得三兩分，便草草揭過，少間只是鶻突無理會，枉著日月，依舊似不曾讀相似。〔註209〕

唯能沈潛，才能將義理澆灌胸腹，漸次盪滌許多淺近鄙陋之見，方會見識高明，例如學人最常迷失於古書的訓義注解之中，而不能自立機杼，朱子即熱心談到他的親身體會：

> 「某舊時讀詩，也只先去看許多注解，少間卻被惑亂。後來讀至半

〔註207〕陳仁華《朱子讀書法》，遠流出版社，第 30 頁。
〔註208〕程端禮《程氏家塾讀書分年日程》，世界書局，第 8 頁。
〔註209〕《朱子語類》，第 2613 頁。

了，都只將來詩諷誦至四五十過，已漸漸得詩之意；卻去看注解，便覺減了五分以上工夫；更從而諷誦四五十過，則胸中判然矣。」因說：「如今讀書，多是不曾理會得一處通透了，少間卻多牽引前面疑難來說，此最學者大病。譬如一箇官司，本自是鶻突了，少間又取得許多鶻突底見來證對；卻成一場無理會去，又有取後面未曾理會底來說。」〔註210〕

朱子式的讀書之道，用力愈多，收功愈遠，正為古人所說的「先難而后獲，先事而后得」，眼力和眼界在日起有功之中，就會更有新義，頗耐咀嚼，語言文字的意味與雋永，所以迷人，就是這番無遠弗屆，卻也咫尺天涯的領受，陳仁華肯定朱子這種閱讀上的層次，實寓有「歷久彌新」的洞見：

　　活潑的語言文字本身，非但從未成為吾人意識與思維的對象，它反倒是吾人的意識與思維得以成立與運作的本體基礎，（也就是說，語言文字是超越主客體對立的）。正由於語言文字本身向來是吾人「從未謀面的主子」，所以，一查書的句法義理，根本就無所謂的定本，而是如朱子所提的「一次看，有一次見識」。這種情形正再一次昭示我們：讀書經驗中所體現的意義領會，所真正涉及到的時間，不是由鐘錶的數字讀出來的「機械性時間」（主要的意義就是單調的重複），而是由語言文字的開展所呈顯出來的「本體性時間」（主要的意義厥為日新又新）。〔註211〕

所以善讀書者，他所在乎的並非機械性的時間變化（如期限、進度），而是本體性時間的推移（即課程、精熟工夫），義理之學的本末、始終、體用、輕重的全體掌握，原因遂在此。在工夫的精熟歷程中，又有「群疑並起」的挑戰性，朱子謂：

　　學者讀書，當在無味處常致思焉。至於群疑並興，乃能驟進。「驟進」兩字，最下得好，須是如此。若進得些子，或進或退，若存若亡，不濟事。如用兵相殺，爭得些兒小可一二十里地，也不濟事。須大殺一番，才是善勝。為學之要，亦是如此。〔註212〕

此一「疑」點，乃是它自己起「興」得來，是「讀者」和「本文」與「作者」

〔註210〕《朱子語類》，第2613～2614頁。
〔註211〕《朱子讀書法》，第43頁。
〔註212〕《朱子語類》，第163頁。

之間深刻的遇合及對話，而非某個置身事外超然而孤立的規約來批導的，所「懷」所「疑」者，皆為意義的探索而來，讀書的鞭辟入裡，引人入勝處，也是令人不知韶華與年光推移，又例如諸家異同處：

> 凡看文字，諸家說異同處最可觀。某舊日看文字，專看異同處，如謝上蔡之說如彼，楊龜山之說如此，何者為得？何者為失？所以為得者是如何？所以為失者是如何？某尋常看文字都曾疑來。如上蔡觀復堂記，文定答曾吉甫書，皆曾把做孔孟言語一般看。久之，方見其未是。每一次看透一件，便覺意思長進。不似他人只依稀一見，謂其不似，便不復看；不特不見其長處，亦不見其短處。〔註213〕

朱子個人平素更是「思量義理未透，直是不能睡」，甚且有「窮究到明，徹夜聞杜鵑聲」的經驗，唯能將疑惑銷鑠無餘，意味才能深長。而且這些領受，師長或他人絕對不可能「越俎代庖」，勢必自己務求苦功，這一意向，正是歷代書院教育所以特重學生自學、自立課程，師長只扮演啟發引導的角色，而期於學生能自得矩矱，明白書中三昧，朱子即有一則和門人論自學的原理：

> 或問：「先生謂：『講論固不可無，須是自去體認。』如何是體認？」
> 曰：「體認是把那聽得底自去心裏重複思量過。伊川曰：『時復思繹，浹洽於中，則說矣。』某向來從師，一日間所聞說話，夜間如溫書一般，字字子細思量過。才有疑，明白又問。」〔註214〕

一但時時思繹且浹洽其中，則讀書之樂，即可躍然紙上，而有「在寬舒從容中自求領會，在情意飽滿中，自然趨向」且如優游江海之中，通暢快活，心領神會，才有真得。

　　凡此諸端，皆可側見程朱一系在「究元決疑」上的教育理念，也從中形成了「格物致知」的窮理精神。在學統的具體影響上，「四書」的地位正是藉此取代了既往的「五經」地位，朱子的確立道統，與他特別表彰「四書」的學統，實為他在教育哲學上的一體兩面，在他綜羅各門學術的心路歷程中，「四書」的平易與直接，恰是他的讀書理論特點，因此也是他生平治學的得力處：

> 某嘗說，詩書是隔一重兩重說，易春秋是隔三重四重說。春秋義例、

〔註213〕《朱子語類》，第 2615～2616 頁。
〔註214〕同上，第 2616 頁。

易爻象，雖是聖人立下，今說者用之，各信己見，然於人倫大綱皆
通，但未知曾得聖人當初本意否。且不如讓渠如此說，且存取大意，
得三綱、五常不至廢墜足矣。今欲直得聖人本意不差，未須理會經，
先須於論語孟子中專意看他，切不可忙；虛心觀之，不須先自立見
識，徐徐以俟之，莫立課程。〔註215〕

又謂：

先生因與朋友言及易，曰：「易非學者之急務也。某平生也費了些精
神會易與詩，然其得力則未若語孟之多也。易與詩中所得，似難肋
焉。」〔註216〕

這層取向，乃一反學人大多好於立異求新，每每見獵心喜，而不肯向「平易」
之處痛下實工，所以他一者反對墨守訓詁及注疏之流，二來也不忘為學人指
出讀書的要領與方向，他本人更以遍注群經、纂輯北宋諸儒文獻，以及平章
古今學術的源流，遂於學統上貢獻甚鉅。在群經之中，《易》有本義、啟蒙，
《詩》有集傳，《儀禮》有經傳通解，《書》則囑門人蔡九峰撰為集傳，於春
秋雖謙抑不敢措辭，亦撰有《通鑑綱目》以發其意，而其《近思錄》、《二程
遺書》，以及為周子通書，太極圖說，以及張子西銘作解義，是為理學淵源作
一確估。並且撰小學、修家禮、鄉禮、學禮、邦國禮、王朝禮、編名臣言錄，
並為楚辭作集註，此一來，大凡儒家的經典文獻，以及一般的文教學術、政
事禮俗，幾乎成了朱子義理學的規模。〔註217〕此一「集大成」的性格，究其
教育哲學的指歸，則又集中於他在四書的結晶——「論孟集註」和「學庸章
句」，新儒學道統和學統的奠基，其原則和內涵，也是承此而來。朱子概言的
深求讀書法，即在於平易處的積累和用工，在博與約之間，他的掌握也以「四
書」作為認知和價值取向的依據。這一嶄新的義理轉向，也縮結著他在長期
書院教學中，以四書作為講義，教人與勘定學統的成果，例如在《朱子語類》
中，他在四書的入門接引上，皆能曉以「綱領」，以及讀法，具體而微地傳述
他自身的為學工夫與讀書理論。

這一層義理的表現，在學統的教育哲學上，實有一「寓維新於守舊之中」
的特色，黃俊傑即以朱子在立足於中國傳統的經典詮釋系統上，有其因襲的

〔註215〕《朱子語類》，第 2614 頁。

〔註216〕同上。

〔註217〕《儒家心性之學論要》，第 130 頁。

層面，以及融鑄的層面，〔註218〕尤其是他的《四書集注》，在認知取向上，已取代了唐代「五經正義」的規範，並消融了其中的注疏精神，賦予了一個思想史的詮釋角度，更重要的是朱子以他自己的哲學立場批導孔孟舊說，闡發宋儒立場與哲學新見，例如他的《論語集注》，即與先秦儒學有許多歧出之處，錢穆已有精審的研究；〔註219〕黃俊傑更以《孟子集注》一書中體現此一特點的事實，予以定位。考察他在「因襲面」繼承漢魏諸儒的解經成果，兼及經部十五種，史部六種，子部二十一種，各種字書有八種之多，〔註220〕尤其是沿用趙岐《孟子注》尤多，以驗收其訓詁上的成果，這一點可見他讀書與治學上，並不盲信注疏，但又能有其消化而不偏廢的特點。而在「創新立說」的層面上，則是他以自己的哲學立場，加以「取捨裁成、因革損益」的優長之處，尤其是孟子一書的哲學詮釋，在朱子的立場上，更寓有他特殊的理解視野，他以程朱一系「理」學的基調，勘定孟學，即顯出他和孟子本文義理中不同的特點，諸如以「理」的哲學觀念，來闡釋孟子的「仁」、「義」、「禮」、「智」，甚至於以「性」等同於「理」的意向，此即朱學下的孟子大義，例如他在注「告子上」的「生之謂性」一章：

> 愚按，性者，人之所得於天之理也。生者，人之所得於天之氣也。性，形而上者也。氣，形而下者也。人物之生，莫不有是性，亦莫不有是氣。然以氣言之，則知覺運動人與物莫不異也。以理言之，則仁義禮智之稟，豈物之所得而全哉。此人之性，所以無不善、而為萬物之靈也。告子不知性之為理，而以所謂氣者當之。〔註221〕

此一疏解的進路，在集注中所見多矣，實以程朱一系力主「性即理」的觀念作為張本，但據此認知下的孟子心性之學，遂遠非本來面目反而不如象山的孟子學，立足於德性主體的易簡與直截，將知心知性知天「一以貫之」的義理，本來得相契。而由此一立論延伸的「二元論」色彩，如「理／氣」、「天理／人欲」、「性／情」對蹠及分判的論題，則往往作為他在注解孟子本文時的一套定見，〔註222〕這些脈絡率以體現出朱學的「認識心」一系的學統觀，

〔註218〕黃俊傑「舊學新知百貫通──從朱子《孟子集注》看中國學術史上的注疏傳統。」一文收於《中國文化新論──浩瀚的學海》一書，聯經出版。簡稱《浩瀚的學海》。
〔註219〕同上，第207頁。
〔註220〕同上，第208頁。
〔註221〕《四書章句集注》，漢京出版社，第326頁。
〔註222〕《浩瀚的學海》，第214頁。

而以為物理、人倫皆有可循可按的客觀理則，孟子中的道德自覺心義，一轉而為橫攝性的認識心取向，例如論「盡心知性知天」一章時，其思路即能代表此一系的理念：

> 愚謂：盡心知性而知天。所以造其理也。存心養性以事天。所以履其事也。……然徒造其理，而不履其事，則亦無以有諸己矣。知天而不以夭壽貳其心，智之盡也。事天知有不盡，固不知所以為仁。然智而不仁，則亦將流蕩不法，而不足以為智矣。〔註223〕

在朱子的認知上，「心者，人之神明所以具眾理而應萬事者也，性則心之所具之理，而天又理之所從出者也。」循此而言孟子，則孟學看重的先天稟賦的「擴充」之義不能開出，而認取了特重後天工夫之累積與修治，所謂的「物」、「我」，都是透過窮「理」始能合一，以此詮釋荀學則可，但在孟學的綱維上，則不能相應明爽。這點是朱子在孟學傳統中「別開生面」的一個事實，尤其可以突顯出他在讀書理論中的「循序漸進」色彩，以及在工夫論上側重「居敬窮理」的德目；特別是他以「融四書為一體系」的學統觀點，在孟子集注中，更可以得到印証：

> 通貫《孟子集注》全書，朱子欲融匯「四書」於一爐而冶之的意圖極其明顯。據近人統計，《孟子集注》中引《論語》十三次，引《孟子》十次，引《大學》及《中庸》各二次。
>
> 我們再作進一步分析，則可以發現朱子實欲以《大學》通貫《孟子》，前引朱子釋孟「盡心知性知天」之意云：「以大學序言之，知性則物格之謂。盡心，則知至之謂也。」朱子欲以《大學》「格物致知」解釋孟學重要觀念如「心」「性」「天」之意圖甚是明顯。〔註224〕

這一體系的揭示，一者是表現於朱子確立了孔子——曾子——子思——孟子的「道統順序」，而其二則以四書之間互為體用的義理型態，開出新的學統取向，牟宗三所以評其為「別子為宗」，就是肯認他在「傳統」因襲與「融鑄」之間，開展了與荀學一系遙契的「認知心」性格，亦即心與性對列，〔註225〕而由朱子注孟的「移商換羽」的事實而言，卻也表現出由宋代以來，新儒學在學術史上格外看重「一家之言」的治學風格。書院家在這裡也是不分軒輊

〔註223〕《四書章句集注》，第349頁。
〔註224〕《浩瀚的學海》，第220頁。
〔註225〕《儒家心性之學論要》，第118頁。

地大開百家爭議的風氣，吳萬居在探討宋代書院與學術關係時，即歸納了四大學統上的特點：〔註226〕

　　1. 著書立說，充實經典之寶庫
　　2. 新義解經，影響治經之取向
　　3. 以疑相高，助長疑經風氣
　　4. 表章四書，提高孟子之地位

這些特點綜集而言，即是緣於宋代以來的書院教育，所看重的「希聖希賢」旨趣，已不純然將這些「神聖性」經典作為一「絕對性」的權威，而是視為可以互相詮釋，而在「注解」與「詮釋」過程中，建立自己的思想體系，陸象山言「六經注我，我注六經」的豪語，殆非隅然，所以學統必與人統結合。他們真正崇尚的，是文化人格的傳承，固以尊道統、重人師，講明正學的主旨也是如斯，光是「格物致知」、「慎獨」、「致中和」等等命題，在宋明學者之間，就有許多同異之見與各家之言。凡此種種，皆能助長學派與學風的開展，此又是為書院教育哲學的一個優點。他們在注疏傳統上的許多爭議和啟發，也導引了清代考証之學、版本之學的伏筆，從這一角度而言，「漢宋之爭」實為不全之見，有待保留與進一步的商榷。

　　朱子讀書法的應用與其自身的實踐，既見乎前述梗概，而他的教育哲學，即可歸納而為六個綱領：〔註227〕

　　（1）居敬持志
　　（2）循序漸進
　　（3）熟讀精思
　　（4）虛心涵泳
　　（5）切己體察
　　（6）著緊用力

元代程端禮〔註228〕在繼承與體現此一讀書理論的經驗上，更擴充設計為一套切實而可行的「讀書工程」〔註229〕亦即著名的「程氏家塾讀書分年日程」法，

〔註226〕吳萬居《宋代書院與宋代學術之關係》，文史哲出版，第210頁。

〔註227〕張伯行《學規類編》，世界書局，第7頁。

〔註228〕程端禮（1271～1345），字敬叔，學者稱畏齋先生，鄞縣人。受學於史蒙卿，得朱學之傳。初任建平、建德兩縣教諭，歷稼軒書院與江東書院山長，後授鉛山州學教諭，以台州教授致任。著有《讀書分年日程》、《畏齋集》，樊克政《中國書院史》，台灣文津出版社，1995年，第123頁。

〔註229〕李國鈞主編《中國書院史》，第500頁。

作為書院教育與生活安排上的藍圖。在讀書綱領上，除了前六項目之外，他更增加了幾點揭示：

　　▲斂身正坐。緩視微吟。虛心涵泳。切己體察。

　　▲寬著期限。緊著課程。

　　▲未熟快讀足徧數。已熟緩讀思

此一務求「循序漸進」的治學信念，足以達到格物窮理且希聖希賢的「醇儒」目標，他在消融及並攝取了朱子的「白鹿洞學規」與「程董二先生學則」的原理上，設計了此套「讀書工程」，即是涵蓋了由小學到大學不同階段的整體設計，而以朱子讀書法的內涵，作為一個「下學而後上達」的學習體系，並且安排了讀程、教材、讀法、作習、要點等關目的設計。〔註230〕

　　（一）讀經日程

　　（二）讀看史日程

　　（三）讀看文日程

　　（四）讀作舉業日程

這套工程的宗旨，即為朱子所看重的「格物致知」教旨的表現，即側重目標、階段、次序，以及「寬著期限、緊著課程」，「分年」即是前者，「日程」即指後者的指示，而這一設計，又貫徹了程氏作為書院教育家的使命與理想，而有幾大特點：〔註231〕

　　1. 讀書的過程其實正是一個人生修養和價值實現的過程，所以強調正確的人生態度與心理準備，固以「居敬持志」作為起點。而讀書的本質是為了實現道義人生，而「切己體察」正是不可忽略的課題。

　　2. 讀書學習是一項系統的工程，必須根據人的身心發展的水平與學習內容的內在邏輯來安排，循序而漸進。所以力圖將此一教育哲學納入一個彼此照應的序列：

　　　▲其一是人的身心發展水平即學前——小學——大學。

　　　▲其二是讀書內容的「內在邏輯」關聯，而有這三個層次的兼顧，亦即「性理基礎」、「四書五經正文和注說」、「文史與寫作應試」。而各書皆有一定的次第和方法，符合朱子讀書法

〔註230〕劉伯驥《廣東書院制度》，第311～316頁。

〔註231〕李國鈞主編《中國書院史》，第504～525頁。

的體會。

3. 「理學」的學習與「舉業」的完成畢貫於一，期於將「經術」、「理學」與「舉業」三者並重，無有偏廢，且「理」與「文」兼重，科舉程文的訓練，也是學習驗收的一個方法，而以理為本，以文為用的方式也不失為善於讀書者的理想表現。

4. 注重基本原理、基礎知識和基本技能的訓練，所以性理、制度和治道故事的熟稔，以及讀、寫、說的訓練，在日程中極其重要，而句讀和音讀、抄寫和札記等「基本功」的技術性，也是確立為學思生活的習慣所在，以求本末體用兼該。

5. 「虛心涵詠」與「溫故知新」，每一階段的設計都是環環相扣，互有關聯的整體，因此考核和督察的要點，兼重自修與驗收的關係，程氏為此設計的「日程空眼簿」，即是一個方便的設計，以體貼學人每日心得與自我檢查的工作，且分屬「經」、「史」、「文」、「作文」等項，只要循序完成，則歲月不會虛度，且必為大儒。

除此之外，是編亦涵括了程氏在教學上的許多心得，如各書的「鈔法細則」，讀經、史、文、作文的要領，有效通過科舉的原則及訓練等等，並於生活上的叮嚀，修養上的指點迷津等，皆有提撕及鼓舞的效果，實為徹上徹下實踐朱子讀書理論的指歸，並兼取朱子〈學校貢舉私議〉中的教育理念，且其開列的教科書，實已兼括了程朱一派的作品，如朱子的《近思錄》、《四書集注》、程端蒙《性理學訓》、陳淳《北溪字義》等等；而他在〈集慶路江東書院講義〉一文中，更翔實地闡釋了朱子讀書的六大綱領，並提醒學人不枉在書院中「共學」提昇之義：

> 世之讀書。其怠忽間斷者固不足論。其終日勤勞。貪多務廣。終身無得者。蓋以讀之不知法。故也。惟精廬初建。端禮荒陋匪材。夫豈其任。承乏之初。敢以朱子讀書法。首與同志講之。期相與確守焉。以求共學之益。使他日義精仁熟。賢材輩出。則朱子之訓不為虛語。精廬不為虛設。顧不美歟。〔註232〕

程端禮的努力與心血，日後也形成了書院學統上，普通採行的一套學思生活方式，尤其是結合著學規與理學興盛的風氣，官方的國子監也取法並頒於郡

〔註232〕《學規類編》，第 122 頁。

縣學校，〔註233〕下迄明、清的書院家，也在他所提供的基礎上，予以損益或修正，但大體而言，仍不失為踏實而可行的教學方案。

　　像這樣以讀書法作為聯繫學規、講學以及確立學統的方式，在清代書院的發展上也有其因革與創發，下迄清末的康有為和梁啟超師生〔註234〕，更是結合了「讀書」與「講學」作為思想運動的兩大柱石；康有為在他的「長興學記」，開宗明義地提出他的教育哲學：

　　　　孔子之學，有義理，有經世。宋學本於論語，而小戴之大學中庸及
　　　　孟子佐之，朱子為之嫡嗣，凡宋明以來之學，皆其所統，……漢學
　　　　則本於春秋之公羊穀梁，而小戴之王制及荀子輔之，而以董仲舒為
　　　　公羊嫡嗣，……凡漢學皆其所統。……義理即德行，經世即政事，
　　　　言語文學亦發明此二者。……孔子經世之學在於春秋，……凡兩漢
　　　　四百年，政事學術皆法焉，非如近世言經學者，僅為士大夫口耳簡
　　　　畢之用，朝廷之施行，概乎不相聞也。……今與二三子通漢宋之故，
　　　　而一歸於孔子，譬如導水自江河，則南北條皆可正。〔註235〕

而他的「長興學舍」（即萬木草堂）的課程設計，大體也依此學統觀點加以

〔註233〕李國鈞主編《中國書院史》，第529頁。
〔註234〕梁啟超，字卓如，一字任甫，號任公，又號滄江，別署飲冰室主人，新會人。
　　　　十五歲後，肄業於學海堂。十七歲中舉人。自十八歲起，師事康有為，曾從
　　　　學於萬木草堂。光緒二十一年，入京會試，聞《馬關條約》簽訂，與康有為
　　　　發動「公車上書」。旋加入強學會，任書記員。次年赴滬，主編《時務報》，
　　　　發表《變法通議》等文，宣傳維新變法，聲名大著，與康有為合稱「康梁」。
　　　　光緒二十三年，任長沙實務學堂中文總教習。次年入京，被賜六品銜，辦理
　　　　譯書局事務，積極參加戊戌變法，戊戌政變後，逃亡日本，創辦《清議報》
　　　　於橫濱。光緒二十八年，創辦《新民叢報》，介紹西方民主主義的政治學說，
　　　　對國內知識界影響頗大。光緒三十一年（1905），與《民報》進行論戰，鼓吹
　　　　開明專制。光緒三十三年，組織政聞社。辛亥革命後回國，組織進步黨。一
　　　　九一三年，出任熊希齡內閣之司法總長。一九一五年，策動蔡鍔（1882～
　　　　1916）組織護國軍，反對袁世凱復辟稱帝。次年，赴兩廣參加護國戰爭。並
　　　　於袁世凱死後，組織研究系。一九一七年，任段祺瑞政府財政總長。一九一
　　　　八年底，赴歐洲遊歷。一九二○年回國後，從事文化教育，先後講學於南開
　　　　大學、清華學校等處，後任清華研究院導師、北京圖書館館長。博學多才，
　　　　其著述貫通古今中外，廣泛涉及政治、經濟、哲學、法學、歷史、文學、教
　　　　育、文字、音韻、宗教等領域。戊戌變法前後，曾力倡文體改良的「詩界革
　　　　命」、「小說界革命」。文章縱橫恣肆，明晰暢達，筆端常帶感情，學者競喜仿
　　　　效，號為「新民體」。著作總編為《飲冰室合集》。樊克政《中國書院史》，台灣
　　　　文津出版社，1995年，第283、284頁。
〔註235〕康有為《長興里講學記》，第34～39頁。

展開：〔註 236〕

　　▲ 志於道

　　　　一曰格物，（扞格外物，勿以人欲害天理）。

　　　　二曰厲節，（提倡後漢晚明之儒風）。

　　　　三曰辨惑，（近世聲音訓詁之學，小言破道，足收小學之益，不能冒大道之傳）。

　　　　四曰慎獨，（劉蕺山據為宗旨，以救王學末流）。

　　▲ 據於德：

　　　　一曰主靜出倪。

　　　　二曰養心不動。

　　　　三曰變化氣質。

　　　　四曰檢攝威儀。

　　▲ 依於仁：

　　　　一曰敦行孝弟。

　　　　二曰崇尚任恤。

　　　　三曰廣宣教惠。

　　　　四曰同體飢溺。

　　▲ 游於藝：

　　　　一曰義理之學。（原於孔子，推於宋賢，今但推本於孔子。）

　　　　二曰經世之學。（令今可行，務通變宜民。）

　　　　三曰考據之學。（賢者識大，是在高識之士。）

　　　　四曰詞章之學。

這一張本，旨在疏通整體儒家學統的幾大關目，並兼攝了人統與事統的範疇，當時深受康氏啟蒙至鉅的學生梁啟超，在師生相處與提撕警策的學風下，「更端駁詰，悉舉而摧陷廓清之」很能彰明在長期混亂而失序的學術氛圍之下，兼重新學且還原儒術的內容，梁氏更整理康有為所立的「讀書次第表」，更可折衷諸儒讀書與講學成果的精華：〔註 237〕

　　〈梁任公讀書次第表〉

　　　學者每日不必專讀一書，康先生之教，特標「專精」「涉獵」二條，

〔註 236〕康有為《長興里講學記》，第 9 頁。

〔註 237〕杜松柏《國學治學方法》，洙泗出版，第 115～117 頁。

　　無專精則不能成，無涉獵則不能通也。今將各門之書，臚列其次第，
略仿朝經、暮史、晝子、夜集之法，按月而為之表，有志者可依此
從事焉。

	經　學	史　學	子　學	理　學	西　學
第一月	公羊釋例 公羊傳注 春秋繁露	史記儒林傳 漢書儒林傳 　　藝文志 後漢書儒林傳 　　黨錮傳	孟子 荀子非十二子篇 莊子天下篇 韓非子顯學篇 墨子非儒篇	象山學案 上蔡學案 朱子語類總論為 學之方 東林學案 白沙學案	
第二月	穀梁傳 王制 當與公穀並讀	史記太史公自序 孔子世家 仲尼弟子列傳 孟子荀卿列傳 老子韓非列傳 並游俠以下四列傳	荀子	姚江學案 江右王門學案 泰州學案 浙中王門學案 朱子語類訓門人	
第三月	新學偽經考 左氏春秋考證 禮經通論 詩古微	後漢書 先以次讀列傳	荀子 墨子	宋元學案 明儒學案 國朝學案 各總序並讀其取 編次諸儒之傳	瀛環志略
第四月	五經異義 白虎通	後漢書史記	墨子 管子	濂溪學案 百源學案 明道學案 伊川學案 橫渠學案	瀛環志略 萬國史記
第五月	禮記	史記	管子 老子 呂氏春秋	晦翁學案 東萊學案 南軒學案 甬上四先生學案 艮齋止齋水心 龍川學案 朱子語類	萬國史記
第六月	大戴禮記 繁露之言陰陽 天人者	史記 漢書	呂氏春秋 淮南子	朱子語類	列國歲計 政要 談天 地學淺識

　　另一方面，書院針對整個學統上「究元決疑」的成果，表現在由書院所主持刊刻圖書的事業。而且也能以書院本身的學派基礎，透過長期而大量的文教圖書刊印，達到傳播和教化上的功能；這點又與書院因「修書」得名的淵源，有進一步的發展性意義。圖書的刊印、流傳，又牽涉著版本、校勘、辨偽與印刷等等環節，所以一般認為理學與校勘等章句之學是對立與絕緣的，在這一點上可謂不盡然，在朱熹文集中，就不乏談論校書問題的記錄，例如〈與張欽夫論程集改字〉一文，就是和張栻在校勘學上的商榷：

> 夫所謂不必改者，豈以為文句之間小小同異無所系于義理之得失而不必改耶？熹所論出于己意則用此說可也。今此乃是集諸本而証之，按其舊文，然后刊正，雖或不能一一盡同，亦是類會數說而求其文勢語脈之所趨之便，除所謂疑當作某一例之外，未嘗敢妄以意更定一點畫也。此其合于先生當日本文無疑。〔註238〕

進一步探討南宋書院刻印圖書的成果上，學界即有所謂「書院本」的定名，〔註239〕較具代表性的刻書紀略如下：〔註240〕

　　△婺州麗澤書院于紹定三年（1230）重刻宋司馬光《切韻指掌圖》二卷。又刻宋呂祖謙《新唐書略》三十五卷。

　　△信州康山書院于紹定四年（1231）刻宋袁燮《絜齋家塾書鈔》十二卷。

　　△泳澤書院于淳祐六年（1246）刻宋朱熹撰大字本《四書集注》十九卷。

　　△龍溪書院于淳祐八年（1248）刻陳淳《北溪集》五十卷、《外集》一卷。

　　△建安書院（福建建寧府）于咸淳元年（1265）刻朱熹《晦庵先生朱文公文集》一百卷、《目錄》二卷、《續集》十一卷、《別集》十卷。

　　△梅隱書院于嘉定年間（1208～1224）刻宋蔡沈撰《書集傳》六卷，有「梅隱書院鼎新鋟梓」牌記，

　　△鄂州孟太師府鵠山書院刻宋司馬光《資治通鑑》二百九十四卷，

〔註238〕〈與張欽夫論程集改字〉，收於《朱文公文集》卷三十，第476頁。
〔註239〕《嶽麓書院紀念集》，第411頁。
〔註240〕同上，第411～412頁。

卷六十八末頁有「鄂州孟太師府三安撫位梓于鶴山書院」牌記。

△紫陽書院刻宋魏了翁《周易要義》十卷、《周易集義》六十四卷。

這些書院也每以書院家自身的著作，作為推廣與流傳的工作，並兼及了其他文史方面或專集的刊印工作。在元代一期，書院更儼然成為刻書的重鎮，且由山長主持，再者雕板印書也要具備了底本、校勘、經費和流通四大要件，惟有書院在此一應俱全。且版本繁多，雕印精美，元代全國一百二十所書院，幾乎院院刻書，其傳本多于宋代數倍，至今仍為后世稱道，〔註241〕顧炎武在《日知錄》中盛稱元代書院在此一學統上的貢獻：

> 聞之宋元刻書皆在書院，山長主之，通儒訂之，學者則互相易而傳佈之。故書院之刻有三善焉，山長無事而勤校讎，一也；不惜費而工精，二也；板不貯官而易印行，三也。〔註242〕

此外在官方的鼓勵之下，元代書院刻書自然有著較為長足的成果，舉其較重要者例如：〔註243〕

△建陽梅溪書院于大德十一年（1307）刻《校正千金異方》三十卷、《目錄》一卷，有大德丁末良月梅溪書院刻板止牌記。泰定元年（1324）刻朱熹撰、滕洪輯《類編標注文公先生經濟文衡前集》二十五卷、《后集》二十五卷、《續集》二十二卷。

△杭州西湖書院于泰定元年（1324）刻元馬端臨《文獻通考》三百四十八卷，本書據杜佑《通典》八門，廣為二十四門，所述史事上承《通典》，下至南宋中葉，為元泰定元年（1324）江浙行省刻，置西湖書院。由此可証元時地方官府刻書由書院主其事之說。

△圓沙書院于延祐二年（1315）刻宋董楷《周易程朱先生傳附錄》二十卷、宋程頤《程子上下篇義》一卷、朱熹撰、董楷輯《朱子易圖說》一卷，《周易五贊》一卷、《儀傳》一卷。

△屏山書院于至正二十年（1360）刻陳傅良《止齋先生文集》五十二卷。又刻宋劉學箕《方士閑居士稿》二卷。上海圖書館藏。

△沙陽豫章書院于至正二十五年（1365）刻《豫章羅先生文集》十七卷。

〔註241〕《嶽麓書院紀念集》，第412頁。
〔註242〕轉引自周彥文主編《中國文獻學》，五南出版社，第315頁。
〔註243〕《嶽麓書院紀念集》，第413～415頁。

特別是西湖書院所以能刊刻如馬端臨《文獻通考》，〔註244〕及杜祐《通典》之
類的鉅構，實非私家之力所能荷擔，可見元代書院在中原文獻的保存之功，
而此一風氣所致，託名「書院」而私下刻書之風亦大張旗鼓，其盛況又可見
其一斑：〔註245〕

> 元代書院刻書除上述者外，還有名為書院，實為私家刻書者，如方
> 回盧谷書院、陳仁子東山書院、詹氏建陽書院、建陽張氏梅溪書院、
> 潘氏圭山書院等十餘家。元代由朝廷倡導文化教育，地方官府普遍
> 仿效，講學刻書之風，普及全國。當時各路、州、縣儒學和官私書
> 院林立，習俗移人，爭相模仿，其中部份私宅坊估為了沽名釣譽，
> 營利掙錢，託書院之名為堂室牌記。此類刻本，只要認真鑒別分辨
> 即可得其主人名號。

明代刻書之風，亦兼包了經史子集四部之廣，可謂不衰，尤可注意者，是嶽麓
書院在總輯書院史志上的成果，儼然維繫「千年學術」之令譽的所在：〔註246〕

> 嶽麓書院于成化十二年（1476）由長沙知府楊茂元建尊經閣，刊
> 《紫陽遺跡》。嗣后又刻正德《嶽麓書院圖志》、萬曆《嶽麓志》、崇
> 禎《嶽麓書院志》等。

清代有鑑於考証之學的興起，圖書刊刻的水準及成果，自然的也有眾家紛競
的局面，蔚為大觀。透過圖書文獻的保存及推廣，更是具體地結合了教學、
學術研究、收藏圖書、刊印經籍的意念，尤其是利於教材的需要，也使得書
院的教學成果實現了社會效益，「志業」與「事業」兩相結合，此點可視為元
代和清代在書院教育上的一大特點。其中由阮元主持及創辦的浙江「詁經精
舍」和在廣東的「學海堂書院」，〔註247〕更體現了他在學統教育上的理想所

〔註244〕馬端臨（1254～1323），字貴與，樂平人。南宋右丞相馬廷鸞（約1223～1289）
之子。早年學於曹涇，得朱學之傳。咸淳九年，漕試第一，以陰補承事郎。
宋亡不仕，著《文獻通考》，歷時二十餘年而成。留夢炎為吏部尚書，欲用之，
以親老辭。後曾為慈湖書院與柯山書院山長，並曾任台州路學教授。另著有
《多識錄》、《大學集傳》等，樊克政《中國書院史》，台灣文津出版社，1995
年，第121頁。

〔註245〕《嶽麓書院紀念集》，第415頁。

〔註246〕同上，第417頁。

〔註247〕阮元，字伯元，號雲臺，亦號芸台，晚號頤性老人，儀徵人。鄉試中舉後，
入京，得交戴震弟子王念孫與任大椿。乾隆進士。歷官翰林院編修，詹事府
少詹事，禮部右侍郎，浙江、江西、河南巡撫，湖廣、兩廣、雲貴總督，體
仁閣大學士等。卒諡「文達」。深研經史、小學、曆算、輿地、金石、辭章、

在，足能代表此一價值取向上的典範。他在書院的規制上有著相當大的改革，並大量印書，著名的《經籍籑詁》、《皇清經解》、《揅經室集》、《學海堂集》等，皆是由他主持刊刻的，而「南菁書院」、「廣雅書院」等同期的書院皆是風行草偃，在沈悶有餘、推廓不足的乾嘉學風之下，阮元不僅集封疆大吏與學術鉅子於一身，他在清代書院教育上的努力及心血，足堪與全祖望代表了書院傳統，在清代「別開生面」的重要人物，《清史稿》稱他「身歷乾嘉文物鼎盛之時，主持風會數十年，海內學者奉為山斗焉」，並且歷官所至，振興文教，以書院之開辦、集天下英才而教之，例如他創立了「詁經精舍」，即延請了著名的經學大師孫星衍和王昶來此主講；而他在「學海堂書院」中推動的教育改革，體現出他以書院作為文化人格陶鑄的搖籃，而非徒然以課士、章句訓詁，作為士子桎梏的牢籠。他在教育宗旨上，即以兼容並蓄的立場，作為教士綱領節目：

> 多士或習經傳，尋疏義于宋齊；或解文字，考故訓于《倉》《雅》；
> 或析道理，守晦庵之正傳；或討史志，求深寧之家法；或且規矩漢
> 晉，熟精蕭《選》；師法唐宋，各得詩筆。雖性之所近，業有殊工，
> 而力有可兼，事亦并擅。〔註248〕

這一揭示，即不主張漢宋門戶之爭見，而第以學人之質具作為考量，他的理想是以書院作為高深學術傳習的基地，一掃科舉與漢學的積蔽，並且在清廷客觀環境的制約下，透過理想的教育哲學，為學人樹立起健全的學統素養；因此他正式頒定的《學海堂章程》中，即確立了以「學長制」、「季課制」、「刊刻制」作為本院的辦學風格，並建立了較為理想的經費來源，作為書院辦學上的獨立自足，不假外求的型態。

　　1.「學長制」乃取消傳統書院以「山長」為中心的型態，改以較多的專家學者組成類似今日「學術委員會」的方式，共同綜理院務：

> 《學海堂章程》中規定：管理學海堂，本部堂酌派出學長吳蘭修、

校勘等。長於治經與考證。為學師承戴震，由訓詁字義以明義理，尤重漢儒訓詁。論文強調文筆之辨，以是否用韻與對偶作為區分文、筆之標準，提倡駢文。並致力於提倡學術與文教事業，除曾設立杭州詁經精舍與廣州學海堂外，還曾在杭州詁經精舍親自講學；又曾主編《經籍籑詁》、校刻《十三經注疏》，編刻《皇清經解》。另輯有《疇人傳》、《山左金石志》、《兩浙金石志》、《淮海英靈集》、《兩浙輶軒錄》等。個人著述編為《揅經室集》，樊克政《中國書院史》，台灣文津出版社，1995年，第257頁。

〔註248〕「《學海堂集》序」，《揅經室續集》卷四，四部叢刊初編縮本，第629頁。

> 趙均、林伯桐、曾釗、徐榮、熊景星、馬福安、吳應逵共八人同司
> 課事。其有出仕等事，再由七人公舉補額。永不設立山長，亦不允
> 荐山長。〔註249〕

「以學長代山長」的作法，在當時可謂壯舉，一者既可不受官方所聘者不符
學旨，且可由學長之不同專長，在辦學上多方權衡，學風較為多元與自由，
且在出題評卷和日常事務上，達到共同領導和分工負責的良效。

2.「季課制」乃針對清人書院普遍現行的考試予以改革，不僅有別於一
般的月課，改由一年四課，且不重時文而重考據訓練，不重帖括制藝，而重
真才實學，他的施行方式更是新穎：

> 每一季度，由學海堂出題徵文，張榜于學海堂門外，各學長也各攜
> 若干張，便于散發；考題上規定了截卷日期；學生們根據題目，查
> 閱經書，登堂向學長請教疑難，然後寫出課卷，課卷由八學長共同
> 評定，分別優劣，給予獎勵，並確定入選《學海堂全集》的文章。
> 〔註250〕

這種訓練方式，可不受到科考取向所主導，而代之以考試培養學人從事主動
思考、解決問題，亦即側重問題意識和方法意識的訓練。考期有一個月的期
限，學人可不受地域限制，暢所欲言，且真正的吸收了書本的知識，建立獨
立著述能力，從《學海堂全集》中，即可驗收此一方式施行的成果。

3.「刊刻制」，阮元看重了書院自元代以來在保藏和刊刻文書上的理想，
在章程中即有「堂側添建小閣庋藏書板，及將來刻集工價均在經費節存內動
支」的設計，所以一方面著重清代經解上的成果，彙整而為《學海堂經解》一
千四百卷，成為院內重要的教科書，另以院內師生文章的刊印，而有著名的
《學海堂全集》、《學海堂課藝》等書，皆是領導學風的先進指標。〔註251〕

這三個主幹，有效挺立了書院在體制內改革的主體精神，但阮元重視的
是以此基礎作為高深學問的陶冶場所，並且改善學海堂初期學生沒有固定、
學程較為分散的不足之處，遂在其后以弟子錢儀吉與其他學長，設計出一類
似今日研究所式的「專課肄業生制度」，形成一套內外兩院並行的教育法，「外
院生」仍以季課式為主，高材生可入「內院」深造，並於《十三經注疏》、《史

〔註249〕轉引自《嶽麓書院紀念集》，第330頁。
〔註250〕轉引自《嶽麓書院紀念集》，第331頁。
〔註251〕同上。

記》、《漢書》、《後漢書》、《三國志》、《文選》、《杜詩》、《朱子全集》諸書中，自訂一門肄業，並在八學長中「擇師而從」，此后按日看書，將心得填注於「日程簿」，並於季課時呈交學長批改，〔註252〕而此專課生每屆以三年為期，在師友講習和辨疑問難的集中訓練下，此一方式即成為該院學風的指標。其後在郭嵩燾〔註253〕等人的大力推動下，前后共計有16屆，二百餘位人才的培訓成果。

　　阮元的這一系列主張，乃注重「讀書」與「著述」的結合，在季課的題目上，也有啟發性教學的作用，例如阮元曾有一題目，可作例証：

> 儒學造字之意何在？儒名始于何代？儒行始于何時？魯孔子時，
> 顏、曾、諸賢之儒行，所尊尚者何等事？所講習者何等事？其大指
> 何在？當細繹魯國聖賢言行，在《孝經》、《論語》、大小戴《禮記》
> 諸經經文內者，以求儒之正本大原而釋之。至于荀、楊及漢唐宋各
> 家之說且不必涉及，不必辨論。〔註254〕

而在考題的範疇上，也可以側見他們的教學重點的演進：

> 《學海堂二集》刊有吳蘭修的《方程考》。這是一篇數學講義，共講
> 解了二十幾個方程題。我們還可以從同治七年冬季的《學海堂課
> 題》中看出。八個題目中有兩個是經學題，一個是史學題，五個是
> 各種文體的詩賦題。〔註255〕

另一方面在師生相處和傳授上，也每以「讀書法」的提醒，作為啟發，例如第一屆專課生陳澧〔註256〕，即有感於他的指導學長張維屏的影響：

〔註252〕轉引自《嶽麓書院紀念集》，第333頁。

〔註253〕郭嵩燾（1818～1891），字伯琛，號筠仙，學者稱養知先生，湘陰人。年十七，
讀書本縣仰高書院，繼又讀書嶽麓書院。道光進士。改庶吉士。丁憂歸里，
助曾國藩辦理團練，並赴南昌與太平軍作戰，後授編修，回京供職。同治間，
官蘇松糧儲道、兩淮鹽運使，署廣東巡撫。光緒元年，授福建按察使，未赴
任即被命在總理各國事務衙門行走，擢兵部佐侍郎。光緒二年，出使英國。
光緒四年（1878），兼駐法公使。旋以病辭歸，主講城南書院，兼主思賢講舍。
於經深於《三禮》。主張學習西方家的科學技術，並認為「西洋立國有本有末，
其本在朝廷政教，其末在商賈、造船、製器」著有《禮記質疑》、《訂正朱子
家禮》、《周易釋例》、《養知書屋文集》等，樊克政《中國書院史》，台灣文津
出版社，1995年，第262、263頁。

〔註254〕《揅經室續集》卷三，「學海堂策問」，四部叢刊初編縮本，第623頁。

〔註255〕轉引自《嶽麓書院紀念集》。

〔註256〕陳澧（1810～1882），字蘭甫，號東塾，番禺人。曾肄業於粵秀書院。道光舉
人。六應會試不第，選授河源縣學訓導。到官兩月即告病歸，為廣州學海堂

> 初見張維屏得先生詩大賞之，教以詩法與讀書法，先生嘗作感舊詩
> 云：「我年未弱冠，初見張南康，請問讀書法，乞為道其詳，答云四
> 庫書，提要契其綱……又言讀書者，古書味最長……我得此二語，
> 如暗室得光。」〔註257〕

后來陳澧去菊坡精舍講學，「每課期諸生來聽講，澧既命題而講之，遂講讀書
之法。」書院生活除了教學之外，每年尚有許多雅集、團拜、祭祀、晒書等
相關活動，《學海堂志》中即有生動而翔實的記載，可一改清代學風予人冷僻
的印象，此又為學海堂的成功之處，影響所及，更為學統精神的注腳：

> 至于阮元所創辦的詁經精舍與學海堂，對後期書院的影響也相當
> 大。其中較著名的有江陰南菁書院，黃岩九峰書院、敷文書院，崇
> 文書院，上海詁經精舍、龍門書院、武昌經心書院，長沙湘水校經
> 堂，成都尊經書院，廣東菊坡精舍、廣雅書院等。不僅涉及東南一
> 帶，而伸向華南及深入內地。〔註258〕

另外像南菁書院立有「南菁書局」，廣雅書院之有「廣雅書局」，更是進一步
地擴充了刻書功能上的事業，這是學術成果客觀化的必經途徑，而大體上由
書院藏書刻書的主要類型，更可以體現出書院家在總結學統成果上的參考，
據彭布生、彭定國的歸納而言，可歸納為以下數端：〔註259〕

1. 公共類圖書
2. 教學類圖書：宋明理學類，乾嘉漢學類。
3. 學術類圖書：
　△全國學術名流的著作
　△各家書院山長及講學大師之作
　△學生研究成果

這三大項目，以第三種最能代表書院自身學風的彰顯所在，尤其是學生成果
的藏刻，更屬先進，例如杭州紫陽書院的《紫陽書院課藝》，成都尊經書院的

學長數十年。晚年主講菊坡精舍。博通經史、諸子、天文、地理、樂律、算
術、文字、音韻等。善詩文。為學主漢、宋兼採，反對門戶之爭。著作有《東
塾讀書記》、《漢儒通義》、《聲律通考》、《切韻考》、《說文聲表》、《漢書地理
志水道圖說》、《三統術詳說》、《東塾集》等，樊克政《中國書院史》，台灣文
津出版社，1995 年，第 261 頁。

〔註257〕《陳東塾先生年譜》，第 11、12 頁。
〔註258〕《書院與中國文化》，第 129 頁。
〔註259〕《中國書院與傳統文化》，第 57 頁。

《蜀秀集》，經心書院的《經心書院集》以及阮元所屬的《詁經精舍文集》、《學海堂集》，都是成於書院師生心血的結晶，值得書院教育研究上的一大課題，也是書院學統精神在「究元決疑」的理念下，學生自我實現的成果。

第三節　書院中「學統」教育哲學的意義及評價

　　理學家以書院作為他們講明學術，以及勘定學習範疇、具體形成學派的基地，直接影響了中國宋代以後學術史的導向。清代以來偏重考証之學的風氣下，書院也形成了研究與刊印圖書的重鎮；因此學術統緒以及淵源、流變、傳承與岐出的問題，在書院的傳習體系中，也成為相當重要的課題。諸家之間的同異分合，一者表現在學習範疇上的不同，二來也牽涉到讀書理論和認知取向上的差別；另一方面則又偏重在人物評騭上的判準問題，所以學統上許多問題往往出現了「相干」或「不相干」的批評，需要作相當的疏理眉目，才不致於因噎廢食或矯枉過正。呂祖謙所以提醒了「法病」與「人病」的分殊，不諦是十分肯切的開導。

　　書院中對於「傳承」和「分系」的問題，可以學案體的思維作為代表，也是企圖為前述的學統問題，作一安頓與定位，類似於書院中祭祀對象的象徵意義，但最重要的特點，是藉此一追本溯源與具體詮釋的方式，表露出書院家對於文化人格陶鑄上的基本勾勒，以立其骨幹。所以「正統」和「異端」之辨，「本色」和「末流」之別，就成了學統批導上的重要關目。一系列案斷與定位的工作，一方面促進了學術史寫作的發展，再者也提供了類似佛教中「判教」的重要指標。書院家在判教的工作上，不僅都有濃烈的使命感，在判斷上也都有其堅持及實踐，所以重點不只是統緒與分派的關係，更是以「原儒」的判準作為歸宿，以定奪各家在這一根本精神上的相應程度，或是歧出轉向的問題。這種傾向就可以看出何以自朱子的《伊洛淵源錄》，劉蕺山的《道統錄》，以迄周汝登、孫奇逢、黃宗羲、全祖望等人的學案，以及清代江藩、熊賜履、方東樹、唐鑑等人的學統分辨文本中，剋就儒家與佛、道之間的立場，以及儒門人物內部，也難免有門戶敵對之爭見。

　　例如漢學陣營中如何評騭黃宗羲、孫奇逢等人，關涉「漢宋之學」的定奪，而有意折衷漢宋之爭的阮元與陳澧等人，又該如何評價等等，在學案的歸屬和分合上，無疑地有許多差別之見。這層傾向也逐漸有一流變的歷程，由最早的「儒、佛（道）之辨」到「朱陸之辨」、「朱王之辨」、「王學末流之

辨」，演而為「漢宋之辨」，以迄清末的「中西之辨」（即西潮之下，新學科的衝擊和體用問題），凡此種種爭衡，如何有效地保留除了門戶和意氣之見的立場之外，更涉及了基源問題思考上，「二重標準」（即歷史和理論標準）的問題，這些都實有「究元決疑」上的教育哲學意義。否則純就己意或盲動為據，不止是入奴出主的偏見，對於學統的認知，也無疑地是以水濟水，以火就火，率皆無補於事。

　　在這一點上，當代學人在學統上的觀點以及分疏，就比較能夠照應到均衡的評價問題，可以牟宗三與勞思光兩家，針對宋明理學的分系問題，作為參照及歸納，提供學統勘定上的一個示範。牟宗三一派的分系立場，乃就理學教育的兩大特點為本，即義理和工夫面：〔註260〕

　　　　分系之關鍵，不在分為若干系，而在於「義理綱脈」「工夫進路」之異同、及其爭議之關節與意義、而（1）一般所謂「濂、洛、關、閩」之說，乃人地之分（既將象山排除，又忽視五峰，自非妥當）。（2）分為「程朱」「陸王」，亦不盡不妥（一般講程朱，實不含明道之義理）。（3）謂「明道開象山，伊川開朱子」，則半是半非（後句是，前句非）。

順此而言，則北宋前三家，疏通後實為淵源所本：

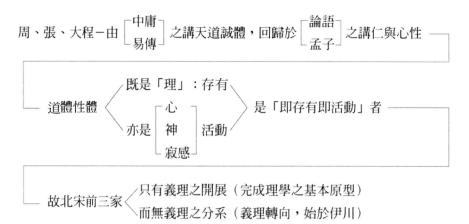

　　而邵雍乃理學別派，伊川在義理上則有所轉向，此二者尤必須特別獨立出來：〔註261〕

〔註260〕蔡仁厚《儒家心性之學論要》，第272頁。
〔註261〕同上。

　　順此而來才有南宋理學「三系」之分疏，在傳承和源流的關鍵上，才有理論上的關連：〔註262〕

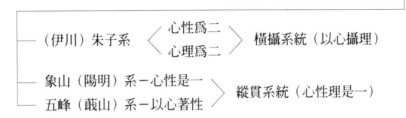

△胡五峰－承北宋前三家而開出「以心著性」之義理間架
△朱子－單繼承伊川，其大宗地位乃「繼別爲宗」
△陸象山－直承孟子，挺顯「即心即性即理」之心學系統

　　－（伊川）朱子系　〈心性爲二　心理爲二〉　橫攝系統（以心攝理）

　　－象山（陽明）系－心性是一　縱貫系統（心性理是一）
　　－五峰（蕺山）系－以心著性

※象山「本心即性」，直接是〔一心之朗現／一心之申展／一心之遍潤〕故不必再說「以心著性」

　　※五峰則順北宋前三家，由中庸易傳回歸論語孟子之路，對天命之性必須有一步回應（性如何起用，心性關係如何），以點示心之形著義，故五峰言曰：

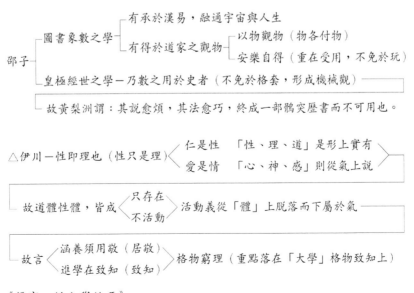

　　　　　　　　　有承於漢易，融通宇宙與人生
　　　圖書象數之學〈　　　　　　　　　以物觀物（物各付物）
　　　　　　　　　有得於道家之觀物〈　安樂自得（重在受用，不免於玩）
邵子〈
　　　皇極經世之學－乃數之用於史者（不免於格套，形成機械觀）

　　└故黃梨洲謂：其說愈煩，其法愈巧，終成一部鶻突歷書而不可用也。

△伊川－性即理也（性只是理）〈仁是性　「性、理、道」是形上實有　愛是情　「心、神、感」則從氣上說〉

　　故道體性體，皆成〈只存在／不活動〉活動義從「體」上脫落而下屬於氣

　　故言〈涵養須用敬（居敬）／進學在致知（致知）〉格物窮理（重點落在「大學」格物致知上）

〔註262〕《儒家心性之學論要》。

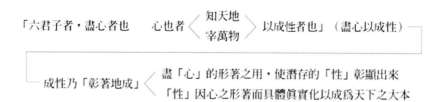

這一批導，大體而言已能彰顯理學架局上的幾大面向，因此允為現代新儒家所採行的觀點，而在判教的原則下，伊川朱子一系則被定位為「別子為宗」，以為儒學內部另一嶄新的義理取向，這一點，又有其學統上的詮釋價值。此則乃因伊川和朱子在格物窮理的型態上，較顯一「橫攝順取」的表現，故為主客相對的「認知心」一型，而大異於其他諸人強調直貫創生「逆覺體証」的思致。在心體和性體的理解上也頗不相應，故以學統勘定的立場而言，自當予以專立一系作為分疏。這一特點在前文我們已可由朱子讀書法所牽涉的問題得致佐証，並且除了朱注的孟子學頗為隔閡之外，他的注解周子的「太極」與張子的《正蒙》，也多不相契，因此實有別開生面、自闢谿徑的義理轉向，此點又不得忽視之。〔註263〕

這一批導和定位，所強調的已非高下問題，正統或異端的二分法，而是站在學術究明的立場，來對觀學派之間的義理性格，實有其建設性的意見。相對於此，勞思光在此一層面的理解，也寓有他一套判教式的作法，提出他的「一系三階段說」，其大義筆者簡表如下：〔註264〕

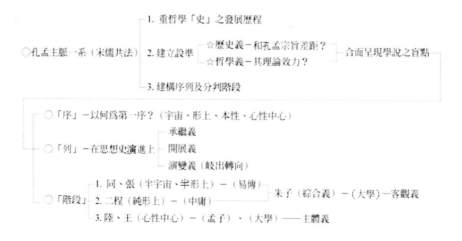

〔註263〕《儒家心性之學論要》，第137頁。
〔註264〕此一歸納，參見陳旻志：「勞思光基源問題研究法之省察」，發表於《鵝湖月刊》第228期，第38頁。

此一架構實際牽涉了宋明理學的「分系」問題，勞氏檢討歷來學者普遍分系的概況——「二系說」和「三系說」；勞氏對於傳統「二系說」（即理學、心學或程朱、陸王二系之對蹠），認為其過於簡化，何以二系對峙的理由不顯，遑無哲學命題上的考察可言，更不能進一步衡量理論效力之高低，則二系之對峙，實無確立之條件。〔註265〕

「三系說」之提出，當以牟宗三、蔡仁厚之系統所主張，可視為現代學者處理宋明理學之視野。並進而以義理之分殊，而有「以心著性」、「心性分立」、「心性合一」三系之界說，此一論據，大體把握著宋明理學在義理消融和脈絡上的實況，勞氏肯認肯項成績，唯其所抱持之存疑態度在於：

> 「以『天』、『理』、『心』三觀念中孰為第一序作為判別標準，則『三系說』即可成立。但此種劃分之理論確定性，仍須預認另一理論斷定，此即：如此三種思想或思路，乃不能有共同裁斷之標準者（此點與講『三系說』之情況大致無異）。否則，正如『二系』未必有確定之對峙理由，『三系』亦未必有確定之分立理由。」

總之，「二系」和「三系」之根本困難，即在於缺乏是否有一「共同判斷標準」的理論關聯，而不能進一步完成理論效力的判斷，勞氏遂根據其二重思維與設準意義的前提，構作其「一系說」的模式（參見前圖），其立場乃視整個宋明理學為一整體，學說之差異皆視為整體過程中的階段特徵，進而依整體過程之原始方向或要求，而成為一「共同判斷標準」，可確定所謂「發展」的意義；復次，就理論結構及效力問題而言，亦可有一共同標準，以裁定各階段學說之得失，而明其升降進退。

就勞氏考索其發生研究，以及根源意向的進路，則無疑的，回歸先秦孔孟儒學的本來方向，可視為此一運動之基本目的（或云基源問題），因此在外緣上，漢儒傳統和佛教文化成為排拒的對象；順是則可以先秦儒學為設準，考析各家和孔孟之學之「距離」遠近，而判其理論效力之成熟與否，此點即涉及了「二重思維」的考慮，就「歷史標準」而言，判定其說與孔孟原旨距離如何；就「哲學標準」而言，總觀各學說，作為理論體系看，其效力如何。最後，即依此二重標準，決定各學說之地位及得失后，依時間次序，界定其發展之梗概。

再者，就哲學理論之間架，勞氏所堅持的立場（即特尊心性，罷黜形上

〔註265〕勞思光《中國哲學史》三上，第42頁。

的理由）可發現勞氏在哲學史觀中，所謂「成熟」的理論，乃為摒除形上、宇宙論之學說，因此理學各家，究竟以何為「第一序」（客體或主體？存有或活動？心、性或天理等等），即決定了其「理論效力」的問題，亦影響其在分判位階的關鍵，此點固是勞氏個人之於整體哲學史反省的觀點，筆者尚持保留態度，但這個立場確乎是勞氏一貫的「史觀」，也是其理論構成的基礎所在。

所以勞氏以哲學「史」之發展歷程，作為一動態之整體，並運用「二重思維」為本論題之設準，進而建構「序」「列」，分判階段，構成其「一系說」之理論模式，據其判定：

> 其發展則有三階段，周張、程朱、陸王恰可分別代表此三階段。若就各階段之中心觀念言，則第一階段以「天」為主要觀念，混有形上學與宇宙論兩種成分（按：此即前述各學說之第一序）；第二階段以「性」或「理」為主要觀念，淘洗宇宙論成分而保留形上學成分；第三階段則以「心」或「知」為主要觀念，所肯定者乃為最高之「主體性」，故成為心性論型態之哲學系統。其中朱熹地位特殊，乃綜合前二階段之思想家；然在此發展過程中，仍應劃歸第二階段。〔註266〕

若就理論效力和二重思維的進路觀之，前述三階段可分別以「天道觀」、「本性論」、「心性論」為簡稱，就理論標準而言，「本性論」之理論效力，低於「心性論」，此即牽涉到實現問題（天道觀則更低），由此可明顯判定陸王一系之學，實代表宋明儒學之較高發展，再就歷史標準而言，宋明各家無不以恢復孔孟為宗風，因此考量其學和孔孟本旨之差距，當能作為一共同標準。再就理論標準而言，此三階段之理論效力高低，亦可由此一共同標準，據以統攝諸家之言而定其地位；最後，在時間次序上，分別予以合理之安頓，即「以歸向孔孟原旨為目的，以層層加強理論效力為演進之主脈」，即為「一系三階段」說之完成。

此一構作模式，全然呼應本文在勞氏方法理論上的陳述，因此勞氏認為「一系說」恰與歷史標準及理論標準相配，則實無必要強分數系，此可視為他對宋明儒學整體反省的結果。所以勞氏企圖以還原儒學義理的問題層面上下功夫，也唯有還原基源問題之后，才能進行比較和評價的問題，儒學的義

〔註266〕勞思光《中國哲學史》三上，第50～51頁。

理，才能有效地和「儒教」、「封建」等混淆論題相區別；「實然」問題既已朗現，續論儒家的「應然」問題，才有積極建樹的可能。

　　由前述的申論中，大體已能說明何以諸家在學統架構上各有堅持的心態，其實都是各有一套預設的標準以及定義，以求在平章學術的過程中，據以突顯自己對於原儒或者「聖人」的看法，並且形成一套規範現實的作用。就良性的層面而言，旨在提出針對文化人格理想的張本，例如由「讀書法」形成「分年日程」方案，由「會講」到「講會」定制的設計，而學案體與圖書刊印，則可視為這一張本的驗收及延伸作用。但就局限的層面而觀，則易形成門戶之見或意氣之爭，例如程朱后學多有「墨守師法」的弊病，或與陸氏學人互相指責、誤解的風氣，皆在各自堅持所學，而有排他性的不良影響，因此即有前述的幾大「爭辯」，成為儒學內部自相傾軋，互為砥消的窘態，通考箇中的訊息，則有必要涉及學統上的「史觀」的問題。

　　吳予敏認為中國文化在經驗傳承的活動及傳播上，往往呈現了一個「偏心圓」式的歷史傳播結構：〔註267〕

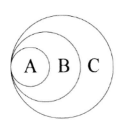

　　傳統中國文化遺產和經驗的傳承活動大體是按此結構進行的。A，
　　表示古代經典性歷史文化遺產。它在傳承發展中始終是一個「核」。
　　B、C……部分表示隨時代發展創造的新的經驗、觀念。所以這些
　　「新」觀念，是在幾乎全盤繼承了舊的文化以後衍生（而不是分化）
　　出來的，它們同古代經典或歷史遺產之間的界限往往很模糊。整個
　　歷史性的傳播活動，猶如在按著滾雪球式的方式在進行。只是時代
　　決定了這種傳播總是越來越遠地脫離原來的文化核心，但是卻又宿
　　命性地不能徹底脫離這個核心，不能不受到極其巨大的歷史負擔的
　　約束。

此一型態的歸納，甚能表現出中國人文傳統中長期積累的成果，尤其是經典

〔註267〕《無形的網路》，第 191 頁。

文獻上的「遺產」，往往決定了在思想、教育、以及學統開展上的大前提，而居於主軸的儒家學統，更是流露出這種史觀，例如前述提及的朱子與中國注疏傳統的關連，亦即歷代學者皆以「注疏經典」，作為個人思想體系的建構，亦即同時蘊涵著「舊學」和「新知」兩大成分，而迴向傳統的心態，基本上並無二致，自孔子開始倡言的「述而不作」，即已為此一學統性格立法，黃俊傑認為：

> 中國的文化及學術傳統寄託在先秦時代的幾部經典之中。幾千年來中國學術的發展就表現在對這一套經典「五經」或「四書」的訓解詮釋之上。傳統中國學者在表達他們的哲學思維的時候，在探索知識上的未知世界的時候，極少拆碎先賢思維的七寶樓臺而自己搭建一個嶄新的建築。相反地，他們都在古聖先賢的餘蔭之下來從事思考。他們一方面通過經典舊籍，一方面從對經典舊籍的解釋中開創一個思想上的新局面。〔註268〕

但在因襲和創新之間，后代的累層創新部份則一直處在依附的地位上，而且固然在各階段學統上不乏秀異之士的真知灼見，但這些的偏離始終不能徹底擺脫傳統的制約，「傳統」和「反傳統」之間也每每成為微妙的關係。〔註269〕

這一箋注式的思維，就往往決定了學人或教育者在觀念上往往具備較多的因襲性、改良性、兼容性、求同性，而甚為缺乏否定性、革命性、求異性、偏激性，傳統的發展有如滾雪球般的互相制約，卻乏更大的張力，遂致使中國士人在「仕」與「隱」之間擺盪不安，或在「出世」與「經世」之間始終有著沈重的使命與荷擔與否的抉擇。就以書院家而言，這種傾向較積極的一面，則表現在儒學經世的一面，例如黃宗羲、顏元、全祖望、康有為、梁啟超等人，皆重經史與經世的主張，而致力於將充分的文史素養表彰於現世關懷的種種層面，如時務、輿地、教育、宗教、政治等課題，而予以批導及規範現實，可謂以「學統」兼攝「事統」的取向。但在史觀上每每仍不出「三代」聖君的歷史理想圖式（如黃氏的《明夷待訪錄》、顏元的《四存編》）而康梁提出的「三世進化觀」，也不外乎一依孔子春秋義法的思維，所以僅能表彰一強烈的「歷史延續性」特點，〔註270〕而缺少里程碑式的大革命，傳統和

〔註268〕《浩瀚的學海》，第222頁。
〔註269〕《無形的網路》，第199頁。
〔註270〕《浩瀚的學海》，第223頁。

現代並非對立，而是透過一個辯証性的方式結合在一起。

　　有志之士尚且如此，而一般個性較為保守的學人，在此一史觀下，就流於因襲面的強化與封閉性格，就書院傳統而言，「道統」的提出與確立，一開始就形成了一排他性極強的特質，追本溯源自孟子痛斥異端邪說為肇始，而成於董仲舒的正統性定位，中經佛、老昌盛，而迄韓愈以「衛道」之士，以昌復儒學為己任的信念，終有所謂北宋三大家的「破暗開山」之功，朱子所作《伊洛淵源錄》亦即是他積極樹立新儒學道統的表現。而此一「立象以盡意」的用心實可理解與同情，本文在申論書院基源問題的思考時，也曾指出這一意向，但此一道統觀念實有商榷與質疑之必要，尚且其型態恰為一嚴整而絕對封閉的「偏心圓」圖式，筆者為之簡示如下：

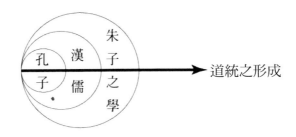

　　此圖旨在說明「道統」觀傳統的形成，實表現出「自居正統而排斥異端」的型態，大體皆以孔子為依歸，視為「聖人」的象徵，而漢儒立定一尊，有其「師法」、「家法」以確立統緒及傳述事業的主軸，除此之外的九流十家皆當排除在此一道統觀下的「有效半徑」之外。而漢儒的職志也每以訓詁、注釋聖人經典的使命為尊，待朱子以「集大成」的學術積業，確立此一道統的「正宗」自居，則此一道統的架局大體已定。推尊朱學者，即以服膺道統為志，而佛老之關涉也當一以摒斥，儒學內部凡有禪風道流者，也當「一視同仁」，排除在此一正統、正宗之外。於焉以道統觀所形成的「學統」，即為一有統有緒，呈現一「序列性」關係，且主軸線十分明確的格局。下及清儒，即使不服理學，也必以推崇漢儒為本（如考証學尊許慎，春秋公羊家重董仲舒），而不可易者，皆以孔子為指歸。遂為一徹上徹下、環環相扣的道統傳承網路。所以陸象山、王陽明等人的定位就往往有所變化，不是被列為異端，就斥為雜統。

　　這一情況不獨是書院教育為然，在科考與官學上，只要理學列為「欽定」的版本及科目，則此一「道統」觀又與世俗化、功利化相結合，學人不知本

源的盲目性，就每每成為儒學「僵化」問題、或是封建問題，而書院向來標榜的講學自由、獨立自主性格，也往往和官學、科考之間形成發展史上互為影響，且彼此消長的局面。方東美即以此種不利於學統本質的「道統觀」，即是一「虛妄的道統」，〔註271〕不僅無助於維護民族文化，且桎梏了良性學統在中國人文思想上，后出轉精的生命力，反而容易畫地為牢，形成「扁平」的生命，其學弊直是禍患無窮。根本的原因在於談道統者，率多未能「究天人之際、通古今之變」，且高標道統者，必須同時兼備才、學、識三者，才不致於有一偏之見。〔註272〕尤其是他在批導宋儒以來道統觀的問題時，即指出事實上在先秦諸子的「顯學時代」裡，只有「學統」，不談「道統」，所以儒、墨、道、法諸家眾流，才能百家齊鳴，形塑了中國人文思潮上的黃金時代。這一基源，也正是中國學術的活水源頭，而漢代儒學定於一尊之后，道家以及其后佛家遂與儒學有了鮮明的對壘，但在思想發展上，又不能無有相互影響和融通的影響問題，就以「書院」制度為例，事實上也可以說是三家調和影響下的產物，大致而言，並無絕對差異的區隔，例如：

1. 佛教山林教育與士人習業山林之間的關係。〔註273〕
2. 精舍、道觀和書院發展上的淵源，以及書院家藉此講學的關係（例如鵝湖之會、陽明的講會、黃宗羲的証人書院場所。）〔註274〕
3. 書院講會和佛教俗講的風氣。
4. 三教中「講義」和「語錄」方式的關係。〔註275〕
5. 「學案體」的形成與禪宗「燈錄體」的關係。〔註276〕
6. 書院「學規」與佛、道二教中的「清規戒律」關係。〔註277〕
7. 書院家靜坐觀，教學用語和佛道二教的關係。

這幾大合流或分疏的關目，正是「獨尊道統、罷黜異端」的許多書院家不能擺脫的窘態，事實上也是道統觀最大的局限與盲點，卻不能表現出歷史延續性的特點，又不能確立真正理事無礙的「正統」取向，因此書院一旦僵化，

〔註271〕方東美《新儒家哲學十八講》，第16頁。
〔註272〕同上，第21頁。
〔註273〕參見李弘祺「絳帳遺風——私人講學的傳統」一文，關於寺院教學與習業山林之探究，收於《浩瀚的學海》一書，第371頁。
〔註274〕可參見《中國書院與傳統文化》第四章「中國書院與三教合流」之專論。
〔註275〕同上，第140頁。
〔註276〕《中國學案史》，第20頁。
〔註277〕《中國書院與傳統文化》，第142頁。

講學遂成為諸家批判的口實。凡此種種，即是本文所以堅持以「學統」代「道統」，作為書院中真正體現「講明正學」的教育哲學立場。而側重道統的書院，也往往成為「學弊」的所在，南宋時即有朱陸分庭抗禮之爭見，而明代則有大學版本不同的爭議，延申為「格物致知說」的朱、王不同學說，以及「朱子晚年定論考」的有無之說，下迄清代，這種二分法的批判，更是兵家必爭之地，必以自身立於道統之羽翼之下，方能立為正宗：〔註278〕

　　這些學派間的傾軋，實已遠非良性學統的立場，遑論訴諸「究元決疑」的精神，此外，也不能兼攝人統的旨趣，實為末統之病。因此方東美主張與其盛稱「道統」，易流入定一於一尊的局限，不如稱名「學統」，以收觀瀾索源之功，尤其是結合史學上「究天人之際，通古今之變」的精神，才有真正「成一家之言」的理境，〔註279〕本文之立論，乃以理學教育在「究元決疑」信念上的特質，作為奠定書院學統的理想所在。

　　再者，吳予敏檢討前述偏心圓模式之外，並提出一較為良善的「鏈式結構」，以作為良性且健全的歷史傳播型態之設計：

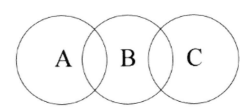

〔註278〕《宋明清理學體系論史》序，第4～5頁。清人不像明儒陳白沙的「道德傳序」，洪覺山的「理學聞言」，劉宗周的「聖學三關」談道統那麼有保留，他們對理學「正統」、「真統」問題，從二陸的「思辨錄」說起，便開門見山的以程朱為正統。惠棟所謂「六經尊服（虔）鄭（玄），百行法程朱」，尤為了當。梁任公當年有個妙喻，就是「一犬吠影，百犬吠聲」。他說：「城中好高髻四方高一丈，城中好廣袖四方廣袖長」。即學風是由少數人標榜多數人附和哄抬起來的。像唐甄（圃亭）之「辨儒」，李穆堂（紱）之「原學」，擁陸王而力薄。姚文田（稼農）之「宋諸儒論」，朱如弼之「儒與二氏出入論」，乃至熊賜履（愚齋）之「學統」，都參加了「正統」之辨，為擁朱幫腔。可惜雷聲大雨點小，並無益於程朱學說於些須，亦無損於陸王毫髮。因為這些人之「諾諾」，根本談不上學理批評。說到以史筆而論學統的人，祇有孫奇峰的「理學宗傳」，黃宗羲的「明儒」、「宋元」兩學案，還不失為持平之論。他如張伯行（敬菴）的「理學正宗」、「道學正宗」，魏柏鄉（裔）的「聖學知統」，范白鼎（鄗）的「理學備考」，張夏的「閩洛淵源錄」，江藩「宋學淵源記」等，不過聊充旗卒，湊湊熱鬧而已。他們談說學統，實在很少搔到癢處。

〔註279〕《新儒家哲學十八講》，第35頁。

在這一假設結構中，每一層次都是對前一層次的揚棄。創新是先導，
是目的，是主要的成果。繼承，由於服從創新的需要，一般總是經
過創新意向選擇之後作出的片面的繼承。繼承本身不是目的，而是
手段，是實現創新的必要的過渡條件。傳統對於後代的觀念的影
響，往往不是直接性的影響，而是經過了若干中間層次的揚棄、變
形之後的深隱的影響。〔註280〕

在此一傳述歷程中，「傳統」只是文化機體的「基因」條件，而非全然，所以
它是以創造為目的，實現了對文化遺產的片面繼承，所以此一型態，實為學
統建立上較為開放，而非一昧因襲性的啟發式思考。

　　方東美認為一個理想性的學統，應該有「旁通統貫」與「知常識變」的
特質，而這一思致自然的就近於此一「鏈式結構」的思維，而非「偏心式」
的道統觀念，以避免武斷之信仰，在暢通為學本源上，實有其意義〔註281〕他
肯認書院家章學誠的「六經皆史」的主張，亦即廣義的學術史、文化史觀，
而且輔以先秦「諸子出於王官」之說的立意，去批導中國學術基源的意義。
再者更可以純就經學發展史的脈絡，以見儒道佛三家之會通與融和的事實；
作為平章學術，就事論事的素養：

我們再從經學方面來看，宋儒很明顯的是承受了南學老莊的王弼、
王肅、杜預這一個傳統來的。那麼宋儒的經學就要有子學的精神，
首先就不能排斥道家。再者，從六朝到隨唐以至於宋初，是佛學發
展的巔峰期。宋儒在事實上都是出入佛教十餘年的，然後回過頭來
排斥佛教，要與佛教劃清界線，事實上也不太可能。治宋明理學
者，如果誤解了這個觀點，那麼對宋儒的學說之瞭解，就會大受限
制，易成偏見了。〔註282〕

所以佛、道二家之辨，並非諦當，而儒家之間互為指斥的不全之見，概為「口
頭禪」的偏見，而他所推崇孔子所承繼的學統，即春秋以前「師以賢得民，
儒以道得民」的師氏、保氏教育，而成其健全的文化視觀，並成全性情之圓
滿，且周遊列國，到處訪求賢人，此一兼容並蓄的學問風度，才足堪荷擔學
統的本色，也才能因應時局，而有通貫及識變上的具體實踐，因此他在學統

〔註280〕《無形的網路》，第200頁。
〔註281〕《新儒家哲學十八講》，第35頁。
〔註282〕《新儒家哲學十八講》，第50頁。

勘定上有幾點提醒：〔註283〕

（1）論語是格言學，不能籠括整個孔子思想。

（2）宋代以來道學家多「語錄」，而罕見大文章，所以「學案體」
　　　的形成，有其不盡理想的層面。

（3）新儒家哲學乃是透過老莊道家的子學來瞭解經學。

（4）宋儒以來太過固執於道德理性，因此容易導致於情緒、情感、
　　　情操生活上的貧乏或壓抑，並欠缺寬容精神。

這幾個觀點，旨在疏通宋明理學本身在學統形成上的反省，更確切地以兼容
並蓄作為學術本位的立場，則所言的學統，才能有鏈式結構上，不斷「繼起」
與「創造」的可能。除了以理學的自身來看學統之外，就書院發展的教育哲
學來看，則前述的理想學統，在宋元明清以來書院家中，仍不乏有識之士，
在其中扮演中介與轉化的功能，本章中所提及的幾大書院家，即為此例。特
別是針對學統本身的檢討，也確乎是究元決疑理念的表現，唯能如此，學問
的探討，才能裨益於生命主體的自覺與挺立。因此像劉蕺山以勘定書院中學
習範疇的意義，就是為了奠定在教學、學術與思想、修身上的良性循環關係，
並且便於接引學子，一探儒家在學問思辨上的高明與中庸，並且可以不流入
門戶之爭詰，而能建立獨立思考的自知與自信。「古人成說如琴譜，要合拍需
自家彈」，正是此一提醒。再者，透過會講與學案體的思辨，審度學術的問題，
可以在書院教育中，作一調節與均衡作用，（例如前言學案有如一哲學平衡表
的功能）也可以在學統發展及推廣的歷程中，時時予以校正以及借鑑。在引
導學生面對學術問題時，前者訓練駁辨能力，而不囿於靜態單方面的吸收，
而後者可提供「問題的史觀」，倘若再加上學習範疇勘定上的成果，則收效更
是取精用宏。這一點尤以全祖望在書院教學上，啟發尤大，他不僅生平參與
二、三十所書院，且為二十餘所書院作記，在書院史的貢獻上甚鉅，〔註284〕
且他的經史之學，不僅在於整理故實，更切要的，以講明學風的影響鼓舞后
學繼承前賢，其志業乃願「遍舉先賢故跡，乃訪其地而復之。」「使吾鄉之學
者知有儒林典型」，使學統攸歸，前有輝后有光，他在端溪書院之講明學統，
正是一反道統囿限心靈，繼而撥亂反正的旨趣：

　　　全祖望也認為，「講堂之立，學統最重」，「其源統不可以不曉然也。」

〔註283〕《新儒家哲學十八講》，第三、四、五章之主要論點。
〔註284〕詳見全祖望《鮚埼亭集·外編》所收諸文。

（《外編·端溪講堂策問一》），這包含著兩層意義：第一，知源流而崇先師，「蓋先師者，其一幫之宿德，嘗有功于道者也。」崇奉先師是為了表彰先師創立書院和學派的功勞，使后來學者學有楷模，見賢思齊，接武前輩。第二，知源流也就是「知先河后海之義」（《蕺山相韓舊塾記》），認識到學統是一個具有連續性和發展性特點的流變過程，后來學者繼承、發展學術傳統，就是義不容辭的使命。學統存而學術存，學術存則書院得以立。〔註285〕

顯見繼承學統和發展學統，才是真正推動書院成長的本質所在，另一方面，由程朱一系所歸納出來的讀書法則，以及「讀書分年日程」的具體規劃，可說是書院在長期教學實踐中累積的原則與成果，引導學人由踏實而循序漸進的方式吸收學問，尤可貴的，並不以批判科舉或否定科舉官學作為訴求，而是藉著紮實而有法度可循的方式，有效克服考試、作文等技術面的問題，並輔正以性理之學的訓練，可收理想和現實結合的目標。這一層面的改革，恰可適用於官學自身的調整及取法所在，足堪體制內參考及借鑑的張本；而且事實上許多書院家都是出身科考系統而來，他們在功名及考試歷程中許多寶貴的意見及治學方法，無疑地是啟蒙學風，以及「對症下藥」的良方，這一特點，也誠為書院和官學、科舉之間，相輔相成的一大環節。所以像書院中許多教育經驗和成果，例如學規、講義、語錄、教法，多為其後官方採行及援用。

　　由阮元、陳澧等人在清代書院改革的意向而言，不僅一掃清代學風予人的印象，尤其是他們正視了學統本身的「人病」，而予以還原及創新，所以像「學長」制的重視專業之間的互為主體性，以及改造考試型態，並賦予「問題意識」和「方法意識」的訓練，使得考証之學能夠充分地發揮他在「研究法運動」上啟示，加上出版圖書上的成果，使得校刊、考証、訓詁與義理、印刷等許多環節得以互相結合，形成書院自身經濟獨立和學術自主上的貢獻，實已兼具今日大學精神的表徵。

　　錢穆以「學術」和「心術」比觀的立場，作為學統問題勘定的理解，尤以他在新亞書院辦學之外，更能體會到清季與民國初年學風遞嬗的歷程，他在《學籥》一書中，為朱子以來學人在讀書和學術問題之間，多有擘肌分理的申論，特別是乾嘉以來清代學術在「考証」與「義理」之學上的門戶之爭，

〔註285〕轉引自《嶽麓書院紀念集》，第292頁。

以及清末民初以來中西學術的體用問題上，有他獨具隻眼的工夫；他提醒學人，務必確立為學的獨立思考自覺，無論是各門學術，皆有其自成體系與適用的範疇，並且也各有其發展上的「本末流變」問題，不容輕忽，尤其是避免「乾嘉舊轍」的學弊。在他眼中，只有學術，沒有門戶，而他批評自漢宋之爭以來學人在爭見上誤用意氣與工夫，遂使學術未明，下及近代，無怪乎在接引西學上，致使歷史重演之病，「故論學術，必先及於心術與風氣，即此便具絕大義理，經得起從來學術史上之絕大考據，學問本自會通，何必自築垣牆，各務分隔乎。」錢氏不愧為文化史家的視野，他對學統上的看法即有其根本的分判，不作調人，純以學理之解明為務。所以自成體系的真義理之學，必為體用本末具全者，經得起考據之法的檢証，且得理近情，否則何以自圓其說？而考據之道，也必有他自身一套邏輯，才能作為方法之施用，兼及步驟與程序，而且方法本為中性，無關乎絕對優劣之分，端賴運用者之自知或盲動。以此對觀西學亦然，他強調國人在移植西學以來，未能真知西學義理，本身自有其流變及發展，也有適用與否的問題，有古今之別、國族之別、宗派之別、門類之別：

> 治西學者，亦當循考據途徑。當知一學說，一義理，其興起而臻於成立，各有傳統，各有背景，各有據點，各有立場。復有立說者之個性相異，時代不同。若果細心考據，便知西方言義理，固亦非建諸天地而不悖，推之四海而皆準。何得孤引片言隻辭，遽尊為金科玉律。而中國舊有義理，寧無與西方有可以相通處？寧無對本國國情民俗，有其獨特妥當融洽處？〔註286〕

這一提示，正是前述「鏈式」思考下，如何以選擇性接受與繼承的關係，而非矯枉過正或是犯下囫圇吞棗之病。在這論題上，「考據法」的運用及判斷，就有其必要，所以他主張義理與考據並重，中學西學以平等法、融於一爐，考據者須擴其心胸，「必知考據之終極，仍當以義理為歸宿，始知其所當考據之真意義與真價值。」以此心態接受西學或新知，才不致出主入奴或軒此輕彼，無補學統。這裡也正是「心術」作為學統上奠基與改良的始點，並作為引領學人，正式進入「學術之門」的必經陶冶，是則「博」、「約」問題與學問的修身意義，即能浹洽：

> 最先當於心術入微處，端其趨嚮。迨其進入學問，則途轍不可不正。

〔註286〕《學籥》，第 144 頁。

> 古今中外，學業成就，與夫成就之大小，胥不由此而判。故最先必
> 誘導學者以虛心真切從事於學問，必督責學者以大體必備之知識。
> 其次始能自運思想，自尋考據，孜孜於為學術而學術，以趨嚮於專
> 門成業之一境。其最後造詣，乃有博大深通，登高四顧，豁然開朗，
> 於專門中發揮出絕大義理，羅列絕大考據。彼其所得，又且不限於
> 彼之所專業。如是之學，乃始為天壤間所不可少。〔註287〕

這一層抒發，也正是他循循善誘的感慨，他甚為推崇曾國藩的讀書法，實以
「心術」之正本清源，作為依據：

> 那時曾氏對於「守約」的讀書法，已有十分堅確的自信。他的此項
> 見解，至老不變，實與當時博雅考訂之學，絕然異趣。他以後教人
> 「耐」字訣，「恒」字訣，「拙」字訣，「誠」字訣，以及「紮硬寨，
> 打死仗」的口號，凡曾氏功業上的成就，和其從事學問的精神，處
> 處呼吸相通，沆瀣一氣。〔註288〕

曾氏的「聖哲畫像記」，更是錢穆日後提出「中國學術通義」中「三統之學」
主張的文化人格張本，這些都是書院家之間心燈寫影，在傳承與推廓的歷程
中，期勉學人的軌跡。而熊十力在他盪氣迴腸的〈復性書院開講示諸生〉一
文中，更淋漓盡致地以「究元決疑」的精神，作為文化人格建構上的先決條
件，足為書院學統教育哲學之總攝：

> 書院性質扼重在哲學思想與文史等方面之研究。吾國年來談教育
> 者，多注重科學與技術，而輕視文哲，此實未免偏見。——至於推
> 顯至隱，窮萬物之本，澈萬化之源，綜貫散殊，而冥極大全者，則
> 非科學所能及。——哲學，畢竟是一切學問之歸墟。——若無哲學，
> 則知不冥其極，理不究其至，學不由其統，奚其可哉。——哲學者，
> 所以研窮宇宙人生根本問題，能啟發吾人高深的理想。須知高深的
> 理想，即是道德。從澈悟方面言之，則曰理想；從其冥契真理，在
> 現實生活中而無所淪溺言之，則曰道德。——吾人必真有哲學的陶
> 養，有高遠深微的理想。〔註289〕

是以「會萬有而識其源，窮萬變而得其則」，即為「心術」所以關鍵「學術」

〔註287〕《學籥》，第143頁。
〔註288〕《學籥》，第94頁。
〔註289〕《十力語要·卷二》，明文書局，第229頁。

之指標，而學人之「器識」所在，也是這一自覺和自信的所在。如果說書院在儒家慧命的延展上，有其破暗開山之功的話，學統上「究元決疑」的精神與堅持，更是「學術」和「心術」的全幅朗現，貞下啟元。